행복의 빗장을 여는 붓다의 가르침

1

행복의
빗장을 여는
붓다의
가르침

1

성오 지음

운주사

머리말

필자는 존재에 대한 의문의 답을 얻기 위해 1975년 불교에 입문하여 불교를 인생행로의 나침반으로 삼았습니다. 1977년 고명한 명사名師로부터 불교학 개론을 취득하여 열람하고 석존의 교리에 감화되어, 1984년 출가하여 은사로부터 성품性稟의 이치를 깨달아(悟) 불법을 전법傳法하라는 뜻으로 성오性悟라는 법명을 받아 수행하였습니다. 그러다 1987년 순천 조계산 선암사仙岩寺에서 한국불교태고종 종정宗正 덕암德菴 대종사大宗師를 계사로 득도得度 사미계를 수지受持하고, 2001년 담양 추월산 용화사 금강계단에서 해동율맥 제10대 율사 혜은 법홍 율사를 계사로 비구계를 수지했습니다.

이제 사십여 년간 불교를 수학하여 교리를 깨달아 증득하여 지혜를 열어 포교하면서 보니, 불교에 입문하였을 때 석존의 가르침을 일목요연하게 정리한 서적을 만날 수 없어 몹시 아쉬웠던 경험이 떠올랐습니다. 그래서 불자들이 쉽게 접근하여 석존의 교법敎法과 법의法義를 올바르게 이해(正解)하고 배울 수 있는, 적합하고 구체적인 지침서가 되고 이정표가 되도록, 석존께서 깨달으신 그 위대한 사상인 교법의 핵심 전반을 논리적이고 체계화하여 절차에 따라 일목요연하게 정리하고자 했습니다.

석존의 가르침은 인성을 맑고 청정하고 바르게 하고 마음의 눈을 뜨게 하는 우리 삶의 길잡이로서 교의敎義가 넓고, 깊고, 심오하고, 다양하고, 복잡하고, 난해하여 정법正法, 정도正道를 찾기란 매우 어렵습니다. 그래서 불교에 쉽게 접근하여 정법을 절차에 따라 이해하고 깨달아 참된 삶의 길잡이가 되고, 불교의 가르침을 체계적으로 폭넓게 이해하여 진정한 불교인이 되도록 하고, 불교와 토속신앙을 혼동함으로서 빚어지는 문제와 궁금증을 명쾌하게 해소하여 인간중심의 합리적이고 올바른 신행생활에 꼭 맞는 불교 입문서, 석존 사상의 전모를 파악할 수 있는 개론서의 역할을 하여, 교리를 이해하고 깨달아 지혜를 열어 그 지혜로 우리의 삶을 인도하도록 정리했습니다.

석존의 가르침인 불교는, 인생의 실상을 바로 통찰하여 어떻게 하면 몸과 마음이 괴로운 고뇌를 여의고, 행복한 삶을 구현할 수 있는가에 대한 해답으로 요약됩니다. 인간의 존재와 인생의 실상을 고뇌라고 파악한 석존은, 몸과 마음이 괴로운 고뇌를 벗어나는 방법으로 인간주의 사상을 바탕으로 하는 생활을 강조하셨습니다. 인간주의란 인간에 대한 자각을 뜻하는 것이고, 인간의 자각은 인간 신뢰와 인간성 존중을 내용으로 하는 자성의 실상을 바르게 자각하는 것이 근본이념입니다. 자각이란 '나는 어디서 왔다가 어디로 가는가? 물질계인 몸과 정신계인 마음이 합체하여 기쁨·화냄·슬픔·즐거움의 회로애락을 감각하는, 모든 사람들이 갖추고 있는 심성의 본래면목은 무엇인가?' 하는, 영원한 생명과 무한한 능력을 갖춘 자기의 본래 성품인 자성自性의 본디 성질인 본성을 깨닫는 것입니다. 본성本性을 깨닫는 것은 석존께서 깨달으신 이성으로 그 원인과 진상을 분석하고 구명究明하는 것입니다. 그 구명법이 사제법四諦法의 절차에 따라 수행실천 종목을 팔종으로 나눈 팔정도八正道 수행법으로, 범부로서 유정有情의 생존이 12의 조건에 의하여 성립되어 있는 십이연기十二緣起를 깨달은 지혜에 의해서 모든 미혹한 망상인 미망迷妄을 제거하고, 욕정 때문에 심신이 시달림을 받아서 괴로운 번뇌를 단절하고, 번뇌와 미혹에서 벗어나는 해탈과 깨달음의 지혜인 열반을 성취할 것을 강조하셨습니다. 그래서 『대지도론大智度論』에서는 "지위능도智爲能度"라 하였으니, 인간이 고뇌를 벗어나기 위한 최대의 받침대가 지혜라고 하셨습니다. 그래서 인간이 의지할 것은 자신의 심성과 불교의 교리를 깨달은 지혜뿐임을 깊이 명심하라고 하셨습니다.

고뇌를 여의고 즐거움을 얻는 이고득락離苦得樂에 따른 쾌快·불쾌不快를 느끼는 마음의 작용인 감정과 번뇌의 미혹을 끊고 전향轉向하여 불교의 이상인 깨달음의 지혜를 증득하는 전미개오轉迷開悟로, 사물을 생각하고 판단하는 능력인 지성과, 악을 끊고 선을 닦는 지악수선止惡修善, 사려하고, 선택하고, 결심하고, 실행하는 마음의 능동적 작용인 의지 등은 우리의 한마음, 즉 오인일심吾人一心의 작용입니다. 불도 수행의 과정은 이 감정·지성·의지의 작용으로 불법을 믿고(信), 불법을 바르게 이해하고(解), 불법대로 실천하여(行), 이로 인하여 교리에 어긋나지 않아 여실如實하고, 명백하고, 확실하고 명확하게 우주의 법칙인 이법理法을 통달하여 깨닫는 체달體達이 불도를 수행하여 진리를 깨닫는 것이며, 마음의 이치를 깨닫는 오심즉증悟心卽證이 지혜를 증득하는 것입니다. 그 지혜를 근본 되는 근거로 하여 어리석은 미심迷心의 무명에서 깨어나 고뇌를 벗어나고 행복한 삶을 얻는 것이 불교의 시원(始)이요 종결이니, 이것이 불교의 궁극적인 깨달음의 경지를 실천하는 것입니다.

인간의 모든 사유와 행위는 궁극적인 의미에서 불행을 벗어버리고 행복을 추구하기 위한 삶입니다. 이 책을 읽으면 불교를 찾아 헤매는 일은 없을 것이며, 불교를 체계적으로 파악하는 불교 입문서로 좋은 길잡이가 될 것입니다.

이 책이 나오기까지 출판을 맡아주신 도서출판 운주사 대표님과 임직원분들께도 감사를 올립니다. 그리고 항상 불교에 관심을 가지고 도움을 주시는 이갑분(영희) 님께 깊이 감사드립니다. 부디 이 책이 불교를 공부하는 분들과 좋은 인연이 되어 자성自性을 깨쳐 부처가 되시길 합장합니다.

불기 2567(2023)년 봄
승학산 아래 다인사多印寺
박충원 성오性悟 합장

1. 들어가는 문

우리는 누구나 살아가면서 예상하지 못했던 상황에 부딪히고, 전혀 생각지 못했던 장애물을 만나며 상상도 예상도 못했던 고난에 부딪혀 당혹스러워하기도 합니다. 또 원래 목적지가 아닌 엉뚱한 곳에 닿기도 하며, 갈망하고 기대했던 계획과는 상황이 완전히 달라 고뇌는 물론 당혹감과 충격을 받기도 하는데, 이때 자신에게 묻습니다. "나에게 어찌하여 이 같은 고난이 일어날까? 어떻게 해야 고난에서 벗어날 수 있을까?" 이 같은 의문을 던지지만 번뇌에 얽매여 생사를 벗어나지 못하는 범부들은 답을 찾지 못합니다. 이 책은 이러한 의문에 대한 답을 찾도록 도와줄 길잡이이자, 길을 잃고 헤매는 방랑자에게 이정표가 되고, 바다 가운데서 방향을 잃은 선장에게는 나침반이 될 것입니다.

필자도 자신의 존재에 대한 의문의 답을 얻기 위해 출가하여 승려가 되어 도첩度牒을 받고 불교를 수학한 후 교리를 깨달아 지혜를 계발하고 사십여 년 동안 포교로 불교를 선전하는 선교를 하면서 교리에 확신을 가지게 되었습니다. 그 후 불교의 참뜻을 모르고 미신적이고 기복적인 재가불자와 불교를 배우려는 신도들을 대하면서, 불교인들이 쉽게 접근하고 이해하도록 석존의 교법이 지닌 뜻과 의의(법의法義)를 설명하고 강설하여 불교의 궁극적인 진리의 핵심체를 정리하였으니, 불교의 이정표가 되기를 바라마지 않습니다. 고명한 저서에서 이삭을 줍고 서투른 목수가 대강 거칠게 만들어 건목한 것을 독자의 책상머리에 바치게 된 것을 진심으로 부끄럽게 생각하며, 이 책을 읽으면 불교를 찾아 쓸데없이 헤매는 일은 없을 것이라 믿습니다.

우리가 불교를 배우려고 마음을 낸다는 것은 부처가 될 종자種子인 불성이 우리들 내면에 존재한다는 것을 확증하는 것입니다.

불교란 깨달음을 증득한 석가모니 부처님을 교조教祖로 받들어 봉지棒持하고 그분의 가르침인 교법教法을 교육의 중요한 뜻인 종지宗旨로 하는 종교입니다. 불교라는 말은 부처가 설한 교법이라는 뜻과, 부처가 되기 위한 교법이라는 뜻이 포함됩니다.

불교의 근원은 히말라야 산기슭 네팔의 까삘라밧투 대솔도代窣堵의 성주城主 정반왕의 태자로 기원전 623년 출생한 석가모니에게서 기원합니다. 그는 모든 도리를 성취한다는 일체의성一切義成의 뜻인 실달타悉達他라는 이름(名)을 얻었으며, 인간의 삶(生)과 죽음(死)의 문제를 풀기 위해 29세인 기원전 594년 출가하여 6년간의 단식, 호흡의 억지, 특수한 자학행위에 의하여 스스로 육체적 고행을 하며 자연적인 욕망을 끊고 견디기 어려운 여러 가지 난행을 감행하는 고행을 했습니다. 그러나 육체상의 욕망을 금하는 금욕만으로는 아무런 깨달음을 얻지 못하자, 깨우침을 주었다는 보리수나무 아래 앉아서 깊이 사유思惟하다, 35세인 기원전 589년 우주와 인생의 원리, 번뇌에 얽매이어 생사를 벗어나지 못하는 범부로서의 마음인 정식情識을 갖고 살아있는 생존이라는 유정有情의 생존이 12의 조건에 의해서 성립되는 우주의 법칙인 십이연기十二緣起의 이법理法을 깨달아 붓다(불타)가 되셨습니다. 그 후 미혹으로 고뇌하는 범부들을 인도하여 불교의 진리를 깨닫는 오도悟道의 식견을 열어주는 계발로 지혜를 증득하도록 제도濟度하여 번뇌를 멸진滅盡해서 괴로움과 근심이 끝없이 많은 세상을 파도가 끊이지 않는 바다에 비유한 고해苦海를 벗어나도록 45년의 전법傳法을 하시고, 80세인 기원전 544년 입적入寂하셨습니다.

석가모니에서 석가釋迦는 종족의 명칭으로 성姓이고, 모니牟尼는 성인聖人이라는 뜻입니다. 성聖은 정正의 뜻이며, 모든 번뇌의 허물을 여읜 청정한 지혜인 무루지無漏智로 정법正法의 이치를 증득한 사람을 성인이라 합니다. 즉 지혜와 도덕이 뛰어나고 사리事理에 정통하여 만세에 사표師表가 될 만한 사람을 말합니다.

석가모니를 석존·세존·붓다·불타·부처라고도 합니다. 석존釋尊이란 석가세존釋迦世尊을 줄여서, 석가에서 석 자를 따고 세존에서 존 자를 따서 합성하여 석존이라고 부릅니다. 필자는 이 책을 정리하면서 석존이라는 명칭으로 기재하겠습니다.

세존世尊이란 석가모니의 존칭으로 세계에서 가장 높고 존귀한 사람의 존칭, 또는 세간의 존중받는 이란 존칭입니다.

붓다란 범어 Buddha를 음역해서 인도에서는 붓다라 하고, 중국에서는 불타佛陀라 하고 줄여서 불佛이라 하며, 이를 번역하여 깨달은 사람 곧 각자覺者라 합니다. 붓다는 우주 만법의 진리를 깨달아 지혜를 증득한 성자를 의미하는 것이며, 그러한 성자가 석가모니이기 때문에 그를 붓다라고 합니다.

부처란 깨달은 사람이라는 인도 말인 붓다와 중국 당나라의 승려 임제종의 개조開祖 의현(義玄, ?~867)의 법문인, "어떤 경우에 있어서도 항상 자기의 깨달은 바의 주체성을 확립하여 어떤 것에도 사로잡히지 않고 언제나 깨달은 바대로 자유자재한 실천행동을 하라"는 '수처작주隨處作主'의 합성어입니다. 붓다에서 붓 자를 따고, 수처작주에서 처處 자를 따서 합성하여 붓처라 하는데 "깨달은 사람이 깨달은 바를 실생활에서 실천하는 것"을 뜻합니다. 그리하여 붓다라고 할 때는 깨달은 사람을 뜻하고, 붓처(부처)라고 할 때는 깨달은 사람이 깨달은 바를 실천하는 사람을 뜻합니다. 그래서 불교는 부처가 되기 위한 교법이라는 의의입니다.

필자는 본 교리를 정리하면서 세 가지 점에 마음을 두어 유의했습니다.

첫째는 모든 사람들이 이해할 수 있도록 풀어 쉽게 설명했습니다.

둘째는 석존의 교법에서 오염되지 않은 교리를 정리하여 정확한 불교의 정법을 이해하고 깨닫도록 정리했습니다.

셋째는 불교는 시간과 공간을 초월한 변함없는 진리이지만 근래의 상황에 견주어 이해하고, 생활에서 실천으로 연결 짓도록 구성했습니다. 그리하여 우리의 삶을 바르고 맑고 청정하게 변화시킬 방법을 다루고 제시했습니다. 일체의 문제점을 풀어 통쾌한 해답을 찾게 될 것입니다.

이 책은 당신의 몸과 마음이 어떠한 괴로운 고뇌에 있든지, 새로운 희망과 행복에 이르는 길을 찾도록 안내할 것입니다. 이 책은 고해를 건너가는 안내서로 미혹의 파도를 헤쳐 나가 평온하고 안락한 목적지 희망처希望處로 당신을 인도할 것입니다. "내가 어쩌다이 같은 고난에 이르렀을까? 왜 나에게 이 같은 불행이 닥쳐왔을까?"라는 의문에 관하여 분명하게 그 원인을 이해하고 인식하고 전환해서 내 인생의 목표와 삶의 방법과 직업 등의 인생관에 대한 의문에 답을 찾도록 도와줄 것입니다.

작금의 실망과 환멸, 상실과 배반, 슬픔과 절망 등의 비통과 아픔인 불안한 삶을 벗어나 새로운 희망의 삶을 찾는 당신에게 이 책은 세상의 진실에 눈뜨게 하는 가장 명쾌하고 확실한 안내서로 고뇌를 전환하여 평온하고 밝은 행복한 삶으로 인도할 일등 공신이 될 것입니다. 고뇌의 삶을 전환시킬 수 있는 방법은 불교의 교리를 깨달아 식견識見을 열어 지혜를 증득해서 그 지혜로 고뇌의 원인을 해결하는 것입니다. 삶을 바꾸는 변화는 교리를 배워서 지혜롭게 구사할 수 있는 하나의 기술입니다. 이 책을 공부하는 동안 당신 안에 진정한 지혜의 안목인 혜안이 열려 진정한 열정과 기쁨과 자유를 누리게 될 것입니다.

석존께서 깨달으신 우주의 법칙, 이법理法의 진리인 불교의 교리는 번뇌에 얽매여 살아가는, 세간을 뛰어넘은 참된 이치와 도리인 출세간의 진리이므로, 즉 속인의 상식으로 이해할 수 있는 차별적인 현상이 아니기 때문에 불교는 어려울 수밖에 없습니다. 진리를 깨달아 모든 번뇌의 허물을 여읜 청정한 무루지無漏智로, 바른 이치를 증득한 성자의 지견知見으로 이해되는 보편적인 진리를 언어로 표현한 것이기 때문에 일반적인 상식으로 생각하고, 분별하고, 이해하고, 판단하는, 번뇌에 얽매여 생사를 벗어나지 못하는 범부들에게는 어렵게 느껴지는 것이 당연합니다. 그러나 진리는 만인에게 보편타당하다고 인정되는 인식의 내용입니다.

불교의 가르침은 그 뜻이 높고 넓고 깊고 자세하고 세밀하고 심오深奧하며, 법체가 도리道理가 유현(幽玄: 깊어서 알기 어려움)하므로 미微라 하고, 생각과 논의를 할 수 없으므로 묘妙라 하며, 합하여 미묘微妙라 합니다. 미묘한 판단과 추리를 거쳐서 생긴 의식의 내용인 사상을 정리한 것이므로 방대하여 일반인은 물론이고 승려들도 불교의 학식과 지식의 견문인 식견이 없이는 잡것이 조금도 섞이지 아니한 정수精粹를 이해하기란 쉽지 않으며, 더욱이 초학인이 이해하기에는 어려운 부분이 많이 있습니다. 그래서 불교의 핵심 교리는 간단명료하지만 이해가 쉽지 않습니다.

필자는 이러한 어려움을 해소하고, 불교에 쉽게 접근하여 교리의 참된 이치와 법칙의 진리를 명백하고 확실하게 깨달아(앎) 진실한 불교인이 되도록 간략하고 쉽게 이해할 수 있도록 정리했습니다.

불교에 관심 있어 배우려는 분들에게 불교의 교리를 체계적으로 이해시켜 왜 불교를 배워야 하는지, 불교를 이해하고 깨달으면(앎) 내 삶에 어떠한 변화의 전환이 진전되는지를 확실하게 깨달아 '아!

불교란 이런 것이구나!' 하는 확신을 갖도록 간략하고 이해하기 쉬운 문장으로 일목요연하게 정리하려고 노력했습니다.

이 책은 석존의 육성이 자상하게 정리된, 가장 근본적인 불교의 가르침을 명백하고 확실하게 깨닫도록 구성된 가장 현실적이고 행동적인 불교 입문서입니다. 석존의 가르침은 대단히 분석적이고 조직적이라는 데 감명하지 않을 수가 없습니다. 본서는 석존께서 설법하신 교리의 핵심 되는 요점을 중심으로 논리적이고 체계적으로, 조금도 잡것이 섞이지 않은 순수한 정수를 자세하고 깊게 정심精深으로, 바른 교법인 정법正法을 어렵지 않게 서술하여 누구나 보면 이해가 될 것입니다. 이대로만 공부하면 불교를 바르고 정확하게 깨달아 식견을 열어 지혜를 얻을 것입니다. 또한 바른 삶을 살고자 자신의 마음을 청정한 불·보살의 상像을 안치한 전당인 불당(佛堂, 法堂)으로 삼고, 본서의 설명을 석존의 설법으로 믿고 공부하며 불교를 탐구하는 불교인에게는 좋은 길잡이가 되어줄 것입니다. 석존의 근본 되는 가르침을 분명하게 파악하여 바른 이해와 실천을 통해서 종국의 목적인 이상적인 삶으로 인간계와 욕계·색계·무색계인 인천삼계人天三界의 큰 복덕과 공덕을 생산하는 복전福田을 조성할 것입니다.

불교는 객관적인 보편타당한 진리를 근본으로 하는 자연중심 사상을 지니고 있으며, 현실에서 사실로 경험되고, 사람이 본디 타고난 지능인 이성을 다스리는 가르침입니다. 다른 종교에서는 볼 수 없는, 인간을 포함한 우주 만물에 대한 진리를 펴 보이는 현실의 첨단 우주과학시대에 가장 알맞은 가르침입니다. 현실적이기 때문에 한정된 이 생을 결코 헛되게 살아서는 안 된다는 생각을 갖게 하고, 이성적이기 때문에 무리한 욕망으로 인해 자신을 괴롭히지 않을 것을 가르칩니다. 시대와 공간을 초월해서 적용되며, 누구라도 이해하고 인식할 수 있는 보편타당한 이법이고 깨달아 식견을 열어 지혜를 증득할 수 있으며, 지혜에 의해 누구나 스스로 경험될 수 있는 것이 불법佛法입니다. 이 불법은 우주의 진리를 바탕으로 만유와 함께 시공을 초월해서 영원한 진리로 존재할 것입니다.

불교의 교리는 인간의 존재와 인생의 실상을 고뇌로 파악하고 사람들이 몸과 마음의 괴로움인 고뇌를 벗어나 평화롭고 행복한 세계로 가는 길과 방법을 제시하고 가르치고 있습니다. 그 가르침은 교리를 깨달아 지혜의 식견을 열어주며 그 계발한 지혜로 차별적인 현상의 사법事法과 보편적인 진리의 이성, 즉 사리事理에 어두워 길을 잃어 헤매는 미迷와 아무것도 없이 공허하여 실재하지 않는 것을 망妄이라 하여 합성해서 미망迷妄이라 하는데, 이 미망을 제거하고 사람이 행하여야 할 바른 정도正道를 실천하여 사람이 본디 타고난 지능인 이성에 의하여 생각할 수 있는, 사회적으로 바람직한 조건을 모두 완전하게 갖춘 최선의 상태인 이상세계理想世界를 성취할 수 있음을 강조합니다. 사람들의 고뇌를 벗어나게 하는 최고의 근본이 지혜입니다.

사람들이 의지할 수 있는 믿음은 자기 자신뿐이며, 석존은 실제로 수행을 실천·이행하시고 실증으로서 명료하게 깨달으신 바의 우주의 법칙인 이법을 설하셨습니다. 번뇌에 얽매여 생사를 벗어나지 못하는 자기 자신을 안락하고 행복한 이상의 삶으로 인도할 수 있는, 무명을 밝히는 등불과 미혹과 우치愚癡로 방향을 찾지 못하는 자에게 나침반과 의지처는 자신의 심성과 불교의 교리인 이 법임을 간단명료하게 세상에 선언하신 것입니다.

인생의 기본적인 의미나 중요성인 가치관, 인생의 목적·의미·가치 등을 이해·해석·평가하는 전체적 사고 방법인 인생관, 세계에 있어서의 인간의 존재에 관하여 통일적·체계적으로 파악하는 견해인 세계관, 우주의 발생·본질·발전 등에 관한 견해인 우주관 등은 인간에게 중요한 문제입니다. 사람이 사회적 관계에 있어서 인간 행위의 규범에 관하여 사람으로서 마땅히 행하여 지켜야 할 도리인 윤리학, 사회생활에 있어서 사람으로서 행하여야 하는 이법理法과 그것을 자각하여 실천하는 행위인 도덕성, 인생과 세계의 모든 영역에 걸친 상대적이며 차별이 있는 현상과 절대적이며 평등한 법성인 사리事理의 근본 원리와 법칙성을 탐구하는 학문인 철학, 시간적으로 본 만물의 생성 과정에 관한 일체의 불교적인 연기법, 참된 이치·참된 도리·만인에게 보편타당하다고 인정되는 인식의 내용인 진리, 즉 인간의 가치관, 인생관, 세계관, 우주관, 윤리학, 도덕성, 이법, 사리, 철학, 연기법, 진리 등의 이해와 지식을 배우는 학문이 불교입니다. 즉 진리를 깨달아 지혜를 계발해서 사물을 분별하는 견식見識의 안목을 여는 학문이며, 인생과 세계의 모든 사물의 근본 원리, 사물 사이에 있는 보편적·필연적인 불변의 관계인 법칙성을 깨닫는 철학입니다.

불교의 깨달음이란 불교의 교리(진리)를 깨달은 지혜로, 나의 세계인 존재를 깨닫는 것입니다. 내 존재의 실상을 깨닫게 되면 내 의식에 변화가 옵니다. 그것은 어리석음에서 벗어나 깨어났기 때문입니다. 불교의 교리를 깨달아 지혜가 열리면 무명(무지)이 멸진滅盡되어 범부의 미혹으로 볼 수 있는 차별적인 사상事相의 사법事法과, 성자의 지견을 가지고 도달하는 보편적인 구경의 진리인 이법理法, 즉 상대적이며 차별이 있는 현상과 절대적이며 평등한 법성인 사리事理를 분별하는 견해가 열립니다. 그 열린 견해인 지혜로 번뇌의 속박을 풀어 삼계의 고뇌인 업고業苦를 해소하고 인간다운 인성을 갖추어 살아가는 것입니다.

인간의 생애는 고뇌를 유발하는 원인을 잘 처리해서 나갈 길을 타개打開하는 기회나 계기契機로 삼아 잘못 살아온 삶을 바꾸는, 전환하는 전기轉機로 삼으라는 우주의 순리인 천명天命을 받아들여야 합니다. 이것이 자기에게 맡겨진 임무를 실천하려는 책임감을 가진 인간으로 태어난 사명감입니다. 우리의 운명은 인성에 의해 내가 노력한 만큼 변화시키고 개척하는 것으로 "인성은 운명이다"라고 정의하는 것입니다. 그래서 석존께서는 "자기가 지은 업인業因은 자기가 과보로 받는다는 자작자수自作自受와 인과의 법칙인 업인의 상응하는 과보는 반드시 받는다는 인과응보因果應報"를 말씀하셨습니다.

우리의 삶에서 일어난 일들은 어떤 인성人性의 마음으로 행하느냐에 따라 흥하고 망하고 성하고 쇠함인 흥망성쇠와 기쁨과 노여움과 슬픔과 즐거움인 희로애락과 행복과 불행이 좌우되는 것입니다. 바른 인성·선한 인성·지혜로운 인성을 토대로 살아갈 때 행복이 주어지는 것입니다.

내가 태어난 몸·건강·가정환경·성장과정 등 모든 것의 결정적 우선자는 나 자신의 마음으로 지은 바 업인이 근본입니다. 행복의 근본 원인은 자신의 진실한 마음입니다. 진실한 마음으로 작복作福 인연을 만들어야 합니다. 진리에 꼭 들어맞는, 조금도 틀림없이 부합符合된 진실하고 청정한 선심善心으로 생활할 때 행복의 싹이 움트기 시작합니다. 생각하면 생각한 대로 이루어진다는 법칙을 명심해야 합니다. 바르고(正)·선하고(善)·지혜로운 성품인 인성의 샘이 마르지 않도록 하는 진실한 삶이 행복의 지름길입니다. 마음을 바르게 하고 뜻을 정성스럽게 함인 정심성의正心誠意로 마음이 거짓이나 꾸밈이 없이 정직한 삶은 저승 노자를 저축하는 삶이고, 즐거운 삶은 저승 노자를 탕진하는 삶입니다. 불선한 무명번뇌인 망심妄心을 멸진하면 행복한 운명으로 전환됩니다. 불선하고 어두운 마음을 몰아내고 선하고 밝은 청정한 마음으로 살아가면 밝은 운명으로 전환됩니다. 행복도 불행도 나의 작품입니다. 삶의 고뇌와 불행은 잘못된 삶을 간접으로 깨우쳐 주는(暗示) 깨우침입니다. 암시를 알아차려 잘못된 삶을 바로잡는 교정이 필요합니다. 우리의 마음에 탐내고·성내고·어리석은 삼독심이 자리잡고 있으면 행복이 들어설 자리가 없습니다. 삼독의 불선자들을 모두 내보내야 합니다. 이것이 행복을 불러서 청하여 맞아들이는 초청요招請邀의 비법입니다. 다음으로는 어려움이나 괴로움을 참고 견디는 것입니다. 인내는 행복을 초래하는 으뜸가는 덕행입니다. 그리고 사법邪法을 고집하여 그것을 버리지 못하는 집착을 버리는 것입니다. 잘못된 모든 일과 물건인 사물邪物이나 사법을 고집하는 탐애심貪愛心

은 객관의 대상에 물들어 구속되는 더러움이므로 염착染着이라 합니다. 염착에서 벗어나는 것이 악몽에서 깨어나는 길입니다. 소유에의 집착은 사람 망하고, 집안 망하고, 내 인생을 망하게 하는 못된 잡귀인 마귀의 장난입니다.

진리를 깨달은 지혜의 마음이 행복의 근원입니다. 지혜로 자신의 본심으로 돌아가면 자신에게 무량한 보물창고가 있음을 알게 됩니다. 그것을 알았을 때 부귀와 행복의 조건을 갖추게 되는 것입니다. 우리가 마음의 법칙을 알고 있으면 지금의 고난은 전진을 위한 발돋움이 되어 그 고난 속에서 희망과 성공의 길을 발견하게 됩니다.

불교를 믿고 깨달아 참된 인생관·세계관을 확립하여 내 마음 자성自性에 귀의하고, 불법에 의지하여 확실한 믿음을 일으켜 교리를 배워서 이해하고 깨달아 지혜를 계발하여, 그 지혜로 모든 편견을 여읜 바른 견해인 정견正見과 정견에 의해서 바르게 생각하고 결의決意하는 정사유正思惟로 지혜롭게 활동하고 실천해서 살아가는 삶이 불교인의 삶입니다.

불교의 교리가 가닥이 많아 갈피가 뒤섞여서 복잡다단하고 단순하지 않아 바른 길목을 찾기가 어려워서, 이른바 석존의 일대 교법을 통틀어 팔만사천법문八萬四千法門이라고 합니다. 이 말은 사람마다 선천적 성격·소질·능력·성능의 근기根機가 모두 다르고 사람들의 번뇌가 팔만사천 종류가 되므로 이것을 대치對治하기 위하여 교화를 받는 상대의 근기와 번뇌에 따라 그에 알맞도록 설법하셨다는 데서, 병病의 증세에 응해서 적절한 약을 처방한다는 응병여약應病與藥이라 합니다. 또는 교화를 받을 상대의 근기에 따라서 각각 알맞은 방법으로 교教를 설한다 하여 대기설법對機說法이라고도 합니다. 불교의 가르침은 팔만대장경이 상징하듯이 그 종류가 엄청나게 많고 방대하여 불교를 배우려고 해도 어디서부터 어떻게 공부를 해야 할 것인가를 몰라서 포기하는 경우가 많습니다.

여기서 우리가 분명히 알고 그 뜻을 바로 이해하여 인식할 것은, 팔만사천은 숫자를 뜻하는 말이 아니라는 점입니다. 이는 많음을 나타내는 의미의 인도식 표현입니다.

불교에 관심이 있어 불교를 알려고 하는 이들과 번뇌로 오염된 막다른 삶에서 방황하는 방랑자가 불교의 가르침으로 올바른 삶을 찾고자 하나, 참다운 불교인이 될 수 있도록 정법으로 인도하는 가르침을 올바르게 전하는 지도자를 만나기 쉽지 않아 안타깝고, 불교인을 지도함에 있어서도 신앙적 측면과 지식 위주로 편벽되게 가르치는 경향이 있어 안타깝습니다. 또 근래에는 부정不正하고 쓸데없는 불교도서가 마구 쏟아져 나오는 까닭에 초심자들에게 '불교란 바로 이런 것입니다' 하고 자신 있게 선뜻 권할 수 있는 불교 입문서를 찾기 힘든 것이 현실입니다. 그러나 중생의 병의 종류가 아무리 많다 할지라도 병을 고치기 위해 치료약을 베푸는 시약施藥은 정법을 정리한 교리입니다. 교법의 취지는 오직 한 가지 병을 쾌차케 하는 것이니, 병을 쾌차케 하는 비법은 "불교의 교리를 배워서 깨달아 알게(覺知) 하여 지혜를 열어주는 것"이니, 이것이 병을 다스리는 약재를 조제하는 처방입니다.

작금의 불교는 역사의 유전과 세월의 변화 속에서 불교의 위상은 위축되고, 불교의 가르침은 본질적인 실속을 관계치 않고, 겉으로 나타나 보이는 현상에만 관계하는 피상적인 사상의 유희와 단순히 복을 내려 주기를 기원하는 기복적 신앙으로 함몰되어 가고 있음을 부인할 수가 없습니다.

불교가 이 땅에 처음 들어온 것은 372년 고구려 소수림왕 2년으로 이미 1,650여 년이 되었으나, 이 시대에 고뇌하는 사람들의 간절한 희원希願에 응답하지 못하는 것은 불교가 우리들 마음속에 불성을 싹틔우지 못하고, 박제품이 되어 역사의 유물창고 속에 저장되어 있기 때문입니다. 낡고 오염된 사상, 잘못된 가치관을 타파하고 정통 불교를 수학해야 합니다. 해서 필자가 그동안 법회를 통해 불자들이 반드시 알아야 할 교리를 강의한 내용을 간추려 정리해서 알기 쉽게 불교의 핵심을 뽑아 불교학의 길잡이로서의 역할을 할 수 있도록 불교 입문서로 집필했습니다. 이 책을 인연으로 불도수학佛道修學의 과정인 불법을 믿고(신信), 불법의 교리를 명확하게 이해하고(해解), 절차에 따라 수학(학學)하여 결국에는 타오르는 근본번뇌인 탐진치로 인한 번뇌의 불을 멸진滅盡해서 깨달음의 지혜인 보리를 완성한 경지인 열반을 증득(증證)하는 신해학증信解學證에 조금이라도 도움이 되시길 발원합니다.

불교를 체험하기 전에 이미 마음속에 들어와 있는 불교에 대한 잘못된 사견邪見으로 형성된 부정한 고정관념(선입관)을 바로잡아 불교가 사법이 아니라는 것과 결코 어려운 것이 아니라는 자신감으로 마음을 전환해야 합니다. 이 한 권만 이해하면 부정한 불법과 정법正法의 불법을 분별할 수 있고, 석존의 가르침을 바르게 이해할 수 있는 기초를 다지게 되며, 앞으로 불교 공부에 자신감을 갖게 될 것입니다. 바른 가르침인 정교正敎가 될 것이므로 처음부터 자세히 살펴 음미하면서 읽어 가면 불교에 대한 감이 오는 것을 느껴 '아! 불교가 이런 것이구나' 하고 자신감을 갖게 될 것입니다. 이때 다시 한 번 더 읽으면 불교의 삶으로 전환하여 청정하고 밝은 이상의 삶이 도래할 것이며, 여기서 한 번 더 읽으면 당신의 인성이 바뀌어 번뇌에 얽매이어 생사를 벗어나지 못하는 범부의 삶에서 벗어나 지혜와 도덕이 뛰어나고 사물의 이치에 정통하여 만세萬歲의 사표師表가 될 만한 성인으로 탄생할 것입니다.

우리가 불교의 교리를 배워야 하는 것은, 진리를 따르면 선인善人이 되고 진리를 어기면 악인惡人이 되기 때문입니다. 그렇다면 진리란 무엇인가? 진리란 참된 이치, 참된 도리, 만인에게 보편타당하다고 인정되는 인식의 내용입니다. 예를 들면 꿀벌이 꽃에서 수집하여 벌집 속에 저장해 두는 달콤한 꿀은 천 년 전에도 달고 지금도 달며, 천 년 후에도 단맛이 변함이 없을 것입니다. 이것은 시간을 말합니다. 또한 꿀은 여기서 우리가 먹어도 달고, 북극에 사는 사람이 먹어도 달고, 남극에 사는 사람이 먹어도 달다고 하는 것은 공간을 말하는 것이니, 시간과 공간인 시공을 초월하여 변함이 없는 것이 진리입니다. 이 같은 진리를 배우는 것이 불교입니다.

2. 인간의 사명감

인간의 사명감이란 우리가 금생에 사람으로 태어나 살아가면서 자신에게 맡겨진 임무를 실천하려는 기개나 책임감을 뜻합니다. 책임감은 맡겨진 의무나 임무로 인간다운 인간의 삶을 뜻합니다. 사람이 명이 다하여 사망할 때 목숨이 끊어짐과 동시에 살아생전의 과보를 받을 업인業因에 상응한 재생연결식再生連結識으로 전환됩니다. 재생연결식이란 사후에 생전 업인에 준하여 새로 일어난, 처음으로 움직이는 한 생각의 업식業識이며, 그 업식에 준한 업보의 새로운 몸을 받은 그 몸과 함께 일생을 같이할 마음입니다. 사람이 죽을 때는 재생연결식의 업과業果에 따라서 태어나는 세계와 그 생명의 수준이 결정됩니다. 처음 태어날 때에는 전생 과보의 업인이 작용합니다. 그래서 평소에 선업善業을 쌓아야 선업에 상응하는 선과보善果報와 만납니다. 불교의 교리를 수학하여 석존의 가르침을 모두 깨달은 아라한은 원인이 없이 작용만 하는 마음을 갖기 때문에 업인이 없으므로 윤회전생輪回轉生이 멈추게 됩니다.

인간에게만 기쁨과 노여움과 슬픔과 즐거움의 희로애락이 있습니다. 우리는 인간의 생애를, 고뇌를 유발하는 원인을 타개할 계기, 즉 잘못 살아온 삶을 전환하는 전기로 삼으라는 천명으로 받아들여야 합니다. 이것이 인간의 사명감입니다. 또한 인간의 삶 자체는 영적 발전의 좋은 기회(호기好機)이며 좋은 조건입니다.

우주 생명계에는 32계三十二界의 중생계가 있는데, 그중에서 인간만이 노력에 준한 삶의 질을 바꿀 수 있습니다. 그러므로 부처는 인간계에서만 출현한다는 것을 명심해야 합니다. 고뇌의 삶을 전환시킬 수 있는 방법이 불교를 수학하는 것입니다. 그래서 인간으로 태어난 것은 이러한 중대한 사명을 띠고 태어난 것임을 명심해야 합니다.

인간이 사는 세계는 욕망으로 살기 때문에 욕계欲界라고 합니다. 일생이 끝나고 다음 생이 생길 때는 반드시 전생의 업인에 상응하는 재생연결식이 구성됩니다. 재생연결식의 업인에 의해서 다음 생에 다시 태어나고, 업인에 따라 몸의 형태도 다르게 태어납니다.

마음은 선심善心·불선심(不善心, 악심)·무인작용심無因作用心으로 구별합니다.

선심善心이란, 마음에는 반성하여 자신이 지은 죄를 부끄러워하는 마음인 참慚과 남에 대해 또는 하늘에 대해 부끄러워하는 마음인 괴愧와 어떠한 경계에서도 탐착하지 않는 정신작용인 무탐無貪 등이 있는데, 참慚·괴愧·무탐無貪의 삼근三根을 선의 자성自性이라 하고 그와 더불어 상응하여 일어나는 일체의 마음(心)과 마음의 작용(心所)을 선심이라 합니다. 자기를 위하여 자기의 수양을 주도하는 것은 자리自利이고, 다른 이의 이익을 위하여 행동하는 것은 이타利他인데, 곧 자리이타自利利他행을 선심이라 합니다.

불선심不善心은 진리를 어기고 도리에 배반하여 자타自他에게 손해를 입히고 현재와 미래에 고뇌를 초래하는 인因이 되는 성질입니다.

사람은 기본적으로 선심·불선심·무인작용심을 소유하고 있습니다. 그래서 선심의 과보와 불선심의 과보가 생기게 마련인데, 이것이 내가 지은 업의 결과로 내게 주어지는 과보입니다. 한편 원인과 결과가 없는 무인작용심은 아라한의 마음입니다.

수행을 한다는 것은 번뇌에 얽매여 생사를 벗어나지 못하는 범부에서 벗어나기 위하여 새로운 선과보善果報를 만들어서 지금 이후에 선을 행한 과보로서 얻는 작선득복作善得福을 하는 것입니다.

우리 심신心身의 잘잘못의 행위는 그 순간에 일어났다 업인을 남기고 사라져 없어지지만, 과보심은 제법諸法을 집지執持하여 잃어버리지 않고 섭지攝持하고 훈습하는 아뢰야식阿賴耶識에 습관으로 남아서 조건이 도래하면 결합해서 나타납니다. 우리가 현재 선한 마음을 행하고 싶은데도 잘 안 되는 것은 과거의 저장된 습관인 불선과보심이 영향을 미치기 때문이며, 반대로 나쁜 일을 하려고 하는데 그렇게 하지 못하는 것도 과거에 습관된 선과보심이 영향을 미치기 때문입니다. 우리는 업보에 영향을 받으며 살아갑니다. 선과보는 좋은 상황을 전개시키고 불선과보는 나쁜 상황을 전개시킵니다. 그래서 우리는 선심을 일으켜 불선심이 끼어들지 못하게 해야 합니다.

범부의 미혹으로 볼 수 있는 차별적인 사법事法과, 성자의 지견知見으로 이해되는 보편적인 이법理法, 곧 사리事理를 살펴보는 관찰을 하면 무인작용심을 얻어 번뇌가 접근할 수 없으므로 업인業因에 의해서 육도六道의 미계迷界에 태어나서 죽기를 거듭하면서 윤회하는 생사가 끊어져 윤회전생이 끝납니다. 어리석은 사람은 전생의 불선업의 과보이므로 금생에 진리를 깨달아 지혜를 계발해야 지혜가 열려 어리석음에서 벗어날 수 있습니다.

금생에 지혜를 증득하지 못하면 고통으로 살다가 다음 생에는 지옥·축생·아귀·아수라 등의 악취惡趣로 타락합니다. 불선과보심의 업인이 윤회를 만듭니다. 번뇌의 업인이 과보의 회전을 돌리고 과보의 회전으로 생사윤회를 합니다. 이것이 생명이 연속되는 전환의 과정입니다. 자신의 현재 삶에 대해서 고뇌하거나 좌절할 것이 아니라 삶의 과정임을 알아 현재에 충실해야 합니다. 지난 과거를 거울삼아 지금에 충실한 삶은 진보한 삶입니다.

마음은 매 순간 상황에 따라서 일어나고 사라지는 현상으로 그 연속선상에 있을 뿐입니다. 조금 전의 마음과 지금의 마음은 다릅니다. 그래서 화장실 갈 때와 나올 때의 마음이 다 다르고, 돈을 빌릴 때와 갚을 때의 마음이 다르며, 결혼할 때와 이혼할 때의 마음이 다릅니다. 어느 것이 내 마음입니까? 거기에 나의 마음은 없습니다. 다만 인간은 업의 적용을 받습니다. 우리가 이 세상 중 대한민국 어느 지역·어느 가정·어느 부모의 자식으로 태어나서 육체적 정신적으로 소년·소녀기까지는 자신의 전생 업인에 의한 과보의 삶이고, 그 후부터는 자신의 행업에 상응하는 업보의 삶입니다.

업業은 자신의 행위입니다. 행위의 결과로 선과보와 불선과보를 받는 것입니다. 이것이 실재하는 현실입니다. 잘살고 못사는 것은 자기 행업의 결과입니다. 자신의 행업에 따라서 그 과보가 주어집니다. 이 같은 과보의 교훈은 현재 내가 어떻게 사느냐 하는 것이 지금 이후나 다음 생을 결정하므로, 어떻게 하면 진보한 삶을 살 것인가에 대해서 깊이 잘 생각하는 심사숙고深思熟考를 해야 합니다. 우리의 지능을 계발하여 열어주거나 재지才智를 퇴보시키는 것은 우리의 생각과 행동으로 결정됩니다.

지혜로 객관의 대경對境인 사물을 마음에 떠오르게 하여 확인하고 깨달아 결정하는 관찰은 번뇌를 멸진시키고 지혜가 열리게 합니다. 진리를 깨달은 지혜는 득실得失과 사정邪正을 분별하는 마음의 작용입니다.

불행은 자기가 지은 선악의 업은 자기가 받는다는 자업자득의 인과응보, 모든 것은 인과의 법칙으로 지배된다는 원리를 모르기 때문에 생깁니다.

인과의 법칙은 원인과 결과를 말합니다. 결과를 낳게 하는 것이 인因이고, 그 인에 의해 생기는 것이 과果입니다. 이 같은 법칙을 깨닫기 위해서 불교의 교리를 배우는 것입니다. 불교를 배우는 것이 금생에 사람으로 태어난 임무를 실천하는 기개氣槪입니다. 이것이 인간의 사명감입니다. 이것이 행복의 빗장을 여는 붓다의 가르침이며, 저승 노자路資를 장만하는 비법입니다.

3. 인성人性

1) 인성이란

인성人性이란 사람 마음에 본체인 성질을 뜻하는 말입니다. 학문적
으로는 사람의 성품性品을 말하는 것으로, 성격性格과 품격品格을
의미합니다. 성격은 마음이 선하거나 사나운(惡) 정도의 성결이나
성질을 말하고, 품격은 사람과의 관계에서 바르고 옳은 행동을 통
해 원만한 인간관계를 유지하는 사람된 품성과 인격을 뜻합니다.
곧 인성이란 그 사람의 마음의 질과 사람됨을 뜻하는 말로, 한 개인
의 가치관이며 그 가치관의 기저를 이루고 있는 도덕성의 수준을
말합니다.

전국춘추시대(기원전 403~221년) 제齊나라의 사상가 고자告者는
인간의 성性에는 선악의 속성이 없다는 성무선악설性無善惡說을 주
장했고, 프랑스의 사상가 파스칼(1623~1652)은 인간은 천사와 악
마의 중간자中間者라고 갈파했습니다. 하지만 불교에서는, 인간의
심전心田이라는 마음 밭에는 긍정적인 선성善性의 씨앗과 부정적인

불선성不善性의 씨앗이 공존하지만 태어날 때 전생의 마음인 아뢰야식 중에 인상印象지어지고 훈습薫習된 습성習性·습기習氣·관습慣習·여습餘習·잔기殘氣·기분氣分을 갖고 태어나므로 각자의 불선업의 그림자에 가려 사람마다 본래의 인성이 다르고, 또한 태어나서 성장환경 요인과 습성에 의해서 성질과 품격의 차이가 모든 사람마다 다르다고 했습니다.

2) 인성수학人性修學

타고난 성품을 후천적 노력인 인성교육을 통해 진리를 깨달아 지혜를 계발하여 도의道義에 뿌리를 박고, 공명정대公明正大하여 조금도 부끄러울 바 없는 정대한 기력氣力인 호연지기浩然之氣로 전환시켜 자기 마음에 도사리고 있는 부정적인 불선의 근원을 제거하고 긍정적인 선의 인성을 키워 품성을 청정하게 가꾸는 것을 인성수학이라고 합니다. 이것은 주어지는 것이 아니라 만들어지는 것입니다.

인성교육은 꿈을 실천하는 인생 목표의 비법입니다. 청정한 인성의 소유자들은 인생 목표를 구체적으로 설계하여 수립하고 열의를 다해 실천합니다. 인성교육에 대해, 인간 세계에서 유사 이래 어떠한 진리·도리·종교·학문도 불교를 능가하는 교육은 없습니다.

인성교육을 대표하는 것이 종교인데, 세계를 대표하는 종교의 인성교육의 핵심을 정리하면 다음과 같습니다.

유대교가 모체인 기독교에서 예수의 가르침은 "천국은 네 안에 있다"라고 합니다.

유대인의 민족종교로서 만물의 창조주 여호와 메시아를 구세주로 하고 탈무드를 성전으로 하는 유대교의 가르침은 "그는 모든 것 안에 있고 모든 것은 그 안에 있다"라고 합니다.

이스라엘 민족의 시조 아브라함이 이삭을 낳고, 이삭이 쌍둥이 아들을 낳아 첫째가 '에서'이고, 둘째가 '야곱'인데 야곱의 또 다른 이름이 '이스라엘'입니다. 형 '에서' 계열에서 유대교가 나왔고, 동생 '야곱(이스라엘)' 계열에서 이슬람교가 나왔는데, 이슬람교에서 마호메트의 가르침은 "자신을 아는 것이 자신의 주를 아는 것이다"입니다.

대승불교의 영향을 받아 5세기부터 10세기에 걸쳐 부흥한 인도 민족의 종교 힌두교의 가르침은 "개별의 인식인 내 마음 아트만과 우주를 주관하는 신의 마음 브라흐만은 하나이다"입니다.

유교에서 맹자의 가르침은 "자신의 본성을 이해하는 자는 천성을 이해한다"이고, 도교에서 노자의 가르침은 "마음 깊은 곳에서 신의 성격인 신성을 깨닫게 된다"이고, 불교에서 석존의 가르침은 "당신의 내면을 보라. 당신이 곧 부처이다"입니다.

세계의 여러 종교가 우상숭배, 신신봉자神信奉者, 도인道人, 성인, 현인이 되는 가르침이라면, 불교는 부처가 되는 가르침입니다.

부처가 되는 핵심 교수법이 팔정도법八正道法으로 십이연기十二緣起를 깨닫는 것입니다. 팔정도는 올바른 깨침에 인도하기 위한 가장 합리적이고 올바른 방법입니다. 바른 견해인 정견正見, 바르게 생각하는 정사유正思惟, 정사유에 따른 바른 말을 하는 정어正語, 바른 신체적 행위인 정업正業, 바른 직업에 의해 생활하는 정명正命, 이상을 가지고 바르게 노력하는 정정진正精進, 불교의 교리를 깨달(앎)은 지혜를 염두에 두고 그대로 실천 생활하는 정념正念, 자신의 마음을 돌아보고 반성하는 정정正定 등이 팔정도입니다. 바로 이 팔정도법으로 십이연기를 깨닫는 것이 세계인이 닦아야 할 참된 인성수학입니다.

3) 홍익인간

우리는 인생 목표를 갖고 국조 단군의 건국이념인, '널리 인간 세계를 이롭게 한다'는 뜻의 홍익弘益의 세계를 향해 진실한 인간으로 행복한 삶을 실천해야 합니다.

홍익인간은 단군조선의 건국이념입니다. 국조國祖 단군은 중국의 동쪽 나라의 족속인 동이東夷의 나라에서 태어났으며, 아홉 부족이 임금으로 받들어 건국한 때가 기원전 2333년입니다. 서기 2023년은 단기 4356년입니다. 1919년 상하이 임시정부는 고조선을 세운 단군왕검이 10월 3일에 나라를 세웠다는 기록에 근거해 그날을 건국기원일로 정했습니다. 또한 1948년 제헌국회는 상하이 임시정부의 법통을 계승한다는 취지로 나라 이름을 대한민국으로 하고, 국기연호(개국기년)는 기원전 2333년을 단기 원년으로 정했습니다. 그리고 대한민국 정부수립 후 1948년 9월 25일 연호에 관한 법률에 의해 단군기원일 단군일을 국가의 공식연호로 법제화했습니다. 1949년 10월에는 '국경일에 관한 법률'을 제정해 음력

대신 양력으로 10월 3일을 개천절로 정하고 건국이념으로 정했습니다.

홍익인간의 홍弘은 넓을 홍 자로 널리 두르라는 뜻이며, 익益은 이로울 익 자로 이롭게 하다, 유익하게 도움이 됨의 뜻으로, 인간은 유정有情의 중생이 서로 의지하여 살아가는 세상이라는 뜻입니다. 그리하여 홍익인간은 널리 인간 세계를 이롭게 한다는 뜻으로 세계의 모든 사람에게 이익이 되는 공동체 개념으로 인류공영인 민주주의의 기본정신과 부합되는 핵심 사상입니다. 특히 널리 인간 세계를 이롭게 한다는 뜻을 세계 최초로 가지고 있다는 데 의미가 있으며, 불교에서 말하는 자리이타自利利他의 심오한 뜻이 담겨 있습니다. 홍익인간은 고조선 개국 이래 우리나라 정교政敎의 최고 정신입니다. 우리 민족성의 기저에는 널리 인간 세계를 이롭게 한다는 홍익인간의 이념理念, 유교적 통치철학, 불교의 자리이타自利利他 정신, 선비정신, 농촌에서 농번기에 서로 협력하여 체계 있게 공동 작업을 하기 위한 협동의 두레 정신, 성리학, 실학 등이 기반을 이루고 있습니다. 이러한 정신과 이념은 민족의 혼魂으로 받아들이는 인성의 생명선으로 고귀한 가치관입니다. 홍익인간 사상은 우리 민족 인성교육의 모태母胎임이 분명합니다. 우리가 홍익인간의 이념을 21세기에 맞게 활용한다면 대한민국이 인성대국의 미래를 만드는 데 큰 밑거름이 될 것입니다.

한국에는 자생종교와 외래종교를 합쳐 50개 종교와 500여 개 이상의 종파와 교단이 있습니다. 다양한 종교의 집합소임에도 종교 분쟁이 일어난 적이 없고 오히려 호국정신으로 승화되어 나라를 지키는 문화가 형성된 것은 홍익인간 이념과 민족혼이 융합된 결과라고 생각합니다. 그러나 작금에는 동방예의지국의 근원적 사상인 홍익인간의 인성 능력을 망각하고 있어 안타깝습니다.

4) 선인성善人性과 불선인성不善人性

우리는 인간이 사는 세상인 지구에 태어난 나그네입니다. 우리는 이곳에서 영원히 사는 것이 아니라 유한한 생을 살다가 다음 세계로 떠나야 하는 나그네입니다. 잠깐 머무르는 동안 어떤 이는 지혜로운 삶을 살고, 어떤 이는 미혹한 삶을 살아갑니다. 각자 인성에 따라 흥망성쇠의 행복과 불행을 자초하는 것이니, 조화롭게 사는 삶을 선택해야 다음 생의 여행처가 낙처樂處가 됩니다. 인간의 삶이란 무수한 선택의 연속이고 그 선택은 인성에 기초하여 결정되며, 그 선택의 결과는 인성의 유형을 결정하고 운명으로 나타납니다. 좋은 인성은 좋은 운명을 만들고, 나쁜 인성은 나쁜 운명의 결과를 만듭니다. 운명은 인성에 의해 내가 노력한 만큼 변화시키고 개척하는 것으로, 따라서 "인성은 운명이다"라고 정의하는 것입니다. 그래서 석존께서는 자작자수自作自受, 인과응보因果應報라 하셨습니다. 즉 어떤 인성인가에 따라 흥망성쇠·희로애락·행복과 불행이 좌우된다고 본 것입니다.

　지혜로운 인성자와 사악한 인성자는 수단과 목적에서 모든 생활의 차이가 있습니다. 지혜로운 인성자는 끊임없이 악을 물리치고 선을 북돋우어 마음과 행실을 바르게 닦아 수양하는 수신修身과 인성을 닦아 배우는 수학으로 창의적인 문제해결 능력과 인격을 갖추고, 자연을 좋아하고 삶이 간결하며 향기롭고, 강자에게는 정의롭게 대항하고 약자에겐 자비로우며, 봉사와 헌신을 통해 자발적 희생과 귀감이 되고, 검소를 지향하며, 숭고한 마음을 지니고 대승적으로 자신과 이웃의 행복을 창출합니다. 반면 사악한 인성자는 어떤 일에 있어서 목표를 위하여 철저하지 못하고, 정세에 따라서 기회를 관망하고 지조 없이 편의적으로 행동하는 기회주의, 물질에 대한 욕심으로 재물을 탐내는 물욕주의, 권력만을 추구하는 출세욕에 빠져 겉으로는 정의를 부르짖으면서 자신의 이익을 위해서는 수단 방법을 가리지 않으며, 진심에서가 아니고 겉으로만 착한 체하는 위선자의 삶으로 그 삶이 추하고 복잡하며, 권력에 아부하고 약자를 무시하며, 부정한 방법으로 재산을 축적하여 영예를 얻는 데 수단과 방법을 가리지 않는, 썩은 냄새가 진동하며 사악하고 야비하며 탐욕스럽습니다. 이것을 인면수심人面獸心이라 일컫는 것입니다.

5) 위인성지학爲人性之學과 수처작주隨處作主

(1) 위인성지학

올바른 인성을 갖추기 위해서는 위인성지학과 수처작주가 필요합니다. 위인성지학이란 참된 이치·참된 도리·만인에게 보편타당하다고 인정되는 인식의 내용인 진리를 깨달아, 범부의 미혹으로 볼 수 있는 차별적인 현상의 사법事法과 성자의 지견을 가지고 도달하는 보편적 구경의 진리인 이법理法, 즉 사법과 이법을 합성한 사리事理에 통달하고, 도道를 행하여 체득한 품성인 덕德과 일체의 제법을 통달하여 득실得失과 사정邪正을 분별하는 마음의 작용인 지혜智慧를 갖춘 인성자로서 필요한 정신적 기반을 바탕으로 자신의 덕성을 완성하기 위한 수학修學을 말합니다. 위인성지학의 근간이 되는 핵심 요체는 사람의 생존을 구성하는 12의 요소로 "이것이 있을 때에 저것이 있고, 이것이 생김으로 하여 저것이 생기며, 이것이 없을 때 저것이 없고, 이것이 멸함으로 하여 저것이 멸한다"라고 하는 상의상대적相依相對的인 관계를 설한 십이연기법의 교리를 체득한 품성으로 자리이타自利利他를 행하는 것입니다. 자리自利란 스스로를 이롭게 한다는 뜻이니 노력하고 정진하여 수학의 공功을 쌓아 그로부터 생기는 복락福樂과 지혜 등의 좋은 과덕果德의 이익을 자신이 수취受取하는 것이고, 이타利他는 다른 사람을 이익하게 한다는 뜻으로 자기의 이익뿐만 아니라 모든 중생의 공익을 위한 공덕을 말합니다. 즉 자기를 위하여 수양을 주도하는 것은 자리이고, 다른 이의 이익을 위하여 행동하는 것은 이타라 합니다.

(2) 수처작주

수처작주隨處作主란 중국 당나라 때 임제종臨濟宗의 개조開祖인 임제선사가 한 말로, 임제臨濟의 이름은 의현(義玄. ?~867)이며, 본 이름 외에 허물없이 쓰기 위하여 지은 호를 임제라 하여 호와 이름을 합성하여 임제의현이라 부르는데, 임제의현의 중요한 말을 모아서 만든 어록語錄에 처음으로 나오는 언문言文입니다.

수처隨處는 도처到處라는 뜻으로 가는 곳, 이르는 곳을 뜻하는 말로 행동의 주처를 말하고, 작주作主의 작作은 일으킬 작 자로 행함의 뜻이고, 주主는 주장할 주 자로 맡음, 관장管掌의 뜻이니, 행동을 맡아 관장하는 주장이 되는 마음이라는 뜻입니다.

수처작주란 어떤 경우에 있어서도 위인성지학으로 증득한 인성을 행동의 주체성으로 확립하여 어떤 것에도 사로잡히지 않고 언제나 자유자재한 행동을 하는 것을 뜻합니다. 그리하여 올바른 인성이란 위인성지학으로 증득한 진리의 인성을 수처작주로 실천할 때만이 올바른 인성이 되는 것입니다.

진리를 깨달아 지혜를 계발한 사람을 인도의 표준어인 범어로 Buddha라 하고, 음역하여 인도에서는 붓다라 하고 중국에서는 불타佛陀라 하고 줄여서 불佛이라고 하며, 의역하여 깨달은 자, 즉 각자覺者라 합니다. 이 깨달은 각자가 깨달은 바를 행동의 주체성으로 확립하여 어떤 것에도 사로잡히지 않고 언제나 어디서나 자유자재하게 수처작주하는 각자를 붓다에서 붓 자를 따고, 수처작주에서 처 자를 따서 합성하여 '붓처'라고 합니다. 즉 깨달은 사람이 깨달은 바를 실생활에서 실천할 때만이 붓처가 되고 부처라고 명하는 것입니다. 붓다와 부처는 의의가 다릅니다. 깨달음은 있으나 수처작주를 실천하지 않으면 그 깨달음은 무용지각無用之覺입니다.

위인성지학의 목적은, 도덕성과 숭고한 가치관을 정립하여 인간다운 인간으로 살아가기 위해서 꾸준히 성현들의 말씀으로 자신의 신심을 바르게 수신성찰修身省察하여 선업과 덕행을 쌓아 성품과 행실인 성행性行을 바르게 갖는 자기 수신과, 매일매일 마음을 돌보아 살핌인 일일심성一日心省 등 지행합일知行合一의 자기완성의 경지에 이르러 지혜로운 인성자가 되는 것입니다.

수처작주의 목적은, 실용적인 능력 향상을 위해 자기 몸으로 실제로 이행하는 실천궁행實踐躬行을 함으로써 작게는 생계가 보장되고, 크게는 인류 번영과 발전을 이루는 근본이 됩니다. 수처작주는 끊임없이 자신을 가다듬는 위인성지학의 결과로 형성되고, 땀을 흘리는 과정을 거쳐야 성과를 얻을 수 있습니다. 수처작주로 인류와 역사 발전에 기여해야 사회의 풍요와 번영에 근본이 됩니다.

6) 칠정七情을 전환해야 사덕四德을 갖춘 인성자가 된다

번뇌에 얽매여 생사를 벗어나지 못하는 평범한 사람들은 근본 감정인 일곱 가지 심리 작용의 칠정七情을 지니고 있습니다. 이를 불교에서는 희(喜, 기쁨)·노(怒, 노여움)·우(憂, 근심)·구(懼, 공포)·애(愛, 사랑)·증(憎, 미움)·욕(欲, 욕심)이라 하고, 유교에서는 희(기쁨)·노(노여움)·애(사랑)·욕(욕심)·애(哀, 슬픔)·락(樂, 즐거움)·오(惡, 미워함)라 합니다. 범부는 이런 칠정에 머물러 있지만, 성현들은 칠정을 초월한 도덕적 능력인 인仁·의義·예禮·지智를 지니고 있습니다. 어떤 문제를 해결하는 방향으로 이끌어가는 일의 첫 부분인 단서가 되는 사단四端, 즉 사람의 본성에 선천적으로 갖춘 사덕四德의 실마리가 되는 마음씨로 인仁에서 드러나는 측은지심(惻隱之心, 불쌍하게 여기는 마음)·의義에서 드러나는 수오지심(羞惡之心, 부끄러워하는 마음)·예禮에서 드러나는 사양지심(辭讓之心 사양하는

마음)·지智에서 드러나는 시비지심(是非之心, 옳고 그름을 가릴 줄 아
는 마음)까지 갖추어야 올바른 성자, 불교인이 될 수 있습니다.

7) 인생철학의 바탕 위에 인성을 계발해야 한다

인성교육을 위해선 자연과 인생의 모든 영역에 걸쳐 사물의 근본
원리와 법칙성을 탐구하는 학문인 철학을 공부해야 합니다. 사람
은 누구나 한 번쯤은 자신을 돌아보게 됩니다. '나는 누구인가? 나
는 어디서 왔는가? 나는 왜 사는가? 나는 죽으면 어디로 가는가?'
등의 자아정체성에 대해 진지하게 생각하고 고민하는 순간들을 겪
게 됩니다. 사람으로서 사회적 관계에 있어서 마땅히 행하거나 지
켜야 할 도리인 도덕의 본질이나 선악의 기준과 규범에 관하여 논
구論究하는 윤리학 등 인간으로서 살아가는 데 반드시 필요한 철학
을 공부함으로써 자신의 내면을 바르고 건전하게 가꾸고, 타인과
더불어 살아가는 데 필요한 성품과 역량을 키우며, 자아(自我, 자기
자신)의 정체성을 발견하고 인생의 방향을 설정해 가는 것입니다.
우리는 우리 스스로가 바라고 원하는 삶이 무엇인지에 대해 끊임
없이 묻고 그에 대한 답을 가지고 있을 때 바른 인성의 가치관과 인
생관을 갖게 됩니다. 그 답이 없으면 무의미한 삶이 됩니다. 인생철
학의 바탕 위에 인성학이 세워져야 합니다.

  인성교육은 사람이 윤리 도덕성의 학문과 식견을 넓혀서 심성을
닦고 함양하고 올바른 가치관을 정립하여 올바른 인성을 갖추도록
하는 사람됨의 교육입니다. 인성교육은 사람을 진정 인간답게 만

드는 것으로 끊임없는 탐구의 노력입니다. 인성교육을 하다 보면 자신의 인생길의 이정표가 바르게 세워지고 인간다운 인간, 인간다운 삶이 이루어집니다. 곧 인간다운 품성을 함양시키는 인간성 계발이며, 심성을 바르고 건전하게 가꾸어 자연과 공동체와 더불어 사는 데 필요한 인간다운 성품과 역량을 기르는 교육입니다.

도덕을 갖추지 못한 인성은 미혹하고 불완전한 미완성품의 인간으로, 마치 다듬어지지 않은 목재와 같습니다. 이 목재를 제대로 사용하려면 자르고 다듬고 손질하는 과정을 거쳐야 하듯, 인성을 바르게 갖추려면 진리를 깨달아 지혜를 계발해 개인의 잠재적인 능력을 깨우고 심중의 인간성을 발현해야 합니다. 그래야 인간답게 행복한 삶을 누리는 것입니다. 바른 인성은 개인의 행복과 공동체의 정의와 상생을 이뤄내는 것이고, 한 개인의 삶을 궁극적으로 평가하는 결정적 요소이며, 이 세상을 이끄는 가장 중요한 원동력으로 최고의 자본입니다. 건전하고 선량한 인성은 복을 받는 행복한 삶을 만들고, 성질과 행실이 불량한 인성은 벌을 받아 자멸과 불행한 삶을 만드는 인과법칙의 원리에 따라 결과가 좌우됩니다. 개인은 물론 모든 조직이나 국가 또는 지구촌의 흥망성쇠를 좌우하기 때문에 나의 운명, 조국의 운명, 지구촌의 운명을 위해 헌신하는 인성을 길러야 합니다.

지난 일을 돌이켜보거나 자기 마음의 본원本源을 밝히는 반조反照, 그리고 자각과 성찰로 마음을 다듬고 세상의 이치와 순리에 따라 인간다운 인성을 수학해야 합니다. 인성을 수학하기 위해서는 성현들의 가르침을 마음에 각인하고 실천해야 합니다. 성현들의 가르침으로 만들어진 도덕과 윤리 예절과 법도·규칙 등을 수학하면 선인은 선행이 증장되고 악인은 선인으로 전환되어 지혜로운 인성자가 됩니다.

8) 속물근성은 인성 붕괴자로 국가적 위기를 초래하는 행태

재산과 지위는 가졌지만 인성이 불선한 사람은 교양인이라고 부르지 않듯이, 국력은 있어도 국격과 예의가 없는 나라는 선진국이 될 수 없습니다. 우리 대한민국을 선진국가로 만들려면 각자가 인성을 수학하여 선한 인성으로 가정을 가화만사성家和萬事成이 되게 하고, 공동체는 인화단결人和團結로 인간다운 삶과 행복을 창조하며, 국가는 갈등과 분열을 초월한 상생인성으로 화합하여 국민총화의 인성 문화가 이루어져야 합니다. 그래야 어지러운 세상에서 벗어나 인간답게, 우주와 자연의 이치에 맞게 살아가는 국민이 되며, 진정한 애국심도 일어나는 것입니다.

우리 대한민국의 21세기 신화 창조는, 5천 년 역사 이래 세계 최빈국에서 세계 10위권의 경제 대국이자 세계 6위 수출 대국으로, 세계가 동경하는 잘사는 경제국으로 성장했습니다. 일제 강점기 36년의 수탈과 6·25 한국전쟁으로 폐허가 되었으나, 선진국이 100~300년에 이룬 산업화와 민주화·정보화를 반세기 만에 보릿고개를 넘어 경제적으로 경이로운 한강의 기적을 이루어 성장한 대한민국은 2009년 경제협력개발기구 OECD의 하부기관 개발원조위원회 DAC의 24번째 회원국으로 가입하면서 '원조 수혜국'에서 '원조 공여국'이 된 세계 최초의 사례가 되었습니다. 이와 같이 성장한 원동력은 대한민국 5천 년의 인성 대국 역사 속에 함축되어 있습니다. 진정한 애국심이 있어야 인성 대국의 이념과 가치를 지킴으로써 국가를 진정으로 수호할 수 있습니다. 지난 70여 년 동안 남북한 분단이라는 열악한 조건에서도 민주화와 산업화를 이룩해 낸 위대한 국민들로서 자랑스러워할 자격이 충분한 데 반해, 작금의 시대는 인성이나 윤리와 도덕성에서 심각한 상태에 빠져 있습니다.

우리나라 교육의 보급률과 향학열은 세계 선진국을 능가해 온 것이 사실입니다. 그런데도 국민 인성은 땅에 떨어지고, 사회윤리는 타락상을 드러내고 있습니다. 이러한 국가적 질환이 치유되지 못한다면 머잖아 극가적 위기를 맞이할 것입니다.

우리나라의 공교육은 빗나간 교육열 때문에 오직 수능과 취직·출세에만 초점을 맞춘 천편일률적 교육만을 우선하고 있어 "인간복사기"로 양산될 뿐, 사회에 꼭 필요한 사람으로 육성하지 못해 진정한 성장을 저해하고 있습니다. 뿐만 아니라 올바른 인성과 정체성보다는 남보다 앞서가야 한다는 생각에서 외국 원정 출산이나 조기유학을 보내고, 결국 외국 시민권을 취득하여 군대에 가지 않고 우리나라 국적을 포기하면서 외국인으로 활동하기도 합니다.

우리는 각자의 마음속에 도사리고 있는 인성이 불량한 금전이나 영예를 제일로 치는 생각이나 성질의 부끄러운 속물근성을 버려야합니다. 내 욕심만 채우면 된다는 생각으로 다른 사람은 돌보지 않는 출세주의·이기주의·물질주의의 노예로 살아가는 삶으로부터 벗어나야 합니다.

인성교육은 지식 기반의 국가, 지성적인 국가를 만들어 인성 문화가 국가의 발전을 선도하고 경쟁력을 키워 각계각층의 인재를 배출하는 것입니다. '세상에서 가장 추한 것은 인성이 타락한 사람'입니다. 더욱이 정치가와 공직자 등 일부 지도층 패거리가 좋지 못한 목적으로 서로 야합하여 조직적인 부정부패로 나라를 더럽히는 죄업은 통탄스러운 일로 우려됩니다. 양심을 저버리고 이기주의로 도덕성·정의·신뢰를 저버리는 형태는 나라 발전과 국민 행복에 역행하는 반국가적인 군상들로 역사의 무대에서 사라져야 합니다. 정도正道와 정대正大한 인성은 개인과 모든 조직, 국가와 인류의 흥망성쇠를 좌우합니다.

9) 위정자의 인성은 위민爲民 · 여민與民 · 애민愛民

정치인들은 백성을 위하는 위민, 백성과 편안하게 함께하는 여민, 백성을 가족처럼 사랑하는 애민의 인성으로 혼신을 다해야만 자신도 잘살고 나라도 평화롭게 발전됩니다. 바르고 착한 덕행인 선덕善德의 인성을 총화로 승화시켜 홍익인간의 상생과 이념을 펼쳐야 합니다.

인간을 인간답게 하려면 양질의 정신문화 생활을 바탕으로 물질문명의 발전이 이루어져야 합니다. 부정적인 마음의 씨앗은 부정의 결과를 가져오고, 긍정적인 마음의 씨앗은 좋은 결과를 가져오는 것이 세상을 지혜롭게 살아온 사람들의 공통적인 생각입니다.

일체유심조一切唯心造라는 말이 있듯이 정대한 마음으로 희망적·긍정적·진취적 사고방식으로 살아가는 것이 정도의 인성입니다.

우리가 물질적인 풍요와 향락을 탐욕하게 되면 도덕 인성이 멸절되어 개인·가족·조직·사회·국가가 망하는 결과를 초래합니다. 현재 대한민국은 인성 실종으로 지혜로운 인성의 삶의 가치에 목말라하고 있습니다. 붕괴된 인성의 충격만큼 인성 회복이 긴요하다는 국민의 여망으로 2014년 12월 28일 국회는 인성교육진흥법을 세계 최초로 통과시켰습니다. 인성을 갖춘 국민으로 키우는 것이 선진국가로 가는 지름길입니다.

『논어論語』계씨季氏편에서 공자는 인성을 망가뜨리는 3가지 좋아함인 손자삼요損者三樂를 말했습니다. 요樂는 좋아할 요 자입니다.

①낙교요樂驕樂는 교만함을 즐거움 삼아 좋아하고,

②낙일요樂逸樂는 편안히 노는 것을 즐거움 삼아 좋아하며,

③낙연요樂宴樂는 잔치를 즐거움 삼아 좋아한다는 말입니다.

교만함을 즐거워하면 잘난 체하고 방자해서 절도節度를 알지 못하고, 편안히 노는 것을 즐거워하면 태만해져서 선善을 듣기를 싫어하며, 잔치를 즐거워하면 음탕하여 주색에 빠져 방탕함이니, 이 세 가지는 인간의 정체성을 훼손시키고 망가뜨리는 요소로 작용하므로 손자삼요라 했습니다.

10) 불교의 인성은 삼독심을 경계하는 것

석존은 중생을 해롭게 하는 악의 근원이 되는 탐욕·진에·우치의 삼독심三毒心을 경계하라고 강조하셨습니다.

①탐욕심貪欲心은 자기가 원하는 것을 욕심을 내어 그것에 집착하고, 정도를 넘어서 욕심을 부리며, 명성과 이익에 욕심이 많아 탐욕하는 마음으로 고뇌의 근본 원인이 되는 것이고,

②진에심瞋恚心은 자기 의사의 어그러짐에 대하여 성내고 노여워하고 분노하는 것이며,

③우치심愚癡心은 마음이 어두워서 일체의 도리를 분별할 지혜가 없는 것으로, 이것이 잘못된 행위의 원인이 된다는 것입니다.

이 같은 욕심·성냄·어리석음은 중생들을 해롭게 함이 가장 심하므로 삼독심이라 하며, 중생을 해롭게 하는 악의 근원이기 때문에 삼불선근三不善根이라고도 합니다. 바른 삶을 실현하기 위해서는 지혜로운 마음으로 승화시켜야 합니다. 탐·진·치를 따라 되는 대로 살거나 덧없이 살다가는 공허하고 허망한 인생이 됩니다. 인생에서 지혜로운 정신이야말로 이상적인 인생 항로를 결정케 합니다.

부처님은 삼독심에서 벗어나기 위해서 자각과 성찰로 마음을 다듬고 세상의 이치와 순리에 따라 자기 마음을 밝혀 자정기의自淨其意하는 것이 청정이라 하셨습니다. 청정이란 나쁜 짓으로 지은 허물이나 번뇌의 더러움에서 벗어난 깨끗함을 뜻하는데, 청정에는 자성청정自性淸淨과 이구청정離垢淸淨이 있습니다. 자성청정은 중생

이 갖추고 있는 체성體性은 본래 청정하다는 말입니다. 하지만 현실에 있어서는 번뇌에 오염되어 있는데, 이 번뇌는 본래 있는 것이 아니라 객客과 같은 존재이므로 객진번뇌客塵煩惱라고 합니다. 이구청정이란 범부의 오염된 심성이 번뇌를 멸진하면 자성청정의 심체는 모든 번뇌의 더러움을 깨끗이 여의게 됨을 말합니다.

개인이 인성을 수학하여 청정하게 정화하는 것은 개인·가정·단체·국민의 행복한 인성 국가를 세우는 길입니다. 손자삼요나 삼독심에 빠지면 지식과 지혜, 도덕과 윤리, 자비와 봉사 등을 발휘할 수 없으므로 인성의 인격체를 완성하지 못하고 자아실현을 이룩할 수 없습니다.

우리는 탐·진·치의 세 가지 삼불선근三不善根을 다스려 한량없는 선법을 낳는 근본이 되는 무탐無貪·무진無瞋·무치無癡의 세 가지 삼선근三善根을 일으켜 보시·자비·지혜의 세 가지 삼종선근三種善根을 실천해야 선인성善人性의 주인이 됩니다.

①보시布施는 탐심을 떠나 불佛·승僧·가난한 사람들에게 물자를 베푸는 재시財施, 범부를 위해 법을 설하여 진리를 깨달아 지혜를 열어주는 법시法施, 온갖 공포에서 벗어나게 해주는 무외시無畏施를 말합니다.

②자비慈悲는 중생에게 즐거움을 주는 것을 자慈라 하고, 중생의 고뇌苦惱를 없애주는 것을 비悲라 하여 두 가지를 합하여 자비慈悲라 합니다. 또는 괴로움을 없애주므로 발고拔苦라 하고, 즐거움을 얻도록 해주므로 여락與樂이라 하는데 합하여 발고여락拔苦與樂이라 합니다.

③지혜智慧는 일체의 제법을 통달하여 득실得失과 사정邪正과 시비와 선악을 분별하는 마음의 작용입니다. 지智는 일체의 사상事象과 도리에 대해서 분명하게 시비정사是非正邪를 결정하고 단정하는 변별요지辨別了知 작용을 잘하여 구경에는 번뇌를 끊는 주인主因이 되는 정신작용이며, 즉 지식에 의한 이해로 도리를 알게 되는 해료解了를 지智라 하고, 사리를 분별·결정하며 의심을 결단하는 작용으로 확인하여 깨닫는 조견照見을 혜慧라 합니다. 지와 혜는 비록 통명通名이지만 두 가지가 상대하여 유위有爲의 사상에 달達하는 것을 지智라 하고, 무위無爲의 공리空理에 달達하는 것을 혜慧라 합니다. 지와 혜를 합성하여 지혜라고 합니다.

바른 지혜로 진리를 깨달아 식견識見을 열어주는 계발이 행복의 빗장을 여는 붓다의 가르침이며, 저승 노자를 장만하는 비법입니다.

4. 실달타의 출가와 수행

현재 많은 불교인들이 석존은 고행으로 깨달음을 얻은 것으로, 사실과는 다르게 그릇되게 해석 곧 곡해曲解하는 경향이 많이 있습니다. 그것은 잘못된 인식임을 알아야 합니다. 실달타悉達他는 기원전 623년 4월 8일 출생하였고, 스물아홉 살이던 기원전 595년 2월 8일 출가하셨습니다. 실달타가 출가할 당시 인도에는 여러 가지 종교·철학·사상들이 범람했습니다. 경전에서는 62종의 견해로 분류하였는데, 그중에서 가장 유력했던 사상가들은 육사외도六師外道였습니다.

육사외도는 고대 인도의 바라문교 근본 성전인 베다의 권위를 부인하고 바라문교에 반항하였습니다. 그들은 신흥도시의 왕후·귀족·부호들의 정치경제적 원조로 활약하였습니다. 이 육사외도와 실달타와는 아무런 연관이 없습니다. 육사외도를 정리하면 다음과 같습니다.

1) 육사외도

(1) 아지타 케사캄바리

아지타 케사캄바리는 단멸론斷滅論을 주장하는 유물론자였습니다. 사람의 일생은 지地·수水·화火·풍風 4대 원소의 집합과 흩어짐에 불과하며, 죽으면 4대는 모두 본래대로 돌아가고 남는 것이 없기 때문에 내세來世도 없으므로 죽기 전에 잘 먹고 잘 노는 현실적 쾌락 밖에는 인생의 목적이 없다고 했습니다. 베풂(보시)·제사·기도·교육·종교·도덕 등 일체의 윤리적 엄숙주의를 반대했으며, 사람들을 가르치는 사문沙門이나 바라문婆羅門도 무의미하며, 선악의 행위를 해도 그에 따른 과보도 없다는 그는 철저한 유물론자였으며, 생의 가치는 쾌락에 있다는 쾌락론快樂論의 입장입니다.

(2) 파쿠다 캇차야나

파쿠다 캇차야나는 상주론자常住論者이며, 상주론을 달리 불멸론不滅論이라고도 합니다. 그는 인간의 존재가 7요소七要素, 즉 지地·수水·화火·풍風의 4원소와 고苦·락樂·생명(生命, 영혼)의 3요소를 더하여 이들 요소의 실재가 집합하고 흩어지며, 영혼은 물질적인 것이라 하여 유물론적 입장입니다. 또 죽은 뒤에는 7요소 자체는 불변불멸不變不滅이기 때문에 인생의 결정적 단멸은 없다고 하며, 실천적으로는 도덕을 부정하는 입장입니다.

(3) 푸라나 카싸파

그는 도덕부정론道德否定論, 즉 무無도덕론을 주장했습니다. 그는 독단적인 윤리의 회의론자이며 세상에서 칭찬하는 모든 미덕의 선악은 사회적 관습에 의한 임시적인 것이며, 사람이 선행을 하든 악행을 하든 업에 대한 인과응보는 없다고 부인하였습니다. 선악의 구별은 인간들이 멋대로 정한 것이므로 실재하지 않고, 살생·투도·간음·기어(거짓말) 등의 악업을 지어도 과보는 없으며, 제사·보시·자기의 사욕私慾을 이성으로 눌러 극복하는 극기克己 등의 선행도 그 과보는 발생하지 않는다고 모두 부정했습니다.

(4) 막칼리 고살라

모든 자연현상이나 사람의 일은 선천적으로 예정되어 있어서 사람의 힘으로는 변경시키지 못한다는 운명론運命論자입니다. 그는 바르지 않은 삿되고 부정한 방법으로 생활하는 사명외도邪命外道입니다. 사명이란 거짓으로 기이한 상相을 나타내고 자기의 공덕을 늘어놓으며 길흉을 점치고 큰소리로 위협하고 자기에게 공을 바치는 것을 칭찬하는 것 등을 말합니다.

모든 생류生類의 구성요소는 지·수·화·풍 4대와 고·락·생·사·영혼·허공·득·실 등의 12요소로 구성되어 있으며 이것을 궁극의 실체로 보았습니다. 허공은 다른 11종의 요소를 성립시키는 장소이고, 득·실·고·락·생·사의 여섯 가지는 실체시實體視한 것이며, 영혼·지·수·화·풍의 5원소를 인정하였습니다. 영혼을 물질로 생각하여 물활론物活論의 관념에 근거하여 원자原子와 같은 것으로 본 점은 나름 진전된 입장입니다.

우리의 행동이나 운명은 모두 자연법칙에 의하여 이미 운명적으로 결정되어 있기 때문에 우리 심신의 의지와 힘으로는 바꿀 수 없고, 생사윤회도 무인無因·무연無緣이며, 해탈도 무인·무연으로 운명과 우연의 만남과 본성本性에 지배되는 고락을 받을 뿐이라는 것입니다. 현자賢者도 우자愚者도 윤회의 기간이 예정되어 있어서 증감이나 장단도 불가능하므로 수행을 하여도 해탈할 수 없다는 결정론자였습니다. 그러나 이미 결정된 윤회전생을 반복하다 보면 마침내 해탈하는 날이 온다고 합니다.

(5) 산자야 베라티푸타

산자야는 인간의 지력으로는 확실한 지식이나 객관적 진리를 파악하는 것이 불가능하다고 생각하여, 인식을 부정하고 진리의 존재를 의심하는 회의론자입니다. 회의론은 진리를 있는 그대로 인식하고 서술하는 것이 불가능하여 확정적인 지식을 주지 않는다고 하여 불가지론不可知論이라고도 하는데, 인도에 오래전부터 있었으며 그 대표인 사상가가 '산자야'입니다. 그는 인도 사상사에서 처음으로 회의론자로서 등장한 인물입니다. 그는 '내세가 존재하는가? 선악의 과보는 존재하는가? 인격 완성자(열반자)는 사후에 존재하는가?' 등의 형이상학적인 문제에 관하여 질문을 받으면 확정적인 대답을 주지 않는다는 점에서 불가지론자라고 하고, 인도 사상사에서 처음으로 형이상학 문제에 관한 판단중지의 사상자로 알려졌습니다.

석존의 십대제자 중 지혜 제일의 사리불舍利佛과 신통 제일의 목건련目建連이 산자야의 뛰어난 제자였는데, 이 두 제자가 동문 수학자 250인과 함께 석존에게 귀의하자 격분한 나머지 피를 토하고 사망, 즉 분사憤死했다고 합니다.

(6) 니간타 나타풋타

'니간타'란 그 이전에 있었던 종교 교단의 명칭이고, '나타풋타'는 나타족 출신이라는 뜻입니다. 그는 니간타 종파에 들어가 그 교설을 고쳐서 자이나교를 설립하였으며, 나타족 출신의 니간타 무리의 사람(徒)이라는 뜻으로 '니간타 나타풋타'라고 불립니다. 그가 개창한 자이나(Jaina)란 승자(勝者, Jina)의 가르침이라는 뜻입니다. 그의 가르침을 신봉하는 사람들을 일반적으로 '자이나'라고 부릅니다. '니간타 나타풋타'는 '산자야 베라티푸타'의 회의론을 극복하기 위하여 상대주의적 인식론을 수립한 다음, 모든 존재는 명(命, 영혼)과 비명(非命, 비영혼)의 두 부분으로 구성되었다는 이원론의 우주론을 제시하였습니다. 명(영혼)은 모두 생류生類의 구성요소인 지·수·화·풍의 4대와 신체적 물질로 생각한 영혼을 말하고, 비명非命은 명命 이외의 것을 총칭하여 명이 아니라는 뜻입니다. 또한 허공과 물질과 운동의 조건인 법法과 정지의 조건인 비법非法 등의 네 가지와 명命을 합하여, 즉 허공·물질·법·비법·명의 다섯 가지 실재 체를 5실체五實體라고 했습니다. 이 다섯 실재 체는 모두 점(占, 점유함)의 집합으로서의 실체이며, 이 5실체의 유취有聚에 의하여 세계의 구성이 통일적으로 성취된다고 본 것입니다.

니간타 나타풋타는 업業을 미세한 물질로 보고, 업이 외부에서 신체 내부로 유입하여 영혼에 부착되어 영혼을 속박하여 윤회의 생사를 거듭한다고 생각하였습니다. 업에 속박된 윤회에서 벗어나 영혼이 그 본성을 발현하여 해탈하기 위해서는 미세한 업물질이 영혼으로 유입하는 것을 제어하고 이미 영혼에 부착된 업물질을 지멸止滅시키기 위해서는 계율을 지키고 고행을 행하여야 하며, 그 것은 출가수행으로 이루어진다고 생각했습니다.

윤회를 벗어나려면 무살생無殺生·불망어不妄語·불투도不偸盜·불음不淫·무집착無執着 등의 계를 지키고 고행을 하여야 과거의 불선업을 소멸할 수 있다고 하고, 영혼(命)을 정화淨化하는 방법으로 육체에 고통을 주는 고행이 가장 바람직한 수행이라 생각했습니다.

자이나교는 불교와 같은 시대에 같은 지방에서 같은 계급의 출신에 의하여 개창되었으며, 교리와 용어에도 공통된 것이 적지 않아, 불교와 연관이 깊은 사상입니다.

하지만 이상의 육사외도는 실달타의 수행과는 아무런 관련이 없습니다.

2) 첫 번째 수행처, 고행주의자 발가바

실달타가 출가하여 사문이 되었습니다. 사문沙門이란 서역 지방의 언어 Samana의 음역으로, 원래 사문나沙門那인데 줄여서 사문이라 하고, 번역하여 수도修道라고 합니다. 출가자의 총칭이며, 불교와 외도에 함께 통하는 명칭입니다.

실달타는 사문의 예법에 맞는 몸가짐인 위의를 갖춘 후에, 저명한 수도修道의 지도자를 찾아 널리 돌아다니는 편력의 길을 나섰습니다.

당시 인도의 종교계에는 사화외도事火外道와 선정주의禪定主義와 고행주의 등 3종의 수행법이 가장 널리 실천되고 있었습니다. 당시에 실달타가 저명한 수행처를 찾고 있을 때 어느 사문에게서 '발가바跋伽婆' 선인仙人의 이야기를 들었고, 이에 처음으로 찾아간 곳이 고행자들을 지도하고 있는 고행주의자 '발가바' 선인의 수행처였습니다.

고행은 일반적으로 부정한 생활을 하는 사명외도邪命外道와 자이나교가 즐겨 사용하는 실천법입니다. 그들은 마음의 제어制御, 호흡의 억지抑止나 지식止息·감식減食·단식斷食·특수한 자학自虐 행위에 의하여, 즉 스스로 육체적 고행을 하여 자연적인 욕망을 끊고, 견디기 어려운 여러 가지 난행難行을 감행하여 육체를 괴롭힘으로써 정신의 자유를 얻거나 생천의 낙과樂果와 원하고 바라는(원망願望) 바를 이루려 했습니다.

'발가바'의 제자들은 온갖 고행을 다 하고 있었습니다. 그들은 남이 흉내 낼 수 없는 어려운 고행을 하고 있었습니다. 가시로 몸을 찔러 피를 내고, 더러운 쓰레기더미 속에 누워 있고, 타오르는 불꽃에 몸을 벌겋게 달구고, 한쪽 발로 서 있고, 물속에 들어가 숨을 죽이고 있고, 종일 물구나무서기로 서 있고, 하루에 한 끼 또는 이틀이나 삼일에 한 끼밖에 먹지 않는 단식을 하는 등의 고행을 하였는데, 혹독한 고행을 하는 수행자일수록 존경을 받고 있었습니다. 수행자들은 하나같이 어두운 표정을 짓고 있었으며 처참하고 불결하게만 보였습니다. 그들의 극심한 고행의 모습을 지켜본 실달타는 '발가바'에게 고행의 목적을 물었습니다. 그의 대답은 이 같은 고행이 당연하다는 듯이, 천상에 태어나기 위한 목적으로 한다고 했습니다. 이 세상에서 육체의 고통을 참으면 참을수록 사후에 하늘나라에 태어나서 오랫동안 즐겁게 살 수 있다고 가르쳤습니다. 고행주의자들의 공통적인 목적도 정신의 자유를 얻고자 하는 것이었습니다. 인생이 정신의 자유를 얻지 못하는 이유는 정욕情欲 때문인데, 정욕의 근본은 육체가 있는 까닭이므로, 이 정욕으로부터 해탈을 얻고자 한다면 무엇보다도 먼저 육체를 압박해야 한다는 것입니다. 그러나 완전한 정신의 자유를 얻자면 육체가 아주 없어짐보다 더 좋은 것이 없으니, 그렇게 되자면 사후가 아니고서는 도저히 불가능한 수행법입니다.

이 말을 들은 실달타는 어처구니없는 생각이 들었습니다. 천상에 태어난다는 것을 무엇으로 보장하며, 설사 고행의 과보로 원이 성취되어 생천生天한다 하더라도 하늘에 태어난다는 것은 지금의 자신이 죽지 않고는 불가능한 일이며, 이 몸이 죽어서 하늘에 태어난다 해도 천상에서 누리는 업인業因의 복이 다하고 수명이 다하면 다시 하계下界로 타락하는 생사윤회를 계속하여야 할 것이니, 결국에는 고행을 한다는 것은 고과苦果를 초래할 고인苦因을 만드는 것이 되므로 고통을 벗어날 수 없는 어리석은 짓임을 깨달았습니다.

사문들이 고행을 자처하는 것은, 사람들이 번뇌로 괴로움에 시달려 정신의 자유를 얻지 못하는 까닭은 모두 욕심의 근본인 물질인 육체가 청정한 정신을 덮고 있어서 정신이 고통당하고 있다고 생각하여, 정신이 모든 욕망과 고뇌로부터 벗어나려면 육체의 속박에서 벗어나야 하고, 육체의 속박에서 벗어나려면 모든 방법을 동원하여 육체에 고통을 주고 지독하게 학대하고 괴롭혀서 그 힘을 감소시켜야 한다는 것입니다. 곧 죄악과 오탁五濁의 현실은 육체가 근본이자 고苦의 실체라고 본 것이며, 고라는 것은 정신 영역인 감수작용感受作用과는 하등의 관계없이 육체의 실체로 본 것입니다.

그러므로 완전한 정신의 자유와 해탈을 얻으려면 죽지 않고서는 불가능한 것이니, 육신이 소멸되는 죽음 후에나 가능하게 되므로 고행하다 죽는 것이 확실하게 해탈을 얻는 자랑스러운 것이라고 생각한 것입니다.

실달타는 이 수행처에서 '발가바'의 지도를 받아 고행 중에서 가장 고난도苦難度의 몇 가지 고행을 수련하였습니다. 수행해 본 결과 이곳에서의 어떠한 수행도 인간의 지혜를 계발하는 성스러운 진리를 깨닫는 이법理法의 수행이 아니라는 것을 깨달은 실달타는 분명 진리를 깨달아 지혜를 계발할 방법을 지도하는 수행처가 있을 것이라고 확신하고, 그곳을 떠났습니다.

3) 두 번째 수행처, 배화주의자 카샤파

실달타가 두 번째로 찾아간 수행처는, 나이란자나 강 동쪽 숲에서 카샤파 3형제가 불을 섬기는 배화주의拜火主義·사화외도事火外道의 수행처였습니다. 이곳은 색계色界 초선천인 범천梵天과 태양(日)과

달(月)과 불(火)과 물(水)에게 제사를 올리고 봉사奉祠하는 곳이었습니다.

인도에는 바라문·찰제리(크샤트리아)·비사(바이샤)·수다라 등의 네 가지 사회계급이 있는데, 그 가운데서 최고의 지위에 있는 종족 바라문婆羅門은 그들의 생활에 4기期가 있어 11세부터 18세까지 8년간 스승에게 가서 바라문교 근본성전인 베다吠陀 교육과 고행을 닦으면서 성지聖智에 이르기 위하여 정진하는데 이 시기를 범행기梵行期 또는 범지기梵志期라 합니다. 실달타는 불을 섬기는(事火) 수행을 하고 있는 수행자 범지(梵志: 바라문)에게 가서 수행의 목적을 물었습니다. 그들이 수행하는 이유는 '불火은 일체의 것을 깨끗하게 하는 덕德이 있어 불을 신神으로 숭배한다'는 것이었습니다. 즉 신은 광명光明에 의하여 발현되는 것이며, 불은 모든 광명 중에서 인간에 가장 가까운 것이므로 이것을 신으로서 높이 받들어 숭배하고 존숭한다는 것입니다.

실달타는 생각하기를, 이 수행 역시 생사도生死道에 불과한 것이다. 왜냐하면 수비상만(水非常滿: 물은 항상 풍족하여 어긋나지 않음)하며, 화비구열(火非久熱: 불은 변함없이 태움에 어긋나지 않음)하며, 일출이몰(日出移沒: 태양이 떴다 지는 것이 변함이 없음)하며, 월출만휴(月出滿虧: 돋은 보름달은 이지러짐)하고, 도道는 마음이 맑고 허심탄회한 청허淸虛에 있으리니, 태양·달·불·물이 어찌 능히 일심一心을 밝힐 수 있겠는가? 하였습니다. 그리하여 이 수행은 의지할 바의 도(所依道)가 아님을 깨닫고 다음 수행처로 떠났습니다.

4) 세 번째 수행처, 수선주의자 아라다 까라마

실달타는 세 번째로 남쪽 마가다국 수도 라자가하(왕사성)로 갔습니다. 그 지역은 자유로운 혁신 사상이 가장 성행하던 곳으로 많은 사람들이 모여 수행하고 있었습니다. 그곳에서 실달타는 당시 가장 명망이 높은 수선주의자修禪主義者가 수행을 지도하는, 전통 바라문교의 지도자이며 철학자인 두 사람의 수도修道 지도 선사를 역방歷訪하였습니다.

먼저 찾은 지도자는 '아라다 까라마(阿羅茶伽羅摩)'입니다. 그는 당시로는 가장 존경받고 있는 유명한 철인哲人이요, 선인仙人이었습니다. 실달타는 그에게 "저를 위하여 생로병사를 끊는 법을 말씀하여 주십시오"라고 가르침을 청하자, 아라다 까라마는 생사의 근본을 끊고자 하면 먼저 출가하여 계행을 지키고 인욕하면서 조용한 곳에서 선정禪定을 닦아야 하고, 선정을 통하여 아무것도 없는 무소유처정無所有處定에 들게 되면 깨어 있으면서도 무념무상無念無想의 상태에 머무르게 되는데 그것이 해탈이라고 했습니다. 그것은 선정을 통한 정신통일에 의하여 적정寂靜한 경지에 도달함으로써 해탈에 이른다는 수선주의였습니다.

실달타는 그의 말을 듣고 그의 지도에 따라 그곳에서 수행하는 수백 명의 수행자들이 도저히 따를 수 없는 용맹정진으로 수선修禪하였습니다. 그리하여 마침내 스승이 말하는 '무아의 상태'라고 하는 몰입상태에서 오랫동안 머물 수 있는 경지에 이르렀습니다. 실달타가 너무도 짧은 시간에 빨리 그 기술을 완벽하게 터득하자, 선사 아라다 까라마는 깜짝 놀라 감탄하여 "자네 같은 천재를 만나 감동했네. 자네는 이미 내가 증득한 경지에 도달하였으니 나와 함께 우리 교단을 이끌어가세"라고 하며, 자신이 이끌고 있는 수행도량의 지도권을 실달타에게 양위하겠다고 제안하였습니다. 그러나 실달타는 거절했습니다. 그들이 자인自認하는 해탈이라는 경지까지 도달하여 보았으나 그 무념무상의 상태가 근본적인 열반의 경지가 아님을 깨달았으며, 그것은 결코 정산定散이 일여一如한 무고안온無苦安穩한 해탈의 경지가 아니었기 때문입니다.

선정주의자들은 정신의 자유를 얻는 것이 그 목적인 바, 이 목적을 달성하자면 육체의 활동을 정지시키고 정신의 세계에 들어가기 위하여 선정의 방법을 채택한 것입니다. 곧 그들의 목적은 마음의 작용이 정지된 무념무상의 상태에 이르는 수행이었습니다. 하지만 선정 중에 있을 때에는 정신의 자유를 얻어 기뻐함인 희열경喜悅境을 체험할 수 있으나, 명상에서 벗어나면 명상에 들기 전과 다름없이 평상시처럼 산심경散心境으로 도로 제자리로 회귀하여 온갖 번뇌가 밀려와 고통을 벗어날 수가 없습니다. 그러므로 만약 정신적 자유의 경지에 있고자 한다면 항상 입선入禪하여 있지 않으면 안 됩니다. 이러한 관계로 그들이 정신적 자유를 얻고자 하여 채용한 수단이자 방법이던 선정이 도리어 목적화目的化가 되어 버린 것입니다.

실달타는 이 수행방법은 결코 죽음에 이르지 않고는 목적을 달성할 수가 없다는 결론을 얻었습니다. 그 당시 '아라다 까라마'의 나이는 120살이었습니다. 그는 16세에 출가하여 104년이나 선수행을 닦았으나 그의 경지에 실달타는 만족할 수가 없었습니다. 그리하여 그곳의 선수행을 버리고 보다 높은 수행을 위하여 다음 수행처로 떠났습니다.

5) 네 번째 수행처, 수선주의자 웃다카 라마풋다

실달타가 다음으로 찾아간 수행처는 '웃다카 라마풋다'가 수행하던 곳이었습니다. 실달타는 그에게 가르침을 청했습니다. 웃다카 라마풋다는 철학자이자 선인仙人이며 선사禪師였습니다. 그는 칠백 명의 제자들에게 사유思惟를 초월한 순수한 사상만 남는 선수행을 통하여 생각이 있는 것도 아니고 없는 것도 아닌 비상비비상정非想非非想定이라는 경지에 이르는 선을 지도하고 있었습니다. 그것은 거친 생각이 없으므로 비상非想이라 하고, 그러나 자세한 생각이 없지 아니하므로 비비상非非相이라 합니다. 비유非有이므로 외도들은 이를 진열반처眞涅槃處라 하고, 비무상非無想이므로 불교에서는 이것도 생사하는 곳이라 합니다.

실달타는 '아라다 까라마'의 수행처에서 무소유처정을 수행한 경험이 있어 이 선정에서도 '웃다카 라마풋다' 선사의 경지에 곧바로 들게 되었습니다. 웃다카 라마풋다는 실달타에게 그 이상의 높은 경지는 없다고 했습니다.

실달타는 의문이 있어 웃다카 라마풋다 선사에게 질문을 하였습니다. "생각도 아니고 생각 아닌 것도 아닌 경지인 비상비비상처에는 나라는 존재가 있는 것입니까, 나라는 존재가 없는 것입니까?

만약 내가 있다(有我)고 말한다면 나는 아직도 분별함이 있는 것이니 분별함이 있다면 아직도 번뇌에 물들고 매달림(染着, 염착)이 있다는 것이므로 해탈이라고 할 수가 없는 것이며, 만약 내가 없다(無我, 무아)라고 말할 것 같으면 나는 목석木石과 같다는 말이므로 비상비비상처라고 말할 수가 없지 않습니까?" 실달타의 이러한 질문에 웃다카 라마풋다 선사는 아무런 대답을 하지 못하고 침묵만을 지키면서 실달타의 높은 경지에 경탄할 뿐이라고 했습니다.

무소유처정과 비상비비상처정은 4무색정四無色定에 해당합니다. 4무색정은 공무변처정·식무변처정·무소유처정·비상비비상처정을 말합니다. 약설하면 다음과 같습니다.

①공무변처정空無邊處定이란 욕계와 색계에 있어서 모든 물질적 형태를 떠나 무변의 공空을 깨닫는 정定이고,

②식무변처정識無邊處定이란 공무변처정을 초탈하여 식識이 무한대임을 사유함으로써 얻는 적정한 과보인 정定이며,

③무소유처정無所有處定이란 선정을 닦는 사람이 식識을 초월하여 무소유임을 관하여 사유하는 정定이고,

④비상비비상처정非想非非想處定이란 무소유처정을 초월해서 얻은 아주 미세한 상想만 있을 뿐 거의 무상無想에 가까운 정定입니다.

이상이 4무색정에 해당되는 정으로, 이것이 그들이 자인하는 해탈의 경지에 이르는 방법인데, 그들은 선정을 아주 중시했습니다.

아라다 까라마의 무소유처정과 웃다카 라마풋다의 비상비비상처정은 다 같은 선정법禪定法으로, 그들은 수선주의자였습니다. 그

들의 수행은 수선자의 마음이 하나의 대상에 집중해서 산란하지 않은 심일경성心一境性의 상태인 삼매三昧와 자세와 호흡을 가다듬어 정신을 통일하여 순화시키고 또는 초자연력을 얻고자 행하는 수행법을 일방적으로 가리키는 인도 고유의 수행법인 요가와 같았습니다. 범어 요가(yoga)와 이를 음역한 유가瑜伽는, 이와 같은 정신 통일의 행법行法을 일컫는 말들입니다. 이들의 종교적 실천은 인도 종교에서 그 기원이 매우 오래된 것입니다. 위의 두 선사는 실달타에게 무아경無我境의 심오한 경지를 이끌어 내는 명상법을 가르쳤습니다.

　선정주의禪定主義란 수행자들이 정신의 자유를 얻는 것을 그 목적으로 삼는 것입니다. 정신의 자유를 얻기 위해서는 육체의 활동을 정지시키고 정신의 세계에 들어가야 하므로 그들은 선정의 방법을 택한 것입니다. 선정에 들어 있을 때에는 정신이 통일되어 심신心身의 속박을 벗어나 자유로운 희열상태를 얻을 수 있으나 항상 그대로 있는 것이 아니고 오래지 않아 정신통일이 풀려 산심散心이 되어 선정에 들기 전과 같게 되고, 선정에서 나오면 평상심과 다름 없는 상태가 되므로 정신통일의 경지에 항상 머물고자 한다면, 곧 정신의 자유를 줄곧 얻고자 한다면 항상 선정에 들어가 있지 않으면 안 됩니다. 이렇게 되면 정신의 자유를 얻기 위한 방법으로 택한 선정이 도리어 그 목적이 되고 마는 것입니다. 그러므로 선수행주의자들은 수행의 방법인 선정을 그 수행의 목적으로 삼고 있는 것입니다. 실달타가 선정을 버린 이유도, 목적과 방법을 혼동하고 있었던 그 모순 때문이며, 선정을 닦는 목적이 하늘 세계에 태어나는 것을 목적으로 한다는 것을 알고는, 즉 자신이 원하고 바라는 무고안온無苦安穩의 해탈이 아님을 깨닫고, 생로병사의 해결처를 찾기 위하여 선수행을 버렸습니다. 실달타가 그곳을 떠날 때 두 선사는 오히려 실달타가 먼저 해탈을 증득하면 자기들을 해탈케 해 줄 것을 부탁하였습니다.

여기서 불교인들이 확실하게 짚고 넘어갈 것은, 이처럼 선禪은 불교가 아닌 외도법外道法이라는 사실입니다. 즉 좌선은 석존의 교법이나 불교의 교리가 아닌 외도법이라는 사실입니다. 이것을 확실하게 깨달아야 합니다.

좌선은 정좌한 자세로 일체의 생각을 쉬는 것입니다. 선수행은 다섯 가지 장애인 감정적 욕망·악한 의도·혼침과 게으름·들뜸·회의적 의심을 억제하기 위하여 필요한 수행입니다. 그러나 좌선 수행만으로는 색色·수受·상想·행行·식識의 오온五蘊에서 일어나는 현상을 있는 그대로 감수感受할 수가 없기 때문에 탐욕(貪欲, 욕심)·진에(瞋恚, 성냄)·우치(愚癡, 어리석음)로 대표되는 번뇌를 놓지 못합니다. 왜냐하면 탐·진·치가 잠복한 상태로 있기 때문입니다. 그러나 불법의 팔정도八正道의 통찰 지혜는 탐·진·치를 있는 그대로 지켜보고 알아차리는 여실지견如實知見을 하므로 번뇌가 뿌리 뽑혀 어리석음이 제거됩니다.

지금 선종禪宗의 선정禪定은 석존 입멸 후 약 500여 년 후인 기원전 50년경에 대승불교가 일어나고 그 후 다시 570년 후, 즉 석존께서 입멸하신 후 1,070여 년 후 인도의 승려 보리달마가 서기 520년 9월 중국 양나라 광주 남해군에 도착하면서 시작되었습니다. 광주에 도착한 달마는 황제 무제(464~549)와 문답하다 기연이 맞지 아니하자 낙양으로 가서 승산 소림굴에서 벽을 향하여 9년을 좌선하였습니다. 서기 528년 낙양 사람 '신광(神光, 487~593, 법명은 혜가)'이라는 수행자가 보리달마를 찾아가 "불안한 마음을 편안하게 해주기를" 간청하자, 보리달마는 "편치 못한 마음을 가져오라"고 합니다. 혜가가 "그 불안한 마음을 찾을 수가 없다"고 하자, 보리달마는 "이미 너의 마음을 편안하게 해주었다"고 합니다. 형상이 없이 시시때때로 변하는 이 마음은 넓기로 말하면 이 세상보다도 넓고 좁기로 말하면 바늘이 들어갈 틈도 없으며, 착하기로는 천사와 같고 악하기로는 늑대보다 더하며, 올 때와 갈 때 다른 이런 마음을 어디에서 찾아내겠습니까. 보리달마는 혜가가 결국 찾을 수 없는 것이 마음이라는 것을 깨달았다고 본 것입니다. 그래서 그에게 마음으로 법을 전했으니, 이것이 선종에서 말하는 이심전심以心傳心 전법의 시초입니다. 달마는 혜가에게 법을 전하고 그해 10월 5일 입적했습니다. 지금의 선정법은 석존 열반 후 1,078년 후인 서기 528년에 보리달마가 신광에게 전한 선법입니다. 이것이 선종의 시작이며, 조계종의 뿌리와 줄기인 근간根幹이 된 것입니다.

6) 다섯 번째 수행처, 우루벨라촌 고행림

실달타는 출가하여 사문이 된 후 저명한 수도修道 지도자를 찾아 편력하며 지도를 받았으나 하나같이 실달타의 목적에는 근접하지 못했습니다. 어느 수행처를 찾아가 보아도 그가 의지하여 배울 스승은 없었습니다. 그 누구도 자신이 뜻하는 바를 깨우쳐 줄 스승이 없다는 것을 깨닫게 됩니다. 그리하여 실달타는 결심합니다. 누구를 찾아서 진리를 구할 것이 아니라 이제는 내 자신이 깨달아야 한다. 지금까지 자신을 일깨워줄 스승을 찾아 밖으로 헤매던 것을 자신의 내면으로 생각을 전환한 것입니다. 남의 힘을 입지 아니하고 자신의 힘으로 일어나겠다는 자기개척自起開拓을 결심하였습니다. 그리하여 당시에 많은 사문들이 예로부터 초월적인 힘을 얻는 곳이라 하여 모여서 단독으로 수행하는 고행림苦行林, 마가다국 라자가하시 서남쪽 가야 지방 우루벨라촌 세나 마을에 흐르는 네란자나강(尼蓮禪河, 니련선하) 근처의 고행자들이 모여 수행하는 숲으로 발길을 옮겼습니다.

실달타가 고행림에 도착하여 보니 수많은 사문들이 고행을 하고 있었습니다. 실달타도 자리를 잡고 철저하고 맹렬한 고행 생활에 들어갔습니다. 처음에는 금욕을 실천하여 식욕과 수면욕을 극복하였고, 숨쉬기를 조절하는 훈련으로 긴 시간 동안 숨을 참는 호흡의 정지 훈련을 했으며, 호흡을 멈추고 정신을 집중하는 혹독한 수행과 먹고 자는 것도 잊어버린 채 명상을 계속했습니다. 마음의 제어制御와 감식減食·절식節食·단식斷食을 행하여 목숨만 겨우 유지할 정도로 몇 알의 곡물과 물 한 그릇만을 섭취하고 연명하는 각고정려刻苦精勵와 죽음에 직면할 정도로 육체를 최고로 괴롭히고 학대함으로써 강인한 의지를 단련하며, 지금까지 수행한 가운데서도 가장 어려운 고행만을 골라 해탈의 경계에 도달하려고 했습니다.

이때 실달타의 모습을, 불전에서는 상징적으로 묘사한 고행상을 다음과 같이 전하고 있습니다.

"두 눈은 마치 해골처럼 움푹 파였고, 뺨은 가죽만 남았으며, 몸은 뼈만 남은 앙상한 몰골로 변하였고, 피골이 상접하여 핏줄이 통째로 드러났으며, 갈비뼈는 쓰러져가는 고가古家의 서까래처럼 앙상하고, 그 후에 거미줄 같은 혈관이 드러났으며, 손발은 갈대와 같이 앙상하고, 뱃가죽은 등뼈에 붙어 있으며, 여위어져서 일어설 수도 없게 되었고, 머리카락도 빠지기 시작했으며, 몸의 형상形狀은 마치 시들어 가는 마른 나무와 같고, 극도로 피로하여 핼쑥하고 파리하여 초췌憔悴했으며, 심신은 마치 쇠사슬로 묶어 물속에 가라앉게 하듯 쇄침鎖沈할 뿐 성과가 보이지 않았으며 죽지 않고 살아 있다는 것이 이상하게 느껴질 정도였다."

실달타는 출가 사문이 되어 무고안온의 현세 열반을 증득하고자, 선정과 고행으로 정신의 해탈과 진리의 인식에 도달하고자 극단의 고행으로 6년간 수행을 죽기 직전까지 정진했으나, 어느 정도 수행에 보탬을 주는 심신의 단련과 강한 의지만 얻었을 뿐 그가 바라는 출가의 목적인 궁극의 해탈에는 접근하지 못하였고 생사의 매듭을 풀지 못했습니다. 몇 번이고 죽음에 직면하였지만 인간의 고뇌를 해결할 지혜는 계발하지 못했습니다.

육체를 괴롭게 함으로써 정신을 해방시킨다는 고행이 곧 육체에 집착하는 일로 되어 버렸으며, 오히려 심신이 피폐하고 기력을 잃어 의식이 흐려져 명상을 하기조차 어려워졌습니다. 진리를 깨닫기 전에 죽어 버린다면 선禪이나 고행은 아무런 의미가 없는 것입니다. 고苦의 근원을 육체에다 두고 내세주의로 선정과 고행을 닦았는데 이들 수행은 목적과 방법이 혼돈돼 있었습니다. 노병사老病死의 고에서 벗어나 괴로움이 없는 편안함이 무고안온無苦安穩과 타오르는 번뇌의 불을 멸진滅盡하여 깨달음의 지혜인 보리를 완성한 열반을 현실 삶에서 얻고자 했던 실달타에게 있어서는 소용없는 수행법이었던 것입니다.

여기서 실달타는 그가 지금까지 수행한 고행에 대하여 문득 회의가 생겼습니다. 육체를 괴롭히는 일은 오히려 육체에 집착하고 있는 것이라는 생각이 들었습니다. 육체를 괴롭히기보다는 차라리 편안하게 함으로써 마음의 고요도 가져올 수 있지 않을까? 출가하여 6년이라는 수행을 통하여 체험한 결론은 선정과 고행으로 몸을 핍박하여 고통을 받는 것은 심신을 해롭게 하여 학대하는 해학害虐으로 몸만 괴롭힐 뿐이며, 진리를 깨달아 지혜를 계발하지 못하는 것이며, 깨달음의 원인이 아니며, 아무것도 얻은 결과가 없다는 무의미함을 확실하게 깨달아 바른 수행이 아님을 인식한 실달타는, 건강한 심신이 아니고는 맑은 정신이 있을 수 없음을 깨달은 것입니다. 그리하여 출가 6년의 모든 수행을 버리기로 결심했습니다. 그리고 지금까지의 수행법과 그들의 우주론과 인생관과 종교사상까지도 모두 버렸던 것입니다. 다만 6년간 고행을 통해 다생에 익힌 신·구·의 업을 단절하는 데 좋은 비책이 되었습니다.

7) 수자타에게 우유죽을 공양받다

실달타는 출가 사문으로 6년 고행을 말끔히 버리고, 고행으로 오염되고 쇠약해진, 지칠 대로 지치고 피로할 대로 피로해진 심신을 회복하기 위하여 고행림에서 나와 네란자나강(尼蓮禪河, 니련선하)에 들어가 몸을 깨끗이 씻었습니다. 6년간의 고행으로 찌든 몸을 깨끗이 씻고 나니 워낙 쇠약했던 탓으로 기진氣盡하여 기력을 잃고 강둑에 쓰러져 있었습니다. 그때 그곳을 지나가던, 목축업을 하는 우루벨라 촌장의 딸 '수자타'(일설에는 '난다 발라')가 지쳐 혼수상태로 쓰러져 있는 실달타의 몰골을 보고, 공양으로 우유죽(乳粥)을 보시했습니다. 수자타는 우주벨라 촌장인 아버지에게 사문이 실신상태라는 전후사정을 말씀드렸습니다. 촌장은 사문이 회복할 때까지 공양을 보시하라는 당부를 했고, 수자타는 며칠간 공양을 보시했습니다. 공양을 시주받은 실달타는 젊고 의지가 강하였으므로 점차 회복하였으며 심신의 피로회복도 빨랐습니다.

8) 심성을 관찰하다

체력을 회복한 실달타는 지금까지의 모든 수행을 정리하고, 마음을 가다듬어 독자적인 새로운 수행처를 찾아 부다가야佛陀伽耶로 자리를 옮겼습니다. 인도 북동부의 비하르주 가야의 남쪽에 위치한 그곳에서 실달타는 중앙 인도에 번식하는 뽕나무 과科에 딸린 무화과수無花果樹와 비슷한 큰 필발라畢鉢羅 나무를 발견하였습니다. 그 나무로 가보니 나무 밑에는 마침 앉기에 알맞은 넓고 편편한 큰 돌인 반석磐石이 놓여 있었습니다. 그 위에 마른 풀을 푹신하게 깔고 앉아 마음속에서 진정으로 우러나오는 충심衷心으로 맹서

盟誓하기를 "이 자리에서 우주와 생명의 실상實相인 도를 깨닫기 전에는 육신肉身이 다 죽는다 해도 이 자리에서 일어나지 않겠다. 즉 아도불성(我道不成: 내가 도를 성취하지 못하면) 요종불기(要終不起: 맹세한 바를 끝을 맺지 못하면 일어나지 않겠다), 또는 맹세한 출가의 목적을 달성하지 못한다면 죽어도 이 자리를 뜨지 않겠다!"라는 굳은 결심을 하였습니다.

당시에 사문 수행자들은 전통이라는 굴레와 오래되어 굳어진 버릇인 타성에 얽매이고, 전통과 타성의 부조리와 모순 속에 스스로 빠져들고 있었습니다. 한 번 빠져들면 모순과 부조리를 합리화시켜 그것만을 절대적 진리라고 신봉합니다. 거기에 비판을 가하거나 자성自省하는 것을 오히려 죄악시합니다. 그러므로 인도의 종교인들은 오랜 동안을 변함없이 깨우침과는 무관한 사화事火와 수선參禪과 고행苦行을 수행으로 삼았던 것입니다. 그것은 수행을 지도하는 수행사들의 사상과 지도를 최고의 것으로 무조건 믿고 조금도 의심하지 않았기 때문에 계속 이어서 그들의 수행법을 고수하고 있었던 것입니다. 그런데 여기에 한 구도자인 실달타가 그 모순성을 정확하게 관찰하고, 전통의 맹점과 관습적 타성에서 과감하게 벗어났던 것입니다. 지금까지 전통과 타성을 합리화한 종래의 수행방법을 스스로 실천하여 체험해 보면서 그 모순점을 예리하게 관찰하고, 자신이 바라고 구하는 것이 아님을 확인하고는, 지금까지의 모든 수행을 과감하게 버렸던 것입니다. 그리고 기어코 이루고야 말겠다는 구도심으로 충만하여 자신감과 의기意氣가 장壯하고 그 기세가 확고부동했습니다.

실달타 당시에 인도의 철학과 종교의 사상 학설의 중심은 우주의 근원이나 인생의 근본을 범(梵, Brahman)이 전개 변화하여 생긴 것이라 하거나 물질에 있다고 보았습니다. 범梵은 우주 창조의 신神인 범천梵天을 뜻합니다. 범은 개체의 생명인 아(我, 아트만)와 본질적으로 동일하다는 뜻에서 범아일여梵我一如라 합니다. 그러나 실달타는 외부객관에 대하여 어그러져 폐쇄한 장한長閑이나, 아득하게 벗어난 요원遼遠한 것을 관찰하는 것이 아니라 지금까지 아무도 하지 않았던 수행법을 처음으로 계발하여 밖으로 향했던 심상心想을 자신의 심성으로 향하여 자신의 마음을 관찰하여 깨닫는 내관자성內觀自省으로 전환한 것입니다.

인간을 고통케 하고 자유를 박탈하는 것은 객관사客觀事가 아니요 신도 아닌, 우리의 마음에 그 원인이 있다고 본 것입니다.

"인간의 심신이 쉴 새 없이 변화하는 것은, 원인이 있고 그 원인에 따라 변화하는 존재를 변화하지 않는 존재로 집착하여, 자기만을 위한 이기심으로 행동한다. 이것이 잘못된 욕망과 이기심이다. 어떤 사물을 보고 느낌에 따라 갈애·집착·탐욕 등 부정과 비리의 뿌리는 이기적이고 탐욕적인 욕망 충족을 위한 것이다. 이 같은 갈애와 집착과 탐욕은 인간의 실상을 바로 보지 못하는 무지 때문이다. 따라서 잘못된 부정과 비리를 바로잡기만 하면 행복한 삶을 성취할 수 있다"라는 방법론에 도달한 것입니다.

그리하여 실달타는 목적하는 바의 무고안온의 열반을 일심상一心上에서 찾기로 한 것입니다. 이러한 사상(事狀: 벌어진 일의 상태)은 당시 인도의 사상과 수행에 있어서는 180도의 전환이었습니다. 이는 마치 고대의 우주관이 '지구가 우주의 중앙에 정지하고 있고 일월성신日月星辰이 지구의 주위를 돈다'는 기존의 천동설에 대하여, 폴란드의 천문학자 '코페르니쿠스'가 1543년에 천동설은 전도顚倒된 것이라며 지구가 자전하면서 태양의 둘레를 공전한다는 지동설을 발표했을 때 전 세계의 충동을 주었듯이, 기원전 590년 실달타의 수행법의 전환은 중대한 사변事變이었습니다.

　실달타는 밖으로 향했던 심상을 자신의 심성을 관찰하는 내관자성內觀自省으로 전환하여 무고안온의 근본 원인이 우리의 심신이라는 것을 깨닫고, 유정有情의 개체를 형성한 심신을 관찰변석觀察辨析하였으니, 그것이 오온五蘊입니다.

5. 깨달음

범어 buddha를 음역하여 인도·동남아시아·서양에서는 붓다라 하고, 중국에서는 불타佛陀라 하며, 번역하여 깨달은 사람인 각자覺者라 합니다. 깨달음이란 이제까지 알지 못하던 일을 환히 알게 됐다는 의미로부터 타오르는 번뇌의 불을 멸진滅盡해서 깨달음의 지혜인 보리菩提를 완성한 경지인 열반을 뜻합니다.

상대적이며 차별이 있는 천차만별 현상의 제법과 절대적이며 평등한 유일법성惟一法性의 진여眞如, 즉 현상(事)과 본체(理)인 사리事理를 연구하거나 배우거나 실천을 통해서 뜻·원인·성질·내용·작용 등을 생각한 끝에 지혜가 트여 명확하게 이해하고 인식하여 '알다'라는 뜻이 깨달음입니다. 이것이 미迷의 세계를 넘어 생사를 초월한 깨달음의 경계로 불교의 궁극적인 실천 목적입니다. 생사란 미혹한 업인業因에 인하여 죽어서 머무르는 지옥·아귀·축생·수라·인간·천도 등의 육도六道의 미계迷界에 태어나서 죽기를 거듭하면서 윤회하는 것입니다. 깨달음인 열반의 반대(逆)로 생사가 끝이 없는 것을 밑바닥을 알 수 없는 바다에 비유해서 생사해生死海라고 하고, 고뇌의 세계이기 때문에 생사고해生死苦海라고도 합니다.

중국 당나라 때 승려이자 불전佛典 번역가 현장(玄裝, 600~664) 이전까지의 불전 번역을 구역舊譯이라 하고, 현장 이후에 번역한 경전을 신역新譯이라 합니다. 깨달음(覺)을, 구역에서는 깨달음의 지혜인 보리菩提를 도道라 하고, 불佛을 깨달음(覺)이라 했으며, 신역에서는 깨달음의 지혜인 보리를 깨달음이라 하고, 불佛은 불타佛陀의 약자로 깨달은 사람(覺者)이라고 하여 법法과 인人을 구별했습니다.

1) 시각始覺

1세기경 중인도 마갈타국 사람으로, 대승불교의 시조라고 하는 논사論師 마명馬鳴의 『기신론起信論』에 의하면, 만유의 본체는 원래가 청정한 각체覺體·본각本覺이지만 무시이래로 무명無明·망념妄念에 의해 오염된 불각不覺이 현실입니다. 그러나 수학을 통해 법을 관찰하는 바른 지혜인 관지觀智를 얻으면 이 불각으로부터 깨어나 심원心源을 사무쳐 깨닫게 되는데, 이것을 시각始覺이라고 합니다.

시각은 깨달음의 정도에 따라서 구경각·수분각·상사각·불각의 네 가지로 나눕니다. 약설하면 다음과 같습니다.

(1) 구경각

구경각究竟覺이란 수행이 원만하여 구경究竟의 깨달음, 궁극적인 깨달음, 완전한 깨달음, 깨달음의 극치, 마음의 본바탕을 완전히 깨달아 하는 붓다가 되는 자리, 이것 이상은 더 없는 불타佛陀의 각지覺知를 말합니다.

(2) 수분각

수분각隨分覺이란 처음으로 진여의 실성實性에 접촉하여 근기에 따라 이理를 깨달아 지智를 증득하여 주관과 객관의 대립을 여의고, 주객이 통일된 평등의 경지에서 진여를 체득한 진실한 지혜인 무분별지無分別智를 증득하고, 객관의 물勿·심心 제법 자체에 본질인 실다운 체성體性이 있다고 잘못 알고 고집하고 집착하는 법집法執을 여의고, 사물의 본체로서 진실로 영원불변한 만유萬有의 본성인 진여眞如의 일분一分을 깨달은 위位입니다. 모든 것은 인연因緣에 따라 가假로 성립된 것이므로 그것에는 원래 고유한 독자적 본성인 자성自性이 없다고 하는 것을 법무아法無我라고 합니다.

(3) 상사각

내가 주관主觀의 중심으로서 지배능력을 가지고 항상 변하지 않는다고 하는 생각이 인아人我이고, 이 인아가 존재한다고 하는 생각에 집착하는 것이 아집我執인데, 상사각相似覺이란 이 아집을 여의고 우리가 나(我)라고 하는 것은 색色·수受·상想·행行·식識의 오온五蘊이 화합한 것으로 참다운 나라고 할 것이 없고 공무空無한 것이라는 아공我空의 이理를 깨달았으나, 아직은 완전한 진각眞覺이 아니며, 아직 법집法執을 여의지 못한 위位입니다.

(4) 불각

불각不覺이란 악업의 인因에 의하여 고과苦果를 초래함을 알기 때문에 이미 악업을 짓지는 않지만 아직 번뇌를 끊을 지혜를 계발하지 못한 위位입니다.

2) 보리

보리菩提란 범어 bodhi의 음역이며, 번역하여 각覺·지智·지知·도道라 합니다. 즉 불佛·연각緣覺·성문聲聞이 각각 그 과果에 따라 증득한 깨달음의 지혜를 말합니다. 보리는 무상보리·청정보리·구경보리로 나눕니다. 약설하면 다음과 같습니다.

①무상보리無上菩提: 우주의 본체이며 만유의 실상實相인 이理를 깨달은 것을 진성보리眞性菩提, 또는 무상보리라 합니다.

②청정보리淸淨菩提: 우주의 본체이며 만유의 실상인 이성理性에 계합契合한 지혜를 깨닫는 것을 실지보리實智菩提, 또는 지智의 대상으로서 진실하므로 청정보리라 합니다.

③구경보리究竟菩提: 궁극적인 깨달음, 완전한 깨달음, 깨달음의 극치, 마음의 본바탕을 완전히 깨달아 자유자재로 중생을 교화하는 기능을 깨닫는 것을 방편보리方便菩提 또는 구경보리라 합니다.

3) 열반

열반涅槃이란 마음속에 일어나는 타오르는 번뇌의 불을 제지하고 소멸시키고 멸진滅盡해서 깨달음의 지혜인 보리를 완성한 경지를 말합니다. 열반을 증득하려면 불교의 교법을 수학하여 교리를 깨달아서 지혜를 계발하고, 계율을 받아 지녀 청정하게 정계淨戒와 선계善戒를 지키는 지계持戒에 따라 선행을 해야 하고, 마음이 너그럽고 관대하여 용서하고 받아들이는 관용을 실천해야 합니다.

4) 관찰

불교의 깨달음은 명백하고 확실한 명확明確과 분명하고 자세한 명세明細와 아주 명백한 명명백백明明白白하게 사제법四諦法의 절차에 따라, 팔정도八正道 수행법으로, 12연기법十二緣起法을 깨달아, 12연기법의 제7지인 수(受, 느낌)에서 일어나는 느낌을 지혜로 조견照見하여 확실하고 분명하게 밝힌다는 관觀과 자세히 살펴 앎으로 받아들인다는 찰察의 합성어인 관찰觀察을 해야 합니다. 관찰한다는 말은 깨달음을 뜻하며 명확明하게 이해하고 의식認識하여 알다라는 앎의 지식입니다. 이 관찰로서 제8지인 애(愛, 갈애渴愛)가 발동하지 않아야 윤회가 끊어집니다. 관찰을 할 때는 자신의 몸과 마음을 주관과 객관으로 분리해서 몸과 마음의 실재하는 대상을 통찰해서 있는 그대로 자신의 몸과 마음을 확실하게 알아차려야 합니다. 모든 번뇌가 몸과 마음으로부터 비롯된 것이기 때문에 마음이 생각하는 바를 따라서 모든 제법이 일어나고, 인연으로부터 일어나는 그 자체에 본질성인 자성自性이 존재하지 않는 것을 알면 허망한 생각이 일어나지 않으므로 번뇌가 멈추고(止), 모든 것은 자신의 생각에 따라 존재한다는 것을 깨달아 공空함이 제법의 실상이라고 관찰하므로 관觀이라 합니다. 그리하여 지止는 번뇌를 그침이요, 관觀은 자기의 진심眞心으로 관찰하는 것입니다. 망념妄念을 그치고 맑은 지혜로써 만법을 관찰하는 것이므로 지관止觀이라 합니다.

깨달음의 수행은 집중하는 노력으로 대경對境의 이치를 생각하던 끝에 환히 알아 깨닫는 것입니다. 관찰로 알아 깨닫는 것이 깨달음이며, 깨달음으로 지혜가 계발되는 것입니다. 지혜는 일체의 제법諸法을 막힘이 없이 환히 통달하여 시비정사是非正邪를 변별하는 마음의 작용이니, 확실히 명확하게 알아서 번뇌를 끊는 것입니다.

5) 십팔계

알아 깨닫는 대상은 우리의 몸과 마음입니다. 안(眼, 눈)·이(耳, 귀)·비(鼻, 코)·설(舌, 혀)·신(身, 몸)·의(意, 마음)의 육근六根은 주관에 속하는 감각기관이므로 6내처六內處라 하고, 육근의 대경인 색(色, 물질)·성(聲, 소리)·향(香, 향기)·미(味, 맛)·촉(觸, 접촉)·법(法, 일체법)의 육경六境은 각지覺知되는 대상으로 객관에 속하기 때문에 육외처六外處라 합니다. 감관인 육근과 대경인 육경을 통칭하여 12처十二處라 하고, 육근과 육경이 접촉하는 육촉六觸으로 인하여 생긴 안식眼識·이식耳識·비식鼻識·설식舌識·신식身識·의식意識의 여섯 가지 아는 마음인 육식(六識, 인식주관)을 통칭해서, 즉 6근·6경·6식을 합쳐서 18계十八界라 합니다. 우리의 일신一身 중에 18종류의 법이 각각 종류를 달리하고 각기 같은 상태로 계속하고 있는 것이 우리의 몸과 마음의 모든 것입니다. 이것이 불교의 깨달음의 세계관입니다.

6) 석존께서 강조하신 수행과 깨달음

석존께서는 45년간 오직 '한 인간의 몸과 마음이 어떻게 고뇌가 일어나고, 어떻게 그 고뇌에서 벗어나는가?' 이것을 설법하셨습니다. 이 세상에 살고 있는 중생들의 생존은 모두가 괴로움이라는 진리의 고제苦諦와, 중생들의 고뇌의 원인은 번뇌 특히 갈애渴愛에 기인한다는 집제集諦와, 고뇌하는 원인의 해결책은 갈애를 멸해야 한다는 멸제滅諦와, 해결책인 멸제의 실천방법은 팔정도 수행법으로, '범부로서의 유정의 생존은 12의 조건에 의해서 성립되어 있다'는 십이연기를 깨달아야 한다는 도제道諦의 수행법을 강조하셨습니다.

   팔정도 수행법으로 십이연기를 깨달으면 상의상대적相依相對的인 관계, 즉 "이것이 있을 때에 저것이 있고, 이것이 생김으로 하여 저것이 생기며, 이것이 없을 때 저것이 없고, 이것이 멸함으로 하여 저것이 멸한다"라는, 인因과 연緣에 의해서 성립되는 상의적相依的인 원리를 수학하면 무상無常·고뇌苦惱·무아無我·공空을 깨닫게 됩니다. 범부로서의 인간의 괴로운 생존이 성립된 유전문流轉門과 그것을 부정하고 깨달음에 이르는 환멸문還滅門을 깨달아 유정의 가치와 의의를 깨닫게 되면 범부로서의 유정의 생존은 인연 따라 전환될 뿐 생사가 본래 없음을 깨닫게 됩니다. 그리하여 무명을 벗어나 차별적인 현상의 사법事法과 평등한 본체의 이법理法, 곧 사리事理의 진리를 깨달아 이제까지 알지 못했던 일체법을 환하게 깨달아 타오르는 번뇌의 불을 멸진滅盡해서 깨달음의 지혜인 보리를 완성한 경지인 열반을 증득하여, 지금 우리가 고통스러워하고 있는 번뇌로 오염된 자신의 모습을 심성관찰心性觀察로 자신의 진성심眞性心의 실체를 있는 그대로 이해하고 깨달아 지혜가 계발됩니다. 지혜는 몸과 마음에 나타난 실상입니다. 탐·진·치도 실상입니다. 탐·진·치를 깨달아 알면 됩니다. 주인으로서 찾아온 손님을 지켜보는 과정이 수행입니다. 수행은 윤회의 고통에서 벗어나기 위하여 하는 것입니다. 번뇌도 자신이 만들고, 깨달음과 지혜도 자신이 계발하는 것입니다. 불행도 행복도 자신이 만듭니다. 불행은 감각적 욕망으로 만들고, 행복은 수행으로 만듭니다. 삶은 자신의 마음가짐이 결정하는 것입니다. 수행은 번뇌를 소멸하고 진리를 깨달아 어리석은 미망이 소멸되고, 지혜가 열려 윤회에서 벗어나는 것입니다.

어리석은 사람은 고뇌를 겪으면서도 괴로움에서 벗어나는 길을 몰라 더 깊은 구렁텅이에 빠지거나 자살을 하고, 심지어는 나락(奈落, 지옥)으로 떨어지는 상황으로 추락합니다. 그러나 수행을 해서 지혜가 열린 사람은 괴로움이 일어나는 순간에 지금 자기가 겪는 괴로움의 원인은 자기가 행한 행업에 대한 업인業因의 상응한 과보라는 것을 깨달아 즉시 대처하여 개선합니다.

우리가 고뇌에서 벗어나려면 수학을 통해 진리를 깨달아 지혜를 계발해야 합니다. 우리의 몸과 마음에서 일어나는 것을 밝게 깨달아서 식견을 열어주는 지혜를 계발하는 것이 수행이고 깨달음입니다. 지혜는 사물이나 도리를 고집하여 그것을 버리지 못하는 집착과 자기가 결정한 대로 자기의 의견을 굳게 내세워 바꾸지 않는 고정관념이나 고착관념 등을 버리고 번뇌를 차단하여 느낌을 관찰해서 열반을 증득하게 합니다.

사제법四諦法의 절차에 따라 팔정도의 수행법으로, 계戒·정定·혜慧의 삼학을 심중도心中道로, 고뇌의 원인이 되는 번뇌와 느낌의 시비정사是非正邪를 살펴 분명하게 하는 변찰辯察로 12연기의 교리를 깨달아 지혜를 증득하면, 그것이 불교의 깨달음이고 열반의 성취입니다.

마음으로 진리를 관觀하고 법을 관찰하는 것을 관법觀法이라 하는데, 약하여 관觀이라고 합니다. 지혜로 객관의 대경을 확인하여 깨닫는다는 것은 조견照見한다는 말인데, 관하는 지혜(觀智)를 얻어야 깨달음을 얻을 수 있습니다. 관지를 얻으려면 불교의 깨달음의 실천 수행법인 삼십칠도품三十七道品 중 첫 번째 수행법을 먼저 닦아야 합니다. 구역은 사념처四念處라 하고 신역은 사념주四念住라 하는데, 사념처는 신념처·수념처·심념처·법념처를 말합니다. 약설하면 다음과 같습니다.

사념처(사념주)는 신身·수受·심心·법法의 네 가지에 대해 골똘히 생각하여 신은 부정不淨이고, 수는 고苦이며, 심은 무상(無常, 非常)이고, 법은 무아(無我, 非我)라고 관하여 상·락·아·정의 사전도四顚倒를 쳐부수는 것입니다.

우리의 마음은 늘 생멸 변화하여 상주常住하는 모양이 없는 무상

無常한 것이라고 깨닫는 것이 심념처心念處이고, 그 무상한 마음으로 즐거움이라고 하는 낙樂은 진정한 낙이 아니라 고뇌라고 깨닫는 것이 수념처受念處이고, 몸과 마음은 부정不淨하다고 깨닫는 것이 신념처身念處이고, 자기라고 하는 본체적 실체를 의미하는 자아는 없는 것이며 나에게 속한 모든 물체에는 이 같은 아我가 없다는 무아無我를 깨닫는 것이 법념처法念處입니다. 범부는 이 같은 진상을 알지 못하여 영원히 존재하고(常), 즐겁고(樂), 자기의 마음대로 주체성을 가졌고(我), 청정(淨)하다고 생각하는 상락아정常樂我淨의 그릇된 4가지 사견(邪見, 사전도四顚到)에 빠져 있는데, 이를 타파하고 깨닫는 것입니다.

육근이 대경對境인 육경을 편견 없이 심중도心中道로 깨달아 모든 대상의 성품인 무상·무아·고뇌(苦)·공의 진리를 깨달아 지혜를 계발하는 것이 불교의 깨달음입니다.

우리 불교인들은 석존께서 몸소 보이신 수행과 깨달음의 사실을 토대 삼아 진리를 탐구하는 실사구시實事求是로 실익이 있는 진실의 이치를 가르치는 교법教法을 통하여 이해하고 습득하는 실교實教를 교본教本으로 삼아 수학을 하여야 진정한 불교인이 됩니다. 진정한 불교인이 되려면 석존의 수행과 깨달음을 확실하고 명확하게 이해하고 근본으로 실천하여야 합니다.

6. 오온

수행의 주체는 우리의 개체를 구성하고 있는 심신의 요소인 오온五蘊입니다. 마음인 정식情識을 갖고 생존하는 유정有情인 인간의 구성을 불교에서는 오온이라고 합니다. 오五는 다섯 오 자로 다섯 가지 색色·수受·상想·행行·식識의 종류를 뜻하고, 온蘊은 모일 온 또는 쌓일 온 자로 모여 쌓임의 뜻이며, 다섯 가지 종류가 하나로 모여 구성된 유위법有爲法을 의미합니다. 곧 화합취和合聚라는 말입니다.

색온色蘊은 우리의 몸(身)을 구성한 물질이고, 수·상·행·식은 마음(心)을 구성한 정신입니다. 이 같은 다섯 가지가 모여서 인간의 모습을 적집積集했다고 해서 오온이라고 합니다.

오온을 물질계와 정신계의 양면에 걸치는 인연에 의해서 구성된 유위법이라고 밝힌 이유는, 오온이 화합하여 구성된 것을 영원히 존속하고(常), 자주독립하여 존재하며(一), 중심적인 소유주로서(主), 모든 것을 지배하는(宰) 등의 의미를 갖는 아我의 존재·실아

實我가 있다고 하고 또 내 것이 있는 줄로 생각하는 아상我相과 실체로서의 자아가 있다고 생각하는 망상과 망집에서 벗어나게 하기 위한 것입니다.

우리가 물질과 정신을 나의 몸, 나의 마음이라고 알고 있는 것은 착각이며, 단지 물질의 현상과 정신의 현상이 일어나고 사라지는 과정이 축적된 것일 뿐이라는 것을 밝혀 깨닫게 하기 위해서 오온으로 분석하는 것입니다. 이것을 통찰하여야 모든 번뇌로부터 벗어나 바른 수행을 성취할 수 있습니다. 오온을 약설하면 다음과 같습니다.

1) 색온色蘊

색온이란 우리의 몸(身)을 구성하고 있는 물질적 존재의 총칭으로 지地·수水·화火·풍風의 네 가지 원소, 변하고 부서지는 성질을 가지고 있는 만유의 물질을 구성하는 4대 원소를 줄여서 사대四大라고 하는데, 이 사대의 물질의 쌓임을 색온이라고 합니다.

(1) 지대
지대地大는 견고한 것을 본질로 하고, 그 본질을 보존하여 유지하는 작용을 가지며, 만물을 성장시키는 바탕이 됩니다.

(2) 수대
수대水大는 모든 물질 속에 습성濕性을 본질로 모든 물질을 포용하고 양성하는 작용을 합니다.

(3) 화대

화대火大는 열熱과 난성煖性을 본질로 하고, 태우는 작용을 하며 만물을 성숙케 합니다.

(4) 풍대

풍대風大는 움직이는 동성動性이고, 만물의 성장 작용을 합니다.

이와 같이 사대는 모든 물질의 바탕이 되기도 하고, 우리의 형색인 몸의 바탕이 되기도 합니다. 사대의 요소로 구성된 우리의 몸은 안근(眼根, 눈)·이근(耳根, 귀)·비근(鼻根, 코)·설근(舌根, 혀)·신근(身根, 몸) 등 오근五根으로 분류합니다.

오근은 몸을 구성하고 장엄하며, 바르게 인도하여 양육한다는 도양導養의 뜻이 있으며, 보고·듣고·냄새 맡고·맛보고·느끼는 등의 감각을 나타내고, 심성(心性, 마음)이 의지하는 기관이란 뜻을 갖고 있습니다. 이 오근(몸)은 정신의 의지처로서 마음과 불가분의 관계를 지니고 있습니다. 이 몸과 마음의 관계는 마음이 주主가 되고 몸은 종從이 되지만, 만약 어느 한쪽이 이상이 생기면 정상적인 인간 구실을 하지 못하고 균형을 잃게 됩니다.

2) 수온受蘊

수온이란, 수受는 외계外界의 대상을 받아들이고 알아차려 느끼는 영납領納의 뜻이며, 우리의 정신인 마음을 따라 일어나는 작용인 심소心所의 이름입니다.

수온은 육체의 신수身受와 정신의 심수心受가, 괴로움을 감각하여 느끼는 고수苦受와 즐거움을 느끼는 낙수樂受와 고수와 낙수에 속하지 않아 괴로움도 즐거움도 아닌 느낌의 사수捨受를 감수感受하는 인상감각印象感覺의 정신작용입니다.

신수身受인 안·이·비·설·신의 5감관과 심수心受인 의(意, 마음)를 모두어 인식의 소의所依가 되는 여섯 가지 뿌리, 즉 안근眼根·이근耳根·비근鼻根·설근舌根·신근身根·의근意根을 육근六根이라 하고, 육근의 대경對境인 색경(色境, 물질)·성경(聲境, 소리)·향경(香竟, 냄새)·미경(味境, 맛)·촉경(觸境, 접촉)·법경(法境, 의식의 대상, 일체 만법)을 육경六境이라 하며, 육근이 육경을 인식하기 위해서 육근을 대경에 접촉시키는 마음작용을 육촉六觸이라 합니다. 육촉에 의해서 육경을 지각할 때, 안근(眼根, 눈)으로 물체의 형상·빛깔 등을 분별하는 시각작용인 안식眼識, 이근(耳根, 귀)으로 이 물체의 진동을 감수하여 희비·고락을 감별하는 청각작용인 이식耳識, 비근(鼻根, 코)으로 냄새를 분별하는 후각작용인 비식鼻識, 설근(舌根, 혀)으로 맛을 분별하는 미각작용인 설식舌識, 신근(身根, 몸)으로 외부 경계와 접촉하여 분별 인식하는 감각작용인 신식身識, 두루 생각하는 마음의 작용인 의근(意根, 마음)으로 일체 만법인 법경法境을 인식·

추리·추상하고 과거·현재·미래의 일체법에 대해서 작용하는 의식意識 등 육식六識의 인식작용이 일어나는 것이 수(受, 느낌)가 일어나는 것입니다.

접촉이 있을 때는 언제 어디서나 느낌이 일어납니다. 눈이 보는 대상과 접촉하면 느낌이 일어납니다. 같은 방법으로 귀·코·혀·몸·마음이 대경에 접촉하면 느낌이 일어납니다. 느낌은 육근을 기반으로 하여 일어납니다. 기반(기초)은 원인이란 의미로 사용되는 말이며, 또는 토대라고도 합니다. 기반이나 토대는 단지 원인으로서의 조건일 뿐입니다. 느낌이 육근의 감각기관을 기반으로 일어난다는 것은 감각기관을 원인으로 느낌이 일어나는 것입니다. 이 때 느낌과 눈은 다른 것이며, 느낌과 귀·코·혀·몸·마음(意)은 다른 것입니다. 그래서 기반·토대·원인이라는 말은 단지 조건을 제공해서 일어나는 연기의 구조를 말하는 것입니다.

우리는 매 순간 느낌과 함께 살아갑니다. 느낌이 없는 순간은 한 순간도 없습니다. 느낌은 마음의 작용으로 식識과 함께 일어나서 함께 소멸하고 느낌과 함께하는 마음이 같이 일어납니다. 이렇게 느끼는 존재를 감정이라고 부릅니다.

이 같은 수受는 2수·3수·5수·6수로 분별합니다.

(1) 2수

몸의 안·이·비·설·신의 5감관으로 느끼는 고통의 고수苦受와 즐거움의 낙수樂受와 고통도 즐거움도 느끼지 않는 감각작용인 사수捨受는 육체의 수이기 때문에 신수身受라 하고, 의(意, 마음)로 느끼

는 근심하고 걱정하는 우수憂受와 좋아하고 기쁘게 느끼는 희수喜
受와 우수와 희수에 속하지 않는 사수捨受는 정신의 수이기 때문에
심수心受라고 하여, 신수와 심수를 합하여 2수二受라고 합니다.

(2) 3수

3수三受란 불쾌감不快感인 고뇌수苦惱受, 쾌락감快樂感인 낙수樂受,
불고불락감不苦不樂인 사수捨受를 말합니다. 곧 고수·낙수·사수를
말합니다.

(3) 5수

5수五受란 신수의 고수와 낙수, 심수의 우수와 희수에 사수를 합한
것입니다. 곧 고수·낙수·우수·희수·사수를 말합니다.

(4) 6수

6수六受란 육근이 육경을 접촉할 때에 접촉을 원인으로 수가 인식
주관과 함께 감각작용이 일어나는 안촉소생眼觸所生의 수受, 이촉소
생의 수, 비촉소생의 수, 설촉소생의 수, 신촉소생의 수, 의촉소생
의 수를 말합니다. 곧 안식·이식·비식·설식·신식·의식 등의 육
식六識인 전육식前六識을 말합니다.

3) 상온想蘊

상온이란 감각기관을 통해서 사물에 대하여 이미 알고 있는 기지旣

知의 사실과 과거에 경험한 감각이 아직도 마음에 남아 있는 관념을 재료로 하여 새로운 사실 또는 새로운 관념을 구성하는 마음의 작용인 상상想像하는 것입니다. 도덕적 생활의 최고 이상의 착함인 선과 양심을 어기어 도덕률에 위반된 행위인 악惡과 정대하지 못하고 요사스럽고 간사한 사곡함인 사邪와 도리어 맞아 정직함과 정대한 정正과 옳음과 바름인 시是와 옳지 않아 위배되어 어긋남인 비非 등, 곧 선악·사정·시비 등의 감수작용·표상작용·의지작용 등의 온갖 감정과 사상의 정상情想을 통틀어 일컫는 말입니다. 곧 한번 지난 일을 잊지 않는 기억과 감각 대상을 인지하고 알아서 깨닫는 지각과 과거의 인상을 다시 의식 중에 나타내는 표상을 말합니다. 이렇게 생각하는 존재를 사람이 본래 타고난 지능인 이성이라고 합니다.

4) 행온行蘊

행온이란 행의 모임인 취집聚集이란 뜻으로 신(身, 행동)·구(口, 언어)·의(意, 생각) 등 기타의 마음작용과 조작인 일체의 유위법有爲法을 말합니다. 유위법은 모든 것은 인연화합에 의해서 떨어지고 합하며 모이고 흩어지는 이합집산離合集散의 생멸하는 현상의 존재로 위작되고 조작된다는 뜻입니다. 이것은 인연을 조작하여 항상 변화하여 과거·현재·미래로 장소를 바꿔 옮겨가며 윤회하여 생멸하는 것입니다. 이렇게 천류遷流하는 것을 행이라 하는데, 이 가운데 색을 제외한 수·상·행·식의 네 가지와 그 밖에 유위법을 행온이라 합니다. 이것을 우리는 사려·선택·결심·목적을 정하고 결행하는 마음의 능동적 작용인 의지意志라고 부릅니다.

5) 식온識蘊

식온이란 객관의 사물을 식별하는 마음의 본체, 또는 마음의 총체를 일컫는 말입니다. 식識은 외경外境을 식별識別·요별了別·인식認識하는 마음의 작용을 가리켜 붙인 이름이며, 외경에 대해 내식內識이라고도 합니다.

우리는 물질계와 정신계의 양면에 걸치는 인연에 의해서 구성된 유위법의 오온을 명확하게 깨달아 확실하게 이해하고 다음 단계로 넘어가야 합니다. 자신의 몸과 마음에서 발생한 문제를 해결하기 위하여 자신의 몸과 마음을 깨닫는 것이 지혜입니다. 지혜의 한 계단을 오르기 위하여 수많은 생각이 필요할 수도 있고, 몇 년의 세월을 수학修學할 수도 있습니다.

식은 여덟 가지로 분류하는데, 안식·이식·비식·설식·신식·의식·말나식·아뢰야식이 있습니다. 약설하면 다음과 같습니다.

(1) 안식

안식眼識이란 주관의 감각기관인 눈(안근)으로, 객관의 대경인 물체의 형상이나 빛깔 등의 색경色境에 대해 요별작용了別作用하는 시각의 심식心識을 말합니다.

(2) 이식

이식耳識이란 주관의 감각기관인 귀(이근)로 객관의 대경인 물체의 진동 음향인 성경聲境에 대해 감수感受하는 청각의 심식을 말합니다.

(3) 비식

비식鼻識이란 주관의 감각기관인 코(비근)로 객관의 대경인 냄새의 향경香境에 대해 후각의 심식을 말합니다.

(4) 설식

설식舌識이란 주관의 감각기관인 혀(설근)로 객관에 대경인 맛의 미경味境에 대해 미각의 심식을 말합니다.

(5) 신식

신식身識이란 주관의 감각기관인 몸(신근)으로 객관의 대경인 외부 경계에 접촉하는 촉경觸境에 대해 촉각의 심식을 말합니다.

이상의 안식·이식·비식·설식·신식의 5식을 일괄하여 전5식前五識이라 합니다.

(6) 의식

의식意識이란 주관의 감각기관인 마음에 의근意根으로 객관의 대경인 일체 만법의 법경法境에 대해 생각하여 헤아리는 사량思量으로 요별인식了別認識하는 지각인 심식을 말합니다. 의식은 6식 가운데 여섯 번째이므로 제6식第六識, 또는 전5식을 합쳐서 여섯 가지 심식을 총칭하여 전6식前六識이라 합니다. 이 전6식은 대상을 식별하는 작용이 현저한 식이므로 요별경식了別境識이라 하고, 깨달아 앎으로 요지了知라 하며, 분별하여 앎으로 식별하는 까닭에 식識이라 합니다. 전5식에 의식을 더하여 전6식이라 합니다.

(7) 말나식

말나식末那識이란 범어 manas를 음역하여 말나라 하고, 번역하여 두루 생각하는 마음의 작용이므로 의意라 하며, 사리事理를 생각하여 헤아리는 사량思量이라는 뜻으로 해석합니다. 생각하여 헤아림의 뜻이니 생각을 조작한다는 말입니다.

말나식은 의식意識이 인식작용을 일으킬 때, 아뢰야식이 간직하고 있는 인지할 객관의 형상을 심중心中에 떠오르게 하여 대상을 삼는 상분相分을 인식하는 주관의 심작용인 견분見分을 인식대상(所緣境)으로 하므로, 아뢰야식으로부터 출생하여 내용을 다르게 변화시키는 전화변이轉化變異하여 말나식이 됩니다. 이 말나식은 오온의 가화합의 존재인 신심身心을 상일실체로 생각하는 망견인 아견我見과 무아의 진상을 알지 못하는 아치我癡와 잘난 체하는 아만我慢과 나라고 애착하는 아애我愛의 네 가지, 즉 아견·이치·아만·아애의 번뇌와 상응하여 우리의 몸이 영원히 존재하고(常), 자주독립하여 존재하며(一), 중심적인 소유주로서(主), 모든 것을 지배하는(宰) 상일주재常一主宰의 인아人我가 존재한다고 집착하는 아집의 근본이 되는 번뇌의 흐름에 물들어 더러워진 염오染汚의 마음입니다. 말나식은 아뢰야식의 상분을 인식하는 주관의 심작용인 견분을 평등하게 반영하여 올바로 인식하는 것이 아니라, 사물이나 이치를 고집하여 그것을 여의지 못하는 집착인 집견執見을 일으킨 인아人我와 객관의 제법에 실다운 체성이 있다고 고집하는 법아法我를 일으키는, 곧 아뢰야식의 상분을 인식하는 견분을 항상 심사審思하여 실아實我라고 집견을 일으키는 사량능변식思量能變識을 조성합니다.

제6의식과의 혼란을 피하기 위하여 범어를 음역하여 말나식이라한 것이며, 일곱 번째 식이므로 제7식第七識이라고 합니다. 또한 제6의식과 제7말나식은 아뢰야식에 저장되어진 장식藏識의 종자種子에서 전화변이轉化變異한 식이므로 7전식七轉識 또는 전식이라 하고, 사량식思量識이라 합니다.

전화변이란, 전화轉化는 사물이 인연에 의하여 생기하는, 옮겨서 다른 것으로 바뀌는 것을 줄여 전轉이라 하고, 변이變異는 어떤 것에서 변하여 다르게 태어나는 것을 줄여 변變이라 하는데, 합하여 전변轉變이라 합니다. 아뢰야식의 장식인 종자로부터 변하여 태어나는 것은, 의식이 인식작용을 일으킬 때 심心에 인지되는 객관의 형상인 상분相分을 인식하는 주관의 심작용인 견분에 의해 변현하는 것으로, 이것이 전변의 의미입니다.

(8) 아뢰야식

아뢰야식阿賴耶識이란 범어 ālaya를 음역하여 아뢰야라 하고, 번역하여 물物·심心 제법의 종자를 간직하여 잃어버리지 않는다는 집지執持의 뜻으로 무몰식無沒識, 또는 제법전개諸法展開의 종자를 간직하여 보관한다는 뜻으로 장식藏識, 또는 선악의 업인에 의해서 이것과 성질이 다른 비선非善·비악非惡의 무기無記의 결과를 산출하므로 이숙식異熟識이라 합니다.

장藏은 간직함·저장함의 뜻이며, 능장·소장·집장의 뜻을 가지고 있다 하여 장식이라 하고, 일체의 종자種子를 함장含藏했다는 뜻으로 장식이라 합니다.

능장能藏이란 이 식이 제법을 전개생기展開生起하는 종자, 능력, 원인을 섭지攝持하여 보관한다는 뜻입니다.

소장所藏이란 이 식이 제법을 생기하는 종자를 제법으로 훈습시켜 간직하는 장소이며 감화시켜 체류하는 훈유熏留의 장소라는 뜻입니다.

집장執藏이란 말나식이 아뢰야식을 아(我, 나)로 집착하기 때문에 집장이라는 뜻을 세운 것입니다.

훈습薰習이란 감동시켜 따라 같게 감화시킴이고, 훈부薰附란 감화시켜 같게 됨입니다. 훈하여질 것에 대하여 능히 훈하는 능훈법能熏法은 현행이고, 훈부를 받는 소훈법所熏法은 심心입니다. 심에 훈부되어 남아 있는 세력인 잔기殘氣의 기근氣根을 종자·원인이라고 합니다.

아뢰야식은 종자가 저장되어 있는 소훈처所熏處라 하여 그 소훈·능훈의 관계로 아뢰야식의 인과상속因果相續을 말합니다. 일체의 모든 법에는 진眞, 망妄의 두 가지가 있는데, 무명으로 더럽혀진 연으로 일어나는 법을 망이라 하고, 청정한 법을 진이라 하며 합하여 진망眞妄이라 하는데, 아뢰야식을 진망화합식眞妄和合識이라 합니다.

이상의 안식·이식·비식·설식·신식·의식 등 전6식은 대상을 요별·식별하는 뜻이므로 '식識'이라 하고, 제7식 말나식은 아집으로 사유하고 양도量度하는 사량思量의 뜻이므로 '의意'라 하며, 제8식 아뢰야식은 종자種子를 적집積集하므로 집기심集起心이라고 불리기 때문에 '심心'이라 합니다. 곧 종자를 훈습하여 축적하는 것을 뜻합니다. 식識·의意·심心의 셋은 동일한 것에 다른 이름을 붙인 것에 불과합니다.

마음은 수受·상想·행行·식識의 4온으로 생각과 말과 행업을 일으킵니다. 마음은 매 순간 찰나 생각하고 찰나 멸합니다. 조건에 의해 계속 변화하지만 그 종자를 다음에 일어나는 마음에 과보를 전하고 사라지는 것입니다. 이 과보가 종자·조건·정보·원인·결과입니다. 먼저 행위가 있고, 그 행에 대한 과보로 정신과 물질이 만들어지는 것입니다.

오온의 색온色蘊은 형색인 몸(身)을 의미하고, 수受·상想·행行·식識 등은 마음의 작용을 의미하므로, 물질계와 정신계의 양면을 걸치는 인연에 의해서 이합집산하며 생멸하는 유위법有爲法입니다. 그러나 오온이 유정有情의 개체를 형성하는 면을 강조한 말로 보면, 오온은 사람의 정신과 물질을 형성한 심신 환경을 가리킵니다. 육신은 구체적인 하나하나의 사물이 인연에 의해서, 즉 오온이 잠정적으로 보여서 이루어진 것에 지나지 않습니다. 이것을 오온 가화합五蘊假和合이라 합니다. 특히 유정의 개체에 대해서 말한다면, 나라고 하여 집착할 실체가 없는 무아無我를 나타냅니다.

무아無我란 비아非我라고 하기도 합니다. 아我는 영원히 변하지 않고(常), 독립적으로 자존하며(一), 핵심적인 소유所有 곧 주인공으로서(主), 지배적 능력이 있는 주체(宰)로 생각되는 영혼적인 또는 본체적인 실체를 의미합니다. 모든 것에는 이런 아我가 없고, 아가 아니라고 설하는 것을 제법무아諸法無我라고 합니다.

무아無我에는 인법이무아人法二無我의 설이 있습니다. 유정은 오취온五取蘊의 가화합적 존재이므로 실체적인 생명의 주체로 삼을 수 없다고 하여 인무아人無我라고 칭하고, 또 모든 것은 인연에 따라 나타난 것이므로 그것에는 원래 고유한 독자적 본성인 자성이 없다고 하는 것을 법무아法無我라 합니다.

7. 중도中道

불교인들이 미혹한 무지에서 벗어나 전향轉向하여 불교의 교리를 깨달아 지혜를 계발하는 전미개오轉迷開悟하려면 반드시 중도中道를 확실하고 명확하게 이해하여 깨달아야 합니다.

중도는 불교에서 가장 많이 오해하고 곡해되고 있는 교리입니다. 그러므로 중도의 바른 이해 없이는 불교를 바르게 이해할 수 없습니다. 석존께서는 중도에 입각하여 설법하신 것이므로 우리도 중도를 바르게 알아야 불법을 바르게 이해하고 교리를 바르게 깨달아서 사견邪見을 타파하고 진리를 깨달아 지혜를 계발하여 열반을 증득할 수 있습니다.

중도란 지관止觀을 말하는 것입니다.

지관의 지止는 모든 번뇌와 사법을 그침입니다. 물物·심心의 모든 현상은 한 순간도 멈추지 않고 생멸·변화하고 전변轉變하면서 상주常住하는 고정된 모양이 없는 무상無常의 이치를 깨달아, 유견有見과 무견無見, 상견常見과 단견斷見, 세계와 개인 존재(身心)의 상주常住를 고집하는 견해와 단멸斷滅을 고집하는 유무견有無見을 명확하게 이해하고, 또한 일체법은 인연을 따라서 생겨난 것이므로 거기에 아체我體·본체本體·실체實體라 할 만한 것이 없으므로 공空이라 하는 진리를 확실하게 깨달아야 생멸 변천하는 무상無相의 이치를 깨달아 마음속에 집착과 분별이 없는 무소득無所得의 상태에서 모든 번뇌가 그칩니다.

지관의 관觀은 지혜로 객관의 대경을 비추어 확인하고 깨닫는 조견照見이라는 뜻입니다. 관은 조금도 꾸밈이 없이 자연 그대로의 불생불멸의 참된 마음인 천진심天眞心으로 관찰하는 것입니다. 그러므로 산란한 온갖 망념을 그친 진여심眞如心의 체성이 청정한 지혜로 우주만유의 진실상眞實相을 비추어 보는 것이니, 곧 깨달은 경지에서 나타나는 자연 그대로의, 조금도 인위를 더하지 않은, 모든 사람들이 갖추고 있는 심성으로 관찰하는 것을 지관이라 합니다. 즉 지止는 모든 번뇌를 그침이요, 관觀은 자기의 천진심으로 관찰하는 것이므로, 산란한 온갖 망념을 그치고 고요하고 맑은 지혜로써 만법을 비추어 보는 것을 지관이라 합니다.

1) 경전에서 전하는 중도

경전에서 전하는 중도를 정리하면 다음과 같습니다. 중도中道의 중中은 무명으로 인하여 양 극단의 이변二邊에 치우치지 않는 바른 것을 의미하는 중정中正의 뜻이고, 도道는 불교의 궁극 목적인 열반을 달성하기 위한 수학의 법칙이며, 밟아 행해야 할 궤로軌路를 뜻하는 말입니다.

중도는 불교의 근본 입장을 말합니다. 교리의 중심이 되는 가장 요긴한 핵심을 나타내고 있습니다. 모든 존재는 일면적으로 생각하는 것과 같은 공空이나 가假를 넘어선 절대의 것으로서, 그 본체는 언설사려言說思慮의 대상이 아닌 절대絶待의 것을 의미합니다. 중도는 우주만유의 진실상을 나타내므로 실상이라는 뜻에서 중도실상中道實相이라 합니다.

중도는 어떤 사물의 실재가 없다고 해석하는 견해인 단견斷見과 어떤 사물의 실재가 있다고 보는 견해인 상견常見, 곧 단상斷常의 이견二見을 버리는 것과 모든 집착이나 분별의 경지를 떠나 모든 집착을 여읜 경계, 무상無相의 이치를 얻어 마음속에 집착 분별함이 없는 무소득無所得의 상태에 있는 것을 말합니다.

연기緣起의 이법理法은, 생生·멸滅·단斷·상常·일一·이異·거去·래來의 여덟 가지 잘못된 견해로 진상眞相을 위반하여 여덟 가지 잘못된 고집과 쓸데없는 희론戲論을 타파하여 공空의 진리를 밝힌 것입니다.

만유는 연기의 도리에 순응하여 존재하는 것입니다. 따라서 원래 인과의 도리를 무시하는 옳지 못한 견해인 사견邪見과 진정한 도리·정리正理에 어긋나는 사고를 하는 사사유邪思惟와 정당하고 바른 도리와 윤리에 위배되는 망어·양어·기어·악어·추어 등의 말을 하는 사어死語와 부정한 불선행위를 하는 사업邪業과 부정한 삿된 방법으로 생활하는 사명邪命과 간악하고 불선한 생각을 하는 사념邪念과 악한 불선을 향해 노력하는 사정진邪精進과 삿되고 부정

하게 결정하는 사정邪定 등의 사견·사사유·사어·사업·사명·사정
진·사념·사정 등 팔사八邪를 여의었으며, 실체가 없어 집착의 대
상이 될 수 없음을 밝히고 있습니다. 이와 같이 팔사八邪가 떨어진
무상無相의 이치를 얻어 마음속에 집착 분별함이 없는 무소득無所
得의 바른 견해인 무득정관無得正觀에 주住하는 것을 중도라 하고,
팔불중도八不中道·팔불정관八不正觀이라 합니다. 여기서 팔불八不
이란 팔사八邪를 부정하는 불생不生·불멸不滅·부단不斷·불상不常·
불일不一·불이不異·불거不去·불래不來를 가리킵니다. 팔불중도의
참뜻을 알면 일체의 미迷하고 삿된 견해가 없어질 뿐만 아니라 팔
불중도라는 생각까지도 있지 않다는 경지에 들게 됩니다.

　인연에 의해 거짓 존재하는 현상면으로 말하면, 모든 사물은 실
체가 아니고 공空이면서 거짓 현상으로 존재하므로 무생멸無生滅의
생멸生滅이니, 생生이나 불생不生이라고 할 수 없으므로 언어와 사
려思慮를 여읜 구극적인 공空이라 하여 비속비진중도非俗非眞中道라
합니다.

　중도에는 고락중도·자작화작중도·단상중도·일이중도·유무중
도 등이 있습니다. 이 가운데서 고락중도는 실천적 중도이고, 나머
지는 이론적 중도라고 합니다.

　이들 중도를 약설하면 다음과 같습니다.

(1) 고락중도

고락중도苦樂中道란 고행주의와 쾌락주의의 대립되는 상반된 가치
관을 배척하고 석존의 입장을 밝힌 것을 말합니다. 고락중도는 잘

못 이해하면 고행과 쾌락의 중간을 취하는 것으로 착각하기도 합니다. 그것은 거문고의 비유에 잘 나타나 있습니다. 중도를 중간中間으로 이해하거나, 공자의 손자 자사(子思, B.C 483~403)의 저서『중용中庸』에 나오는 중용불편中庸不偏의 덕을 설명하는 대목인, '과불급過不及이 없는 중정中正의 도道나 치우치지 아니함'을 의미하는 것으로 이해하는데, 이는 석존의 중도를 정확히 이해한 것이라 할 수 없습니다.

현대인들은 감각적 쾌락을 최고의 가치로 생각합니다. 내세를 부정하고 윤리와 도덕을 부정하는 이들은 살아있는 동안 어떤 방법으로든 세속적이고 감각적인 욕구를 충족시키는 쾌락주의를 가장 가치 있는 일로 생각하는 것입니다. 한편 인도의 자이나교에서는 내세를 인정하므로 현세에서 괴로움을 받아야 윤회에서 벗어난다는 생각에서 고행주의를 택합니다. 이와 같은 쾌락주의와 고행주의는 나름대로의 세계관과 인생관에 의해 선택된 가치관이라고 할 수 있습니다. 인간의 삶이 현생뿐인가, 아니면 내세로 이어지는가 하는 견해 차이에 따라 쾌락주의와 고행주의로 상반된 가치관이 나오게 된 것입니다.

석존이 이 같은 가치관을 모두 배척하고 이와는 다른 세계관, 인생관, 가치관을 말씀하신 것이 12연기법입니다.

(2) 자작타작중도

자작타작중도自作他作中道란 괴로움이 어떻게 생기는지에 대한 석존의 입장을 밝힌 것입니다.『중아함·염유경』에서는 석존 스스로

도 "사람은 지은 업에 따라서 그 과보를 받는다"라고 말씀하셨습니다. 그런데 『잡아함·302경』에서는 "스스로 지어서 스스로 받는다는 견해를 사견"이라고 배척하셨습니다. 불교는 상주불변하는 자아를 인정하지 않습니다. 이것이 무아설無我說인데, 무아설은 오온법이나 12연기법을 바르게 이해하면 저절로 깨닫게 됩니다.

불교에서는 자기가 지은 선악의 업은 자기 자신이 받지 않으면 안 되는 인과응보의 법칙인 자업자득自業自得을 부정하지 않지만, 상주불변하는 자기동일성을 지닌 자아가 있어서 업을 짓고 과보를 받는다는 견해를 물리치고 있습니다. 모든 괴로움이 무명에서 연기하므로 무명이 사라지면 모든 괴로움이 사라진다는 이론입니다. 따라서 괴로움은 누가 만드는지 묻는 것은 무의미합니다.

(3) 단상중도

단상중도斷常中道란 '사람은 죽어서 다시 태어나는 것일까, 죽으면 그만일까?; 하는 문제에 대부분의 불교인들은 몸은 죽어도 영혼은 죽지 않고 금생의 업業에 따라 다음 세상에 태어날 것이라고 대답할 것이고, 과학적인 지식을 믿는 사람은 죽으면 그만이라는 생각을 할 것입니다. 흔히 스님들도 사람이 죽는 것은 육체라는 현세의 옷을 벗어버리고 내세의 옷으로 갈아입는다는 말을 합니다. 육체는 죽어도 영혼은 죽지 않는다는 의미입니다.

석존은 만유는 무상한 것이어서 실재하지 않는 것과 같이 인간도 죽으면 신심身心이 모두 없어져서 공무로 돌아간다고 고집하는 그릇된 소견은 단견斷見이라고 배척하셨고, 또한 인간은 죽지만 자아는 없어지지 않는다고 고집하는 견해도 상견常見이라고 거부하였습니다. 이렇게 단견과 상견을 모두 물리친 것을 단상중도라고 합니다.

자기가 지은 업을 자기가 받는다는 것과 죽은 후에도 자아는 죽지 않고 영혼이 내세에 가서 태어난다는 것은, 이 생에서 지은 업을 다음 세상에서 과보로 받는다는 견해가 상견이고, 영혼과 육체는 다른 것이 아니므로 육체가 죽으면 영혼은 없어진다는 생각을 단견이라 합니다. 석존은 이 같은 두 가지 생각은 잘못된 것이며, 그에 대한 해답으로, 인간의 실상은 12연기법을 수학하여 깨달으면 그 같은 허망한 의심은 사라진다고 하였습니다. 석존께서 설하신, 시간적으로 자기 동일성을 가지고 존재하는 자아는 우리의 생각 속에만 있을 뿐 실재하지 않는다는 도리를 일깨우는 진리가 단상중도입니다.

인간은 태어나서 죽는 것이 아니라 생사가 없이 인연因緣과 업인業因에 따라 다양한 모습으로 전환되고 있다는 것을 알게 됩니다. 따라서 나는 무상無常하고 상주불변하는 실체가 없는 무아無我이지만 인연 따라 항상 전환되고 있음을 알게 됩니다. 곧 무상이란 변화하면서 존재한다는 뜻입니다.

범부들은 자신의 참 모습인 색色·수受·상想·행行·식識의 오온에 대한 무지에서 거짓되고 허망한 자아를 꾸며놓고, 거짓된 자아를 중심으로 살아가는 행동에 의하여 무명의 의식을 형성시키고, 그 의식을 토대로 살아가는 가운데 나름대로의 생각을 고집하면서 생사한다는 생각에 집착합니다. 이 같은 범부들의 실태를 명확하게 설명한 것이 12연기법이며, 12연기법을 깨달으면 상견과 단견에 빠지지 않는다는 것이 단상중도입니다.

(4) 일이중도

일이중도一異中道란 '영혼과 육체는 동일한 것인가, 다른 것인가?' 하는 문제에 대하여 이들 두 견해를 물리치기 위해 설하신 것입니다. 영혼과 육체가 같다는 것은 죽으면 그만이라는 견해이고, 죽으면 그만이라면 죽음에서 벗어날 수 있는 길이 없습니다. 수행은 생사에서 벗어나기 위해서 하는 것인데, 벗어날 길이 없다면 수행은 무의미한 것이 됩니다. 따라서 동일하다면 수행이 있을 수 없는 것입니다. 과학적 지식에 의존하는 현대인은 대부분이 이 같은 견해에 빠져 출가수행을 이해하지 못하는 것입니다. 그리고 영혼과 육체가 다르다는 것은 영혼은 불멸한다는 견해이고, 죽지 않는다면 죽음에서 벗어나기 위해 수행할 필요가 없을 것입니다. 수행은 생사에서 벗어나기 위해서 하는 것인데, 죽음이 없다면 수행한다는 것은 모순된 일이 됩니다. 따라서 다르다면 수행이 있을 수 없는 것입니다. 결국 영혼과 육체가 동일하거나 다른 것은 수행을 부정한다는 결론에 도달하게 됩니다. 이 의문의 해답이 12연기법에 있습니다. 십이연기의 제11지 생(生, 태어남)을 연하여 제12지 노사老死가 있게 됩니다. 노사는 생을 받은 존재가 필연적으로 맞게 되는, 피할 수 없는 사실이며 현실입니다. 이 같은 현실은 무명에서 비롯된 것입니다.

12연기법에는 중생이 무시이래로 무명의 번뇌로 선악의 업인業

因을 지어 고락苦樂의 과보를 받아 생사가 단절되지 않고 욕계·색계·무색계의 삼계三界와 지옥·아귀·축생·수라·인간·천도 등의 6도六道를 계속해서 윤회하는 유전문流轉門과, 미혹한 생각을 돌이켜서 수학한 공덕으로 말미암아 번뇌를 끊고 생사 고통에서 벗어나 열반의 본원本願으로 향하는 인과의 환멸문還滅門이 있습니다. 사제법四諦法 가운데 고제苦諦와 집제集諦는 유전문에 해당하고, 멸제滅諦와 도제道諦는 환멸문에 속합니다.

유전문은 중생이 무명의 번뇌로 업인을 지어서 노사가 있게 되는 혹惑·업業·고苦가 차례로 연기되는 미혹迷惑의 인과로 생사의 과보를 받아 생사가 단절되지 않고 삼계三界 육도六道를 계속해서 윤회하는 것을 말합니다. 곧 무명의 상태에 있으면서도 자신이 무명속에 있다는 것을 모르는 채 허망한 거짓된 나我에 집착하고 살면서 생사의 고해를 떠돌아다니는 중생의 모습을 있는 그대로 보여주는, 생사가 단절되지 않고 삼계 육도를 계속해서 윤회하는 유전流轉에 속하는 쪽을 유전문이라 합니다.

환멸문은 중생의 생사윤회가 무명의 번뇌로 비롯된 것임을 깨닫고, 무명과 번뇌를 없애기 위하여 집착이나 분별의 경지를 떠난 무소득의 상대인 중도中道 수행을 하는 수행과정을 보여주는 법문입니다. 곧 잘못된 견해를 타파하여 무명을 없애는 것을 시작으로 하여 노사老死가 없어지는 과정을 보여주는, 미혹한 생각을 돌이켜서 열반에 들어가는 환멸還滅에 속하는 쪽을 환멸문이라 합니다.

유전문에서는 생사가 있지만 환멸문에서는 생사가 없습니다. 따라서 12연기의 교리를 깨닫게 되면 동일한(一) 것인가 다른(異) 것인가 하는 일이一異에 떨어지지 않고, 무명이라는 어리석은 생각에서 비롯된 허망한 생사의 괴로움에서 벗어나 본래 생사가 없는 열반을 얻기 위하여 팔정도八正道의 수행을 할 수가 있고, 진정한 수행이 가능하게 되는 것입니다. 일이의 사견은 연기법에 대한 무지에서 나온 것입니다. 연기법을 깨달으면 생사가 있다는 주장도, 없다는 주장도 모두가 잘못되었음을 알게 됩니다. 이것이 12연기의 중도입니다.

대승불교에서는 모든 중생은 본래성불本來成佛되어 있다고 말합니다. 이 말뜻을 잘못 이해하면 수행할 필요가 없다는 말로 곡해할 수 있습니다. 본래 깨달음이 성취된 본성이 번뇌로 가리어져 있는 것이니 그 번뇌만 걷어내면 된다는 말인데, 그러나 우리의 본래 마음은 청정하지만 번뇌로 오염돼 있으므로 번뇌를 걷어내고 청정한 마음이 진리를 깨달아 지혜로운 마음으로 전환해야 깨달음이 성취되는 것입니다. 깨달음이 성취된 마음은 다시는 번뇌로 오염되는 것이 아닙니다. 본래성불의 의미는 수행의 바른 길을 제시하기 위하여 한 방편법입니다.

마음(心)은 붓다와 범부중생은 다 근원적으로는 만물의 본체인 진여眞如, 붓다가 될 불성佛性의 성품을 구비하고 있다는 말입니다. 붓다가 될 자질을 갖고 있다는 뜻이니 곧 깨달음을 얻을 수 있는 마음을 구비하고 있다는 말입니다. 따라서 생사 번뇌도 이 우리의 본성을 떠나서 있는 것이 아니며, 중생의 분별심도 본래 본성 자리를 떠나서는 존재할 수 없습니다. 깨닫고 보면 중생의 마음자리가 곧 붓다의 마음자리이니, 중생의 심성이 그대로 붓다의 심성이라는 말입니다.

이해를 돕기 위해 예를 들면, 중국 당나라 선승 마조도일(馬祖道一, 709~788)이 그의 스승 회양(懷讓, 677~744) 스님에게 공부할 때였습니다. 마조는 불타가 되겠다는 일념으로 날마다 결가부좌를 하고 앉아 좌선을 하고 있었는데, 스승이신 회양 스님이 마조에게 "그대는 무엇 하려고 좌선을 하느냐?" 하고 물었습니다. 마조는 불타가 되려고 좌선을 한다고 답했습니다. 이 말을 들은 스승은 기왓장을 가지고 와서 숫돌에 갈았습니다. 이것을 본 마조는 스승에게 "무엇 때문에 기왓장을 숫돌에 가는 건가요?" 하고 물었습니다. 스승은 "이것을 갈아서 거울을 만들려고 하네!"라고 대답합니다. 그러자 마조는 "스님! 기왓장을 간다고 해서 그것이 거울이 되겠습니까?" 하고 반문했습니다. 그러자 그의 스승은 기다렸다는 듯이 "좌선을 한다고 해서 불타가 되겠는가?"라고 되물었습니다. 이 말에 마조는 깨달은 바가 있었다고 합니다.

이 대화는 마조 스님에게 좌선을 하지 말라는 것이 아니라, 제자인 마조 스님이 불타와 중생이라는 분별심에 빠져서 "나는 중생이다. 좌선을 하면 불타로 변할 것이다"라는 집착을 버리게 하기 위하여, 회양 스님이 제자가 바른 수학을 하도록 방편으로 기왓장을 숫돌에 갈아 보였던 것입니다. 기왓장을 숫돌에 간다고 해서 거울이 될 수 없듯이, 중생과 불타가 따로 있다면 중생이 수행을 한다고 해서 불타가 될 수는 없습니다. 우리 모두는 본래 불타가 될 수 있는 종자種子를 갖추고 있으나, 다만 이 같은 사실을 모르고 무명의 오염으로 갖가지 분별심을 일으켜 허망하게 생사윤회를 하는 것입니다.

수행은 허망한 생사윤회를 일으키고 있는 무명과 분별심을 단멸하여 자신이 불타가 될 수 있는 조건을 갖추고 있음을 자각하고, 자신이 갖추고 있는 불타의 종자를 싹틔우기 위해서 번뇌를 끊고 진리를 깨달아 지혜를 증득하기 위해 수학하는 것입니다. 생사라는 생각 자체가 사물의 있는 그대로를 보지 못하는 불여실지견不如實智見인 마음의 집착으로, 사물의 바른 모습을 분간하지 못하고 함부로 그릇되게 생각하는 무명·무지無知에서 일어난 허망한 망상이므로 무명이 있으면 망상에 의해 생사의 세계가 벌어지고, 무지의 망상이 사라지면 본래 청정한 의식의 대상인 모든 사물의 실상이 드러난다는, 연기하는 세계의 모습을 말하고 있는 것이 일이중도입니다.

(5) 유무중도

유무중도有無中道란 고락중도·자작타작중도·단상중도·일이중도 등의 이론을 총괄하는 중도라고 할 수 있습니다. 저들의 모순 대립은 근본적으로 유무의 모순적 대립에서 비롯된 것이기 때문입니다.

유무중도는 유有에 집착하는 유견有見과 무無에 집착하는 무견無見을 말하는 것인데, 유견과 무견은 '자아가 현세에만 존재하는가, 과거세와 미래세에도 존재하는가'에 대한 대립적 견해입니다. 자아가 과거·현재·미래세에도 있는 것이라고 주장한다면 이것은 유견有見이고, 현재에는 있으나 과거와 미래에는 없다고 주장한다면 이것은 무견無見입니다. 결국은 상주불변하는 자아가 있느냐 없느냐의 두 가지 견해, 곧 유무이견有無二見에 속한 것입니다. 석존께서는 자아가 있다는 견해는 상견常見이며 유견有見이라고 배척하고 있습니다. 그리고 없다는 견해 역시 단견斷見이며 무견無見이라고 배척하셨습니다.

범부들은 자아가 있다는 생각과 또는 없다는 생각으로 살아가면서 왜 자기가 그런 생각을 가지게 되었는지도 모르는 채, 그 생각에 집착하여 고집하고 있다는 것입니다. 그 같은 생각은 "거짓된 나"를 만들어 놓았기 때문에 일어난다고 하셨습니다. 참된 나의 실상을 모르는 무명으로 거짓된 나를 꾸며 놓고, 그 거짓된 나가 상주불멸한다고 생각하기도 하고, 또는 죽으면 그만이라는 생각을 한다는 것입니다. 이런 경계를 취하지 않는다면 거짓된 나를 꾸미지 않기 때문에 거짓된 나로 인한 생사의 괴로움이 생기는 과정과 없어지는 과정을 아무 의혹 없이 알게 된다는 것입니다. 우리가 이 같은 경계에 취함을 없애려면 '심중도心中道'로 사제법의 절차에 따라 팔정도 수행법으로 12연기법을 깨달아 지혜를 계발하여야 합니다. 석존께서는 우리의 생각이 일어나고 멸하는 것을 잘 살펴보라고 말씀하셨습니다. 그것은 팔정도법으로 12연기법을 관찰하라는 것입니다.

우리는 나와 외부는 별개의 세계라고 생각합니다. 안(눈)·이(귀)·비(코)·설(혀)·신(몸)·의(마음)의 육근六根은 내 안에 있는 자아라고 생각하고, 색(물질)·성(소리)·향(냄새)·미(맛)·촉(촉감)·법(일체법)의 육경六境은 밖에 있는 세계라고 생각합니다. 곧 육근은 육내입처六內入處라 하고 육경은 육외입처六外入處라 하며, 이것을 합성하여 12입처十二入處라 하는데, 이 12입처는 우리의 마음입니다. 이렇게 볼 때 나와 세계가 별개의 존재라거나, 자아가 있다 없다 거론하는 것은 잘못이며, 잘못된 생각은 우리의 참 모습을 알지 못할 때 일어납니다. 잘못된 생각이 나와 세계가 별개의 존재로 나타납니다. 이것을 세간世間이라고 합니다. 세간은 허망하게 존재합니다. 이 허망한 세간을 멸하기 위해 수학하는 것입니다. 수학을 통해 무명을 없애고 우리의 참 모습을 깨닫게 되면, 잘못된 생각으로 생긴 세간은 잘못된 생각이 사라짐과 동시에 세간도 사라집니다. 따라서 세간이 사라지는 것을 여실히 보게 되면 세간의 모습은 전환轉換하면서 존재하므로 무상無常한 것임을 깨닫게 됩니다.

2) 불교의 근본중도

(1) 심중도心中道

앞서 정리한 경전에서 전하는 중도中道의 중中 자는 과불급過不及 없는 도道, 치우치지 않는 순정純正, 덕德을 뜻하는 '중중' 자, 또는 '가운데 중' 자로 해석하여 치우치지 않는 중앙이라는 중정中正의 뜻으로 해석한 것입니다. 그런데 이와 같이 해석하면 불교의 교리를 곡해하는 것입니다.

필자의 견해는, 불교는 마음을 다스리는 종교이므로 '마음 중' 자로 중도를 해석해야 불교의 교리에 부합한다는 견해입니다.

『한한대자전漢韓大字典』은 1966년 10월 10일 초판이 발행되었고,

『중한대사전中韓大辭典』이 출판된 것은 1990년입니다. 사전이 발행되기 전에는 중中 자라 하면 '가운데 중' 자와 '중중' 자로만 해석했습니다. 그런데 『한한대자전』에 중中 자의 해석을 보면 '가운데 중·안 중·중 중·마음 중·몸 중·대궐 안 중·반중·곧을 중·바른 중·찰 중·고를 중·뚫을 중·맞을 중·맞힐 중·격할 중·버금 중' 등 무려 열다섯 종류로 해석했습니다.

심중도心中道란, 마음이라는 마음 중中 자와 불교의 궁극 목적을 달성하기 위한 통로·수행의 법칙을 의미하는 도道 자의 합성어입니다. 불교는 번뇌로 오염된 무명의 마음을 수행을 통하여 바로잡아 지혜를 계발하는 것입니다. 사람들은 보통 자기의 색안경으로 보는 습관에 젖어 매사를 자신의 주관과 잣대로 이해합니다. 중도中道는 어떤 전제 없이 자신의 생각이나 고정관념·집착과 망상에 사로잡히지 않고, 현장에 직면하여 사실을 있는 그대로 바로 보고 이해하고 알게 됨을 뜻합니다.

실달타는 번뇌로 오염된 마음을 심성관찰心性觀察의 심중도心中道의 마음으로 전환하여 수행의 절차인 사제법을 창안하시고, 심중도로 팔정도법을 창안하여 정립하셨으며, 팔정도 수학법을 통하여 범부로서의 유정의 생존이 12의 조건에 의해서 성립된 12연기법을 창안하고 정립하셨습니다. 이것이 실달타가 붓다가 되게 한 깨달음의 과정입니다.

①중中
중도中道의 중中은 마음 중中 자로, 중도는 우리 마음의 정황·정세

인 '심정心情'과 속에서 진정으로 우러나오는 참된 마음인 '충심衷心'과 속마음인 '중심中心'의 수행법인 팔정도八正道로 정화하여 무명과 번뇌의 허물을 여의고, 실상의 진리를 깨달아 청정한 지혜를 계발하여 열반을 증득해서 불교의 궁극 목적을 달성하기 위한 팔정도 수학의 법칙을 의미합니다. 그리하여 중도의 '중中'은 우리의 마음인 심정心情과 충심衷心과 중심中心을 뜻합니다.

㉠ 심정心情

심정이란, 대상을 포착하여 판단·추리·개념·구성 등의 사유思惟와 생각하여 헤아리는 사량思量과 외경을 식별·요별·인식하는 식識의 작용을 가리켜 붙인 이름이라는 심心과 사물의 감촉되어 일어나는 마음의 작용인 정情이 합하여 이루어진 용어로 마음의 정황을 뜻합니다. 이는 치우치지 않은 순수하고 바른 순정純正의 도를 행하여 체득한 품성인 덕德이며, 천지 만물의 근원이 되는 정기正氣·정심正心을 뜻합니다.

㉡ 충심衷心

충심이란 성심·진심이라는 참마음 충衷으로, 속에서 진정으로 우러나오는 마음인 충정衷情과 정성 어린 성실한 마음인 성심誠心과 참된 마음인 진심眞心과 바른 마음인 정심正心과 본마음인 본심本心으로, 계책이 맞음이 과녁에 맞음과 같은 참마음이라는 뜻입니다.

ⓒ중심中心

중심이란, 속마음(내심)이라는 중정中情의 뜻이고, 마음속 사물의 중심이 되는 중요한 위치나 자리인 중추中樞의 뜻이며, 깨달은 경지에서 나타나는 자연 그대로의, 조금도 인위人爲를 더하지 않은, 모든 사람들이 갖추고 있는 심성의 뜻입니다. 곧 바른 마음인 정심正心을 뜻합니다.

② 도道

중도中道의 도道란, 인도할 도·이끌 도 자로 목적지에 이르게 하는 통로, 밟아 행하여야 할 길, 궤로軌路를 뜻하는 말입니다. 타오르는 번뇌의 불을 멸진하여, 번뇌의 허물을 여의고 실상의 진리를 깨달은 청정한 지혜의 보리를 완성한 경지인 열반으로 가는 길이고, 열반의 과果에 이르게 하는 통로, 불교의 궁극 목적을 달성하기 위해 사람들이 지켜야 하는 정해져 있는 길이자 바꿀 수 없는 도리의 정도定道이고, 수행의 법칙이며, 사람이 지켜야 할 법칙인 의칙儀則이며, 준수하여야 할 덕德을 뜻합니다. 그리하여 중도란 마음이라는 마음 중中 자와 불교의 궁극 목적을 달성하기 위한 통로, 수행(수학)의 법칙을 의미하는 인도할 도, 이끌 도道 자의 합성어입니다. 번뇌로 오염된 허망하게 분별하는 잘못된 망심妄心을, 불교의 진리를 깨달아 증득한 지혜로 바르게 잡아 정화淨化하자는 것입니다. 망심인 무명심을 올바른 깨우침으로 인도하기 위한 가장 합리적인 방법이 중도中道입니다. 중도에 의하여 지혜를 계발하고, 열반을 증득하게 하는 수행법이 팔정도이므로 팔정도의 수행법을 중도라고 말하는 것입니다.

우리의 마음인 심정心情·충심衷心·중심中心은 본심本心·정심正心이므로 팔정도의 각 팔지八支마다 서두에 바른 마음이라는 정심正心의 약자인 정正 자를 넣어 팔정도八正道라 명한 것입니다. 팔정도는 치우치지 않고 올바른 중정中正과 마음을 청정하게 다스리는 중도의 완전한 수행법이므로 정도正道라고 합니다.

불교의 궁극 목적인 열반을 증득하는 길은 수행 단계인 사제법의 절차에 따라 팔정도의 수행법으로 고뇌의 원인을 밝혀 소멸하고 멸진하는 길입니다. 윤회를 벗어나는 가장 바르고 정확한 길은 범부로서의 유정의 생존이 12의 조건에 의해서 성립되어 있는 12연기법을 수학해서 각지各支의 근원이 되는 법칙, 근본적인 진리의 원리를 자세히 살펴 관찰하고 근원을 구명究明하는 원구源究로 물질(身)과 정신(心)인 몸에 관한 실상의 이치를 통달하면 12연기의 제7지 수(受 느낌)가 일어남과 동시에 삽시간에 즉시 사라진다는 것을 깨닫게 됩니다. 그러면 느낌에서 제8지 애(愛, 渴愛)로 진취進取되어 넘어가지 않게 단절하여 끊어서 근본번뇌인 탐貪·진瞋·만慢·무명無明·의疑·유신견有身見·변집견邊執見·사견邪見·견취견見取見·계금취견戒禁取見 등의 번뇌의 허물을 멸진하고 열반을 증득하게 됩니다. 이렇게 불교의 궁극 목적을 달성하기 위한 팔정도수행의 법칙을 중도中道라 합니다. 팔정도 수행법은 고뇌의 원인을 밝히고 소멸하여 윤회를 벗어나는 가장 바르고 정확한 도제道諦의 길이며, 열반의 실상實相입니다.

불교에서 말하는 깨우침이란, 12연기법을 명확하게 깨달아 확증하는 것을 붓다(불타)라고 말하고, 붓다가 불교의 진리를 깨달은 지혜로 삶을 실천할 때 부처라고 말합니다.

③ 관념觀念

관념이란 생각하는 것, 경험한 사실이 머리에 남아 있는 것, 진리를 관찰하고 사념思念함을 뜻합니다. 성인의 지위에 오르기 전에는, 인간의 인식 세계에서 지각知覺된 '안다'라는 말은 바르게 안다는 정견正見이 아니라 모두가 세속의 평상시 경험한 일들이 머리에 남아 있는 관념 속에서 공통되는 요소를 추상하여 종합해서 얻는 하나의 보편적인 관념으로 인식된 것입니다. 관념으로 아는 것은 바르게 아는 것이 아닙니다. 인간은 누구나 생로병사를 한다고 알고 있으나, 이것도 바르게 아는 것이 아니고 잘못 아는 마음의 집착으로 사물의 바른 모습을 분간하지 못하고 함부로 그릇되게 생각하는 망상에서 비롯된 관념으로 그릇되게 '안다'입니다. 이 진실을 명확하게 깨달은 분이 석존입니다. 그래서 우리도 중도심中道心으로 수행의 실천적 원리인 사제四諦의 절차와 단계와 순차에 따라서 불교의 실천 수행하는 중요한 종목을 팔종으로 나눈 팔정도의 수행법으로, 범부로서의 유정의 생존이 12의 조건에 의해서 성립된 12연기법의 교리를 수학하여 깨달아 지혜를 계발하면 이 관념과 개념의 족쇄, 범부의 발목에 채워진 쇠사슬을 풀어버림과 동시에 모든 상相은 사물의 참 모습인 진상眞相이 아님을 깨닫게 됩니다. 그래서 석존께서는 『금강경·여리실견분如理實見分』제5에서 다음과 같이 설법하셨습니다.

"불고수보리佛告須菩提   부처님께서 수보리에게 이르시되

법소유상凡所有相   무릇 형상이 있는 것은
개시허망皆是虛妄   모두가 실이 아니고 진이 아닌 것이니
약견제상비상若見諸相非相 만약 모든 형상을 형상이 아닌 것으로
                     보면
즉견여래卽見如來   곧 여래를 보리라."

이 설법을 중국 송나라 때 야부冶父 도천道川 스님(생몰연대가 확실치 않으나 1130년경 전후, 임제臨濟 스님의 6세손)이 다음과 같이 설의說誼하였습니다.

"산시산山是山   산은 산이요
수시수水是水   물은 물이로다
불佛   불타는
재심마처在甚麼處 어느 곳에 계시는가?"

이 문장은 야부 스님의 창어구(創語句, 처음으로 한 말)의 한 토막입니다. 야부 스님의 설의는, "만약 한결같이 불신佛身이라 하면 '불타의 몸'이라는 말이니, 불타라는 모양이 없다 하면 모양 밖에 반드시 불타라는 상相이 있어야 하거늘, 지금 산을 보면 바로 산이요 물을 보면 바로 물이 분명하거늘, 불타의 이 상相은 어떤 것인가? 상이 있고 구함이 있음은 이 모두 거짓되고 망령됨(妄)이니, 형체가 없음

인 무형이라거나, 인간은 생사한다거나, 나는 사후에는 단절한다는 무견無見은 치우친 소견에 떨어짐이로다. 유에 집착하고 무에 집착하는 것은 함께 사견邪見을 이루는 것이니 유무 둘 다 초월해야 한 맛(一味)으로 나타나리라"라고 하신 것입니다. 일체 유위의 상相이 모두 허망한 것이니, 이는 망념으로부터 변하여 나타난 연고입니다. 일체의 경계가 오직 망념에 의하여 차별이 있는 것이니, 형상을 고정된 형상이 아닌 전변하면서 존재하는 무상無常한 것으로 볼 때가 곧 여래인 것이라는 말입니다. 즉 여래가 어떤 형체로 있는 것이 아니라 깨우쳐 열반을 증득함을 여래라 한다는 말입니다. 일체 모든 상이 모두 허망한 것이니, 실이 아님을 깨달으면 곧 여래의 무상無相한 이치를 보리라 하신 설법입니다.

8. 사제四諦

석존께서 성불하기 전 태자 때의 이름이 '목적을 달성한 사람'이라는 뜻으로 실달타(悉達他, Siddhartha)라고 했습니다. 실달타가 출가 사문이 된 것은 몸이 온전하여 고통이 없고 마음이 평안하여 고뇌가 없는 '무고안온無苦安穩'을 얻기 위함입니다. 실달타가 출가 사문이 된 후에 얻게 된 깨달음을 정리하면 다음과 같습니다.

1) 실달타의 깨달음

(1) 첫 번째 깨달음

첫 번째 깨달음은 사화외도·수선주의·고행주의의 수행은 정법正法이 아니라는 깨달음입니다. 실달타가 출가 사문으로 수행할 당시에는 전통수행으로 불(火)과 태양을 섬기는 사화외도事火外道와 자세와 호흡을 가다듬어 정신을 통일 순화시키고 초자연력을 얻고자 행하는 수선주의修禪主義 또는 선정주의禪定主義와 단식 호흡의 억지抑止, 자학행위에 의하여 스스로 육체에 고통을 가하여 욕망을 끊고 견디기 어려운 난행을 감행하는 고행주의의 3종 수행법이 실천되고 있었습니다. 이에 실달타는 몸소 각 수행처에 지도사指導師의 지시에 따라 차례로 극단의 고행으로 6년간의 수행을 죽음 직전까지 정진으로 부지런히 용감하게 체험한 결과, 이러한 수행법이 진리를 깨달아 지혜를 계발하는 이법理法과 정법正法이 아닌, 잘못된 사법邪法임을 깨달았습니다. 그가 바라던 무고안온에는 접근하지 못했고, 생사의 매듭을 풀지 못했으며 몇 번이고 죽음에 직면했지만 고뇌를 해결할 지혜를 계발하지 못했습니다.

참선하는 좌선의 선수행이나, 고행을 감행하는 것에 의해 정신의 자유와 생천生天의 락과樂果나 바라는 바를 이루려는 것은 아무런 의미가 없었습니다. '6년이라는 수행을 통해 체험한 결론은 선정禪定과 고행은 진리를 깨닫지도 못하고 지혜를 계발하지도 못하며 진실이 아닌 얽어 만든 허구이니, 깨달음의 원인이 될 수 없다는 것을 확실하게 증거를 확증한 것입니다.' 그리하여 6년간의 수행을 모두 미련 없이 버렸습니다. 후일 자신보다 더한 고행을 한 수행자는 없었다고 회상할 정도로 상상을 초월한 고행을 했지만 그가 원하는 해답을 얻지 못했습니다. 곧 실달타의 참된 앎, 깨달음은 6년간의 고행이나 선으로 증득한 것이 아닙니다.

(2) 두 번째 깨달음

두 번째 깨달음은 수행에는 절차와 단계가 있음을 깨달으신 것입니다. 그리하여 인간의 생존은 왜 고뇌인가? 하는 '고제苦諦'와 고뇌의 원인은 무엇인가? 하는 '집제集諦'와 고뇌하는 원인의 해결책은 무엇인가? 하는 '멸제滅諦'와 해결책의 실천방법은 무엇인가? 하는 '도제道諦'의 4제법四諦法을 창안하고 정립해서 수행의 관계와 순차를 만드셨습니다.

(3) 세 번째 깨달음

세 번째 깨달음은 수행의 방법을 깨달으신 것입니다. 이는 목적을 이루기 위하여 취하는 방식이나 수단과 방법이니, 생사의 기인起因을 단절하려면 영원불변의 진리인 진여眞如에 틀림없이 잘 들어맞아 계합한 심心의 본성, 심성으로써 바르고(正) 참(眞)되어 거짓이 없는 진정眞正의 마음으로 수학하고 도(道, 修行)를 닦아야 한다는 것입니다. 이것이 중도中道입니다.

중도란 마음 중中 자와 인도할 도道 자로, 인도함·가르침·다스림·소통하게 한다는 뜻의 합성어입니다. 중도는 어떤 전제 없이 자신의 생각이나 고정관념, 집착과 망상에 사로잡히지 않고 현장에 직면하여 사실을 있는 그대로 바로 보고 이해하고 알게 됨을 뜻합니다.

중도中道의 중中이란 마음 중 자로 심정心情·충심衷心·중심中心인 정심正心을 뜻합니다. 곧 깨달은 경지에서 나타나는 자연 그대로의, 조금도 인위人爲를 더하지 않은, 모든 사람들이 갖추고 있는 진심성眞心性을 말합니다. 이 같은 정심正心으로 불교의 실천 수학의 중요한 종목을 여덟 가지로 나눈 팔정도八正道 수행법을 창안하셨습니다. 이는 올바른 깨침으로 인도하기 위한 가장 합리적이고 바른 수행방법으로 구성되어 있습니다. 팔정도를 약설하면 다음과 같습니다.

①정견正見: 바른 진리를 바르게 보는 견해見解이며, 불교의 바른 세계관과 인생관으로서의 인연에 관한 지혜입니다.

②정사유正思惟: 행동이나 언어를 하기 전에, 바른 의사·개념·구성·판단·추리 등을 행하는 이성의 작용으로 대상을 정확하게 분별하고 의사意思하는 것입니다.

③정어正語: 정견과 정사유 뒤에 행하는 언어적 행위와 상대방의 언어를 감별鑑別해서 바른 말만 받아들이는 것입니다.

④정업正業: 정사유 뒤에 일어나는 진리에 부합하고 도리에 상응하는 바른 신·구·의 선업善業의 신체적 행위입니다.

⑤정명正命: 정업에 의한 바른 직업으로 바른 생활 수단에 의해서 수명을 연명하라는 것입니다.

⑥정정진正精進: 이상을 향해 부지런히 노력하여 불선업不善業을 단절하고 선업善業을 낳고 증대시키도록 노력하는 것입니다.

⑦정념正念: 바른 의식으로 이상과 목적을 잊지 않고, 무상無常·고뇌苦惱·무아無我 등의 진리를 염두에 두고 잊지 않는 명기불망明記不妄하라는 것입니다.

⑧정정正定: 바른 마음으로 결정하고 잘못을 바로잡아 고쳐서 불교의 교리와 도리에 맞게 틀림없이 확실하게 이해하고 깨달아서 지혜로 증득하는 것입니다.

실달타는 수행의 체험을 통해 고뇌의 멸진은 이상의 여덟 가지 항목밖에는 없다고 팔정도법八正道法을 창안하고 정립하셨습니다.

(4) 네 번째 깨달음

네 번째 깨달음은 팔정도 수행법으로 범부로서의 유정有情의 생존은 12의 조건에 의해서 성립되어 있다는 12연기법을 깨달으신 것입니다. 12연기법을 약설하면 다음과 같습니다.

①제1지 무명無明은 사물의 있는 그대로를 보지 못하는 불여실지견不如實智見을 말합니다. 곧 무지無知를 말합니다.

②제2지 행行은 무명을 근원으로 하고 감각 등 여러 가지를 발생하는 신身·구口·의意의 조작으로 업業을 형성함을 말합니다. 무명과 행行의 2지二支는 제3지 식識, 제4지 명색名色, 제5지 육입六入, 제6지 촉觸, 제7지 수受까지의 5지를 당겨 일으키는 인因이기 때문에 무명과 행의 2지는 능인지能引支라고 합니다.

③제3지 식識은 의식·정신으로 외경外境을 식별·요별了別·인식하는 작용, 곧 마음의 작용을 가리켜 붙인 이름이며, 외경에 대해 내식이라고도 합니다.

④제4지 명색名色은 명名은 심적心的인 것, 색색은 물적物的인 것을 가리킵니다. 곧 5온蘊 중 수受·상想·행行·식識의 4온은 다만 이름을 붙임으로써 나타낼 수 있는 정신적인 속성이란 뜻으로 명名이라 했으며, 색온色蘊은 형체가 있고 부서짐이 있는 물체란 뜻으로 색色이라 합니다.

⑤제5지 육입六入은 정신활동이 그것을 통하여 일어나는 여섯 가지 대상 영역으로 포착할 수 있는 여섯 개의 장場으로, 눈·귀·코·혀·몸·마음(뜻) 등의 내內의 육입六入은 육근六根, 빛깔·소리·냄새·맛·접촉(닿임)·법 등의 외外의 육입은 육경六境을 의미합니

다. 이 육근과 육경을 합하여 12입처十二入處라 말합니다. 즉 여섯 개의 감수기능을 말합니다.

⑥제6지 촉觸은 근根과 경境과 식識의 3가지가 접촉하는 것에 의해 생기는 정신작용으로 주관과 객관의 접촉감각입니다.

⑦제7지 수受는 받아들임(領收)의 뜻으로, 외계外界의 대상을 받아들여서 거기에서 감수感受하는 고락苦樂·쾌불쾌快不快 등의 인상감각印象感覺의 느낌을 말합니다.

이상의 제3지 식·제4지 명색·제5지 육입·제6지 촉·제7지 수까지 전5지를 기본으로 하여 일어나는 원인이 되므로 소인지所引支라 합니다. 그리하여 제1지에서부터 제7지까지는 견인지牽引支라고도 합니다. 견인이란, 이상의 7지는 여러 가지 인간의 현실을 내는 원인이 되므로 이를 종자라 하고, 이 종자는 현실적 결과를 이끌어 오기 전에도 안에 잠재해 있으면서 어떤 결과를 이끌어 올 영향력을 가지고 있으므로 이 훈습하는 기운, 곧 종자를 견인인牽引因이라고 합니다.

⑧제8지 애愛는 제7지 수(受, 느낌)에서 일어나는 인상감각을 탐하여 집착하는 것으로, 마치 목마른 자가 물을 구해 마지않는 것과 같이 욕망의 만족을 강력히 구하는 범부의 마음을 말하며, 이를 갈애渴愛라고도 번역합니다.

⑨제9지 취取는 제8지 애愛에 따라 일어나는 집착으로, 취는 번뇌의 이명異名입니다. 탐애의 번뇌가 사물에 취착하므로 취取라 이름하고, 오온은 번뇌를 인因으로 하여 생기므로 취온取蘊이라 합니다.

⑩제10지 유有는 유정有情으로서의 존재·생존의 뜻으로 생사의 과보를 가리키며, 또는 과보 받을 인因을 말하므로 업유業有라고도 합니다. 업은 생존을 이끄는 인이기 때문에 업유라고 합니다. 신·구·의의 행업은 고·락의 과보를 반드시 받게 된다는 인과의 도리를 강조한 말입니다.

이상의 제8지 애·제9지 취·제10지 유의 3지三支는 인이 되어서 미래의 생·노사의 2지二支를 생하기 때문에, 이 3지를 능생지能生支 또는 생기인生起因이라고 합니다.

⑪제11지 생生은 생기生起의 뜻으로 미래세에 생존을 받는 찰나를 뜻합니다.

⑫제12지 노사는 쇠퇴하여 목숨이 다함을 말합니다.

이상의 제8지 애·제9지 취·제10지 유의 3지支의 생기인에 의해서 제11지 생과 제12지 노사가 일어나므로 소생지所生支 또는 소인생所引生이라 합니다.

실달타는 범부로서의 유정의 생존이 12의 조건에 의해서 성립되어 있음을 깨달으시고 12연기법을 창안하고 정립하신 것입니다. 12연기법은 뒤에서 더 자세히 설명합니다.

(5) 다섯 번째 깨달음

다섯 번째 깨달음은 12연기법에 의해서 세계관·인생관·가치관 등의 연기법을 모두 깨달으신 것입니다. 12연기법에 의해서 상의상대적相依相對的인 관계, 즉 "이것이 있을 때에 저것이 있고, 이것이 생김으로 하여 저것이 생기며, 이것이 없을 때 저것이 없고, 이것이

멸하므로 하여 저것이 멸한다"는 연기법을 깨달으신 것입니다. 여기에 모든 것은 인과 연에 의해서 성립되는 상의적相依的인 것이기 때문에, 무상無常·고뇌苦惱·무아無我라고 하는 면과 범부로서의 인간의 괴로운 생존이 성립된 유전문流轉門과 그것을 부정하고 깨달음에 이르는 환멸문還滅門을 깨달아 유정의 가치와 의의를 깨달으셨습니다. 범부로서의 유정의 생존은 인연 따라 전환될 뿐 생사가 본래 없음을 깨닫고, 무명을 벗어나 차별적인 현상의 사법事法과 평등한 본체의 이법理法, 즉 사리事理의 진리를 깨달아 이제까지 알지 못했던 일체법을 환히 명확하게 알아 타오르던 번뇌의 불을 멸진滅盡해서 깨달음의 지혜인 보리를 완성한 경지, 즉 열반을 증득하셨으니, 깨달은 각자(覺者, Buddha)가 되셨습니다. 이를 인도에서는 붓다라 하고, 중국에서는 불타라 하여, 석가족의 성인이라는 석가모니가 되신 것입니다.

실달타는 깨달음의 참된 앎인 지금 고통스러워하고 번뇌로 오염된 자신의 모습을 있는 그대로 이해하고 알고자 심성관찰心性觀察로 당신의 진심성의 실체를 있는 그대로 깨달아 지혜를 계발한 것입니다. 실달타는 기존의 수행법은 모두가 사법邪法임을 깨닫고, 수행에는 절차와 단계가 있음을 깨달아 4제법을 창안하였으며, 수행방법으로는 팔정도법을 창안하였고, 그 팔정도 수행법으로 범부로서의 유정의 생존은 12조건에 의해서 성립되었다는 12연기법을 발견하고 창안하였으며, 그 12연기법을 깨달아 붓다(불타)의 지위에 오르신 것입니다.

실달타가 출가 사문이 되어 수행한 목적은 무고안온無苦安穩의 열반이었으니, 그 첫째가 무고無苦입니다. 고통의 원인을 밝히고 고통을 소멸하는 것이었으니, 고통이 일어나는 원인을 심사숙려深思熟慮한 것이 실달타의 수행이었습니다.

　석존께서 범부중생들이 헛되게 고생하거나 시간을 낭비하지 않고 수학할 수 있도록 당신의 깨달음을 개념화하여 불교를 배우려는 이들을 위하여 바른 가르침에 초점을 맞추어 만인에게 보편타당하다고 인정되는 절차를 계발하여 체계적으로 정리한 것이 사제법입니다.

　석존께서 성도成道하시고 최초로 설법하신 초전법륜初轉法輪의 설법이 사제법이었으니, 최초의 깨달음은 불교의 실천적 원리를 나타내는 대강령大綱領으로서, 바로 수행의 절차와 단계인 사제법을 창안하신 것입니다. 사제법을 약설하면 다음과 같습니다.

2) 사제법의 구조

실달타는 출생한 지 일주일 만에 어머님을 잃은 애별이고愛別離苦를 체험하고, 12세 때 농경지에서 밭을 가는 땅속에서 벌레가 나오자 새가 날아들어 먹이로 취하고, 그 새는 다시 새매에게 먹이가 되어 먹히고… 이처럼 죽이고 죽임을 당하는 약육강식의 현장을 목격하고는 깊은 연민으로 명상에 잠길 정도로 감수성이 탁월한 소년이었다고 합니다. 그 후 장성하면서 눈 뜨고는 볼 수 없을 만큼 슬프고 비참한 버려진 늙은 노인, 병고로 고통받는 병고자, 죽은 사람의 시체유기 등의 실태를 보고 인생의 생로병사의 무상함을 느졌으며, 반면 수도자인 사문沙門을 본 후 인간의 본질적인 의문의 해답을 얻기 위해 출가를 결심했습니다.

실달타가 출가 사문이 된 것은, 골몰했던 인간사의 합리적인 문제의식의 해답을 얻기 위함이었습니다. 그가 찾고 싶은 질문을 정리하면 다음과 같습니다.

첫째, 인간의 생존은 왜 고뇌하고 불행한가?

둘째, 고뇌와 불행의 원인은 무엇인가?

셋째, 원인의 해결책은 무엇인가?

넷째, 해결책의 실천방법은 무엇인가?

이상의 질문을 심사숙도深思熟圖한 결과로 수행을 통해 도리를 깨달아 이를 해오解悟하여 정리하였으니, 네 가지의 훌륭한 깨달음의 단계라는 실천적 원리를 나타낸 사제법四諦法입니다.

실달타가 자신의 깨달음을 많은 관념을 통해 공통되는 요소를 빼내어 이를 종합 통일하여 다시 한 관념을 만드는, 추상하고 종합해서 개념화한 수행의 순차의 과정과 단계를 창안하고 구성하여 정립하신 것이 고집멸도苦集滅道의 사제법이니, 그것이 고제 · 집제 · 멸제 · 도제입니다.

고제苦諦는 범부의 생존은 고苦라는 진리입니다.

집제集諦는 고뇌의 원인은 번뇌의 집취集聚에 기인하므로 번뇌를 멸절하고 멸진해야 한다는 진리입니다.

멸제滅諦는 고苦 · 집集의 인과인 번뇌를 멸해야 열반의 이상경이라는 진리입니다.

도제道諦는 고뇌의 원인이 되는 무명과 번뇌를 단절하고 모든 번뇌를 멸진해서 깨달음의 지혜인 보리를 완성한 열반의 경지에 도달하는 수행법을 제시한 것입니다.

4제 가운데 고苦와 집集은 미망의 세계의 인과를 나타내고, 멸滅과 도道는 올바른 수행법으로 진리를 깨달아 지혜를 증득하는 증오證悟의 인과를 나타낸 것입니다. 이 사성제법을 따라 수학하면 불법을 깨달을 수 있으니, 이는 가장 바르고 완전한 교법敎法입니다. 불교를 바르게 수학한다는 것은 수행의 절차를 바르게 이해한다는 것이며, 수행의 절차를 바르게 이해한다면 수행의 궁극적인 목적이 가능하다는 논리로 귀결됩니다.

4제법四諦法을 4성제四聖諦라고도 하는데, 4는 수행의 절차를 네 단계로 구분한 고제·집제·멸제·도제를 뜻하고, 합하여 고집멸도라고도 합니다. 성聖은 정正의 뜻으로 정도正道를 증득하면 성聖이라 이름하는데, 4제법의 단계에 따라 수행하면 열반을 성취하여 성인聖人이 되는 도라는 말입니다. 제諦는 진실하여 착오가 없는 것, 영원히 변하지 않는 진실·진리라는 말입니다.

3) 사제의 분류

(1) 고제苦諦

범부의 미혹迷惑한 생존은 모두가 다 고苦이므로 고의 실태實態를 규명하여 무엇이 고인가를 확실하게 이해하고 깨닫는 단계입니다.

(2) 집제集諦

고의 근본 원인을 규명하는 단계입니다. 고뇌는, 구하고 탐하여도 그치지 않는 갈애의 집착을 모은 업인業因은 수(受 느낌)에서 일어남을 확실하게 인식하여 깨닫는 단계입니다.

(3) 멸제滅諦

느낌에서 갈애와 집착을 멸하므로 고뇌가 멸할 때가 궁극의 이상경理想境임을 깨달아 느낌에서 갈애로 넘어가지 않게 하고, 갈애로 인하여 집착된 심중에 인상印象지어지고 배어진 관습의 습기習氣를 끊어야 함을 인식하여 깨닫는 관계입니다,

(4) 도제道諦

도제의 도道는 목적지에 이르게 하는 통로, 밟아 행해야 할 궤로軌路, 길을 뜻하는 말입니다. 도라 함은 깨달음(열반)으로 가는 길이고, 깨달음의 과果를 얻기 위하여 마땅히 도에 의지할 바라고 했습니다. 도는 주로 불교의 궁극 목적을 달성하기 위한 수행의 법칙을 의미합니다. 도제에서는 고뇌를 멸진하는 수행법은 팔정도밖에 없음을 밝혀 팔정도의 수행을 통해 12연기법을 깨달아야 한다는 가르침입니다.

4) 고제苦諦

이 세계는 전생의 업인業因이 상응한 과보로 태어난 사바세계입니

다. 범어 Sahā를 음역하여 사바娑婆라 하고, 번역하여 번뇌를 인내忍耐해야 살아갈 수 있다는 인토忍土·감인토堪忍土·인계忍界라 합니다. 그러므로 이 땅에 태어난 중생의 생존은 모두가 괴로움이라는 것이 참된 이치·참된 도리이므로, 고뇌가 없기를 바라지 말아야 합니다. 그러므로 고제란 범부의 미혹한 생존은 모두가 다 고뇌이므로 이 같은 고의 실태를 확실하게 이해하고 깨달아야 한다는 가르침입니다.

불교는 고뇌의 원인을 인식하고, 괴로움인 고뇌에서 벗어나 행복하게 살아가는 삶을 배우는 종교입니다. 그러므로 괴로움을 벗어나기 위한 출발점은 고뇌와 행복에 대한 도리와 법도를 명확하고 확실하게 사리를 분별하여 이해하는 것이 대단히 중요합니다. 괴로움과 행복을 바르게 이해하고 깨달아야 괴로움을 버리고 행복을 계발하게 됩니다.

욕심과 애욕인 욕정 때문에 몸과 마음이 시달림을 받아서 괴로운 번뇌에 얽매여 생사를 벗어나지 못하는 범부들은 무명과 번뇌 속에서 생사의 괴로운 중생계를 윤회전생輪廻轉生하고 있으나, 범부들은 이 같은 괴로움에 빠져 있다는 것을 알지 못하기 때문에 그 속에서 빠져나올 생각을 하지 않고 순간의 쾌락을 즐기며, 괴로움을 행복으로, 행복을 괴로움으로 잘못 알기 때문에 괴로움에서 벗어나지 못하고 행복을 멀리합니다. 바른 견해를 가진 사람은 괴로움을 버리고 행복을 계발하는 방향으로 노력하므로, 언젠가는 괴로움에서 벗어나 행복을 실현할 수 있습니다.

석존께서 미혹의 경계에 헤매는 범부 중생을 인도하여 괴로움을 소멸하고 완전한 행복의 경계에 들도록 정법으로 설법하신 것이 불법이니, 불법으로 왜곡된 견해를 바로잡는 통찰이 반드시 필요합니다. 그 통찰은 심중도心中道로 불교 공부의 실천 원리로 제시한 사제법四諦法의 순리를 깨달아야 합니다.

고제에서는 모든 현상계의 제법은 생멸 변화하는 가假의 존재로 실체성이 없으므로 무상(無常, 非常)·고苦·공空·무아(無我, 非我)의 실상을 알지 못함으로 고뇌하는 것이니, 고제에서는 무상·고·공·무아의 4행상四行相을 관觀하여 깨달아야 고뇌에서 벗어난다는 것입니다. 약설略說하면 다음과 같습니다.

(1) 무상無常

무상이란 비상非常이라고도 하는데 생멸 변화하여 변이變易하고 잠시도 같은 상태로 있지 않는 것, 인연법에 의해 이합집산離合集散하고 생멸하는 모든 유위법有爲法은 생주이멸生住異滅하고 시간이 흐름에 따라 흘러가는 시간적 존재이기 때문에 무상 또는 비상이라 합니다. 무상이란 변하면서 존재한다는 말입니다.

(2) 고苦

고란 신심身心에 대해 핍박逼迫하고 몸과 마음을 괴롭히는 고뇌의 상태, 괴로움을 말합니다.

고에는 몸으로 느끼는 신고身苦와 마음으로 근심하고 괴로워하는 심고(心苦, 또는 우고憂苦)가 있습니다. 범부는 자기와 세계의 참된 진상을 알지 못하여 영원히 존재하고(常), 즐겁고(樂), 자기 마음대

로의 주체성을 가졌고(我), 청정하다고(淨) 생각하는 그릇된 상락아
정常樂我淨의 전도顚倒된 잘못된 견해로 괴로워한다는 것입니다.

(3) 공空

공이란 일체법은 인연을 따라서 생겨난 것이므로 거기에 아체我
體·본체本體·실체實體라 할 만한 것이 없으므로 공이라 한 것입니
다. 그러므로 제법개공諸法皆空이라고 합니다.

(4) 무아無我

무아란 비아非我라고도 말합니다. 아我는 영원히 변하지 않고 존속
하며(常), 독립적으로 존재하며(一), 중심적인 소유주로서(主), 지
배적 능력이 있는 주체(宰) 등의 상일주재常一主宰로 생각하는 영혼
또는 주체적 실체를 의미합니다. 모든 것에는 이런 아我가 없다고
설하는 것을 제법무아諸法無我라 합니다.

　이상의 무상·고·공·무아 등은 가假의 존재로 실체성이 없는 것
인데, 진상을 알지 못하여 그릇되게 전도되어 헛된 고苦에 빠지는
것을 확실하게 깨달아야 합니다.

(5) 수受

우리는 지금 여기까지 살아오면서 괴로움과 행복을 몸소 직접 느
끼거나 겪어보면서 살아왔는데, 이렇게 경험한 괴롭고 즐거웠던
행복을 석존께서는 12연기법의 제7지 수(受, 느낌)라고 설법하셨습
니다. '느낌'이란 몸과 마음인 신심身心에 촉감으로 다가오는 감각·

감상·앎·깨달음·느낌이라는 의미입니다. 느낌은 오직 생명이 있는 존재에게만 일어나기 때문에 괴롭거나 행복하다는 감각은 필연적인 관계로 나타납니다. 느낌은 안(눈)·이(귀)·비(코)·설(혀)·신(몸)·의(마음)의 육근六根이 색(물질)·성(소리)·향(향기)·미(맛)·촉(감)·법(일체법)의 육경六境이란 대상을 접촉하는 조건으로 일어납니다. 석존께서는 느낌에는 모두 괴로움의 '특성'이 있으므로 느낌 자체가 괴로움이라고 하셨습니다. 존재하면 느낌이 일어나고, 느낌은 괴로움이므로 존재하면서 괴로움에서 벗어나기란 어렵습니다. 이처럼 존재 자체가 괴로움의 특성이 있다는 것을 천명한 진리가 고제입니다. 느낌에는 세 가지 감각이라고 하여 낙수·고수·사수의 삼수三受가 있습니다.

①낙수樂受란 쾌락·행복이라 하여 바깥 경계와 접촉하여 몸과 마음에 받는 즐거운 느낌입니다.

②고수苦受란 불쾌감·고뇌라 하여 바깥 경계와 접촉하여 몸과 마음에 받는 괴로운 느낌입니다.

③사수捨受란 불고불락不苦不樂·평온이라 하여 바깥 경계와 접촉하여 고수와 낙수에 속하지 않는, 괴롭지도 즐겁지도 않은 느낌을 말합니다.

즉 고苦의 느낌은 대상에 대하여 불만스럽다고 느끼는 괴로움·불편함·불만족의 느낌이고, 락樂의 느낌은 대상에 대하여 즐겁고 만족스럽다고 느끼는 행복함·편안함·즐거움·만족스러운 느낌이며, 사捨의 느낌은 마음이 치우침이 없어 불만족스럽지도 않고 만족스럽지도 않고, 괴롭지도(不苦) 행복하지도(不樂) 않은 느낌입니다.

괴로운 느낌인 고수苦受는 육체(몸)의 고통과 정신(마음)의 고뇌로 나뉩니다. 이 육체의 고통에서 고苦 자를 따고 정신의 고뇌에서 뇌腦 자를 따서 몸과 마음의 고통을 고뇌라고 합니다.

(6) 고苦의 분류

고란 범어 duhkha를 번역한 말로 무상한 것·불만족스러운 것·변하고 바뀌는 것 등의 뜻을 지니고 있습니다. 음역하여 두거豆佉라 하고, 뜻으로 번역하여 핍박하고 근심하게 한다는 핍뇌逼惱라고도 합니다.

신심身心으로 느끼는 고는 다음과 같이 여러 가지로 분류합니다.

①이고二苦: 내고內苦와 외고外苦를 말합니다.

○ 내고內苦는 자기의 몸과 마음 자체에서 일어나는 질병·부상·배고픔·성性·불구·늙음·죽음 등으로 받는 고苦입니다.

○ 외고外苦는 밖으로부터 일어나는 천재지변·추위·더위·가뭄·홍수·전염병·전쟁·강도·도적·사기·싸움·폭행·강간·교통사고·매 맞으며 노동하는 것·동물이나 벌레에 물림·화상·식중독 등으로 받는 고입니다.

②삼고三苦: 고고苦苦·괴고壞苦·행고行苦를 말하며, 고를 셋으로 나눈 것입니다.

○ 고고苦苦란 탐탁하지 않은 대상으로부터 느끼는 고苦입니다. 몸으로 느끼는 고통인 고와 마음으로 느끼는 고뇌인 고를 합성하

여 고고라고 합니다. 앞에서 설명한 이고二苦를 뜻하며, 중생의 삶이 고통스럽기 때문에 느끼는 괴로움입니다.

○ 괴고壞苦란 좋아하는 대상이 변화하고 멸하며(變滅) 어그러지는 일로 인해 받는 고苦를 말합니다. 몸 가운데 4대四大가 무너질 때 느끼는 고뇌, 자기가 아끼고 사랑하던 것이 죽거나 없어지는 때에 느끼는 고 등으로, 아무리 큰 행복일지라도 끝내 변하고 멸하기 때문에 느끼는 고입니다.

○ 행고行苦란 세상 모든 것이 항상하지 않고 생멸 변화하는(遷流) 무상이라는 것에서 느끼는 고통입니다. 우리의 몸과 마음을 구성하고 있는 오온五蘊은 조건 지어지고 무상하며 생멸生滅하고 천류遷流하고 변괴變壞하는 것이기에, 여기서 느끼는 근본적인 고통을 행고라 합니다.

③사고四苦: 인생 일기一期를 네 가지 상相의 고苦로 나눈 것을 말합니다.

○ 생고生苦란 사람이 죽을 때 생전의 행업行業인 선악업에 따라 평생업平生業의 결과로 형성되는 재생연결식이 이와 상응하는 중유中有에서 다음 생의 몸을 받을 부모가 결정되면 모태母胎에 생명체로 수태되면서부터 출생 전까지를 생유生有라고 하는데, 생유에서 인간으로 신심身心이 형성되는 과정과 세상에 태어나면서 겪는 고통을 생고라고 합니다.

○ 노고老苦란 출생에서부터 죽을 때까지 쇠퇴하는 동안에 받는 고통, 늙어감에 따라 일어나고 닥치는 괴로움입니다.

○ 병고病苦란 출생에서부터 사망에 이르는 사이에 병들었을 때에 겪는 몸과 마음의 고통, 병으로 인한 고뇌입니다.

○ 사고死苦는 목숨이 마칠 때의 고통, 또는 병으로 죽거나 혹은 수재·화재·전쟁·교통사고·작업 도중 사고로 인하여 죽을 때의 고통과 괴로움입니다.

④ 팔고八苦 또는 사고팔고四苦八苦: 팔고란 앞에서 설명한 생·노·병·사의 사고四苦에다가 애별이고·원증회고·구부득고·오음성고를 더하여 팔고八苦라 합니다. 그리하여 인생의 고苦를 4종과 8종으로 집약한 것이며, 합성하여 사고팔고四苦八苦라고도 합니다.

○ 애별이고愛別離苦란 사랑하는 사람과 이별하고 사별(生離死別)하는 고통입니다.

○ 원증회고怨憎會苦란 미워하고 증오하는 사람을 만나거나 증오하는 사람과 살아야 하는 고통입니다.

○ 구부득고求不得苦란 원하는 것을 구해도 얻지 못하는 고통을 말합니다. 이에 두 가지가 있습니다. 하나는 바라는 것을 구하여도 얻지 못하는 고이고, 또 하나는 많은 공력을 들이고도 결과를 얻지 못하는 고입니다.

○ 오음성고五陰盛苦란 중생을 이루어 놓은 색·수·상·행·식의 오온에서 생기는 고라는 뜻이니, 오온이 세력이 강대하고 왕성하게 치성하여서 생기는 고통을 말하는 것입니다. 곧 우리의 신심에서 일어나는 탐·진·치로 인해서 발생하는 고통이며, 앞에 칠고七苦를 총관하는 고입니다.

이상과 같이 몸으로써 외부 경계와 접촉하여 분별 인식하는 신식身識과 의근意根을 의지하여 법경法境을 인식·추리·추상하는 의식을 통해서 몸으로 느끼는 육체의 고통과 마음으로 느끼는 정신의 고뇌가 있는데, 육체의 고통은 그것을 느끼는 정신의 고통과 함께 합니다.

(7) 욕망 충족과 욕사이탈

행복한 느낌인 낙수樂受에는 욕망 충족의 행복과 욕사이탈欲捨離脫의 행복이 있습니다. 바람·원함·탐냄인 욕망을 충족함으로써 느끼는 행복과 욕망의 집착을 버리고 관계를 끊음으로 벗어나는, 마음이 시원하고 깨끗하며 욕심이 없는 청렴과 깨끗하고 밝은 마음인 청명淸明함으로써 느끼는 행복이 있습니다.

범부들이 원하는 행복은 욕망 충족의 행복입니다. 이 행복 외에 다른 행복이 있다는 것을 모르기 때문에 욕망 충족의 행복을 참된 행복이라고 생각하고 자신이 갈망하는 충족을 위하여 집착하고 헐떡이며 바쁘게 살아갑니다. 반면 석존의 가르침인 12연기법을 배워 깨달으면 욕사이탈의 행복이 계발되고 욕사이탈의 행복이 실현된다 하셨습니다. 욕사이탈欲捨離脫이란 모든 것을 버리고 집착하지 않아 번뇌에서 떠나 해탈하고자 하는 욕망을 뜻하니, 이것이 진정한 욕망이고 행복입니다.

(8) 자리이타와 자리해타自利害他

사람들은 자신의 욕망을 충족하기 위하여 올바르고 이치에 합당한 방법으로 자기에게도 이익이 되고(自利), 다른 이에게도 이익이 되는(利他) 자리이타自利利他의 행복을 찾는 사람이 있는가 하면, 어떤 사람은 남을 해치고 강제로 빼앗고, 거짓말하고, 사기치고, 도둑질하고, 남의 아내와 남편을 탐하여 가정을 파하고, 술이나 마약으로 정신을 취하게 하는 등의 부당한 방법으로 남을 해하면서 자신의 욕망을 충족하는 자리해타自利害他의 행복을 찾는 사람이 있습니다. 자리이타는 선업이기에 그의 상응하는 낙과보樂果報를 얻고, 자리해타는 불선업이므로 그의 상응한 고과보苦果報를 초래합니다.

(9) 욕망 충족의 결점

욕망 충족의 행복은 달콤하고 즐거운 느낌이지만 집착이 함께하므로 치명적인 단점이 있습니다. 자극적인 집착이므로 얻지 못하면 그 자체가 괴로움입니다. 또한 원하는 것을 얻었다고 하더라도 하나를 얻으면 둘을 얻고 싶어 하는 것이 욕망의 본질입니다. 욕망의 자루는 채워지지 않는 것이니, 마치 밑바닥이 깨진 물독에 물을 채우려는 것과 같아 만족할 줄을 모르므로 행복을 얻으면 얻을수록 더 많이, 더 크게, 더 오래 누리고 싶어 하므로 항상 갈애渴愛로 바쁘게 헐떡거리며 괴로워하고, 이미 얻은 것이 사라져 버릴까 두려워하며 초조해하다가, 막상 사라지면 괴로움이 일어납니다. 집착이 강하면 강할수록, 크면 클수록 그것이 무너지고 사라질 때 강하고 크게 괴로움과 고통을 겪게 됩니다. 얻기도 힘들지만 지키기 위해서도 끊임없는 괴로움을 감내해야 합니다. 이런 과정에서 몸은 지쳐서 병들어 허물어지고, 마음은 상처받아 편안함을 얻지 못하고 괴로움과 고통을 받습니다. 하지만 어리석은 사람들은 욕망 충족의 집착을 내려놓고 방하착放下着을 하지 못합니다. 이는 마치 하이에나 떼들이 다른 육식동물의 먹이를 강탈하며 서로 먹겠다고 싸우는 것과 같습니다.

욕망 충족의 행복은 대상이라는 조건에 의지하기 때문에, 일단 소유했다 해도 조건이 바뀌거나 상황이 변화함에 따라 한순간에 사라져 버립니다. 이것이 무상입니다. 무상이란 물物·심心의 모든 현상은 한순간에도 생멸 변화하여 상주常住하는 모양이 없는 것을 뜻합니다. 무상에는 찰나 동안에도 생生·주住·이異·멸滅하는 찰나무상刹那無常과 평생 동안에 생주이멸의 4상四相이 있는 상속무상相續無常의 이종二種이 있습니다. 무상한 것은 나의 것이 아니므로 내 마음대로 할 수 없습니다. 평생 부와 권력을 지녔다 해도 죽을 때는 빈손으로 갑니다. 또한 살아생전 부와 권력을 얻기 위해 욕망을 충족하는 과정에서 수많은 불선업不善業의 과보로 인하여 몸은 병고病苦로 기력을 잃어 허물어지는 인패人敗와 가족은 사방으로 흩어져 풍비박산하여 패가망신으로 무너지는 가패家敗와 타락으로 퇴락하여 집안의 재산은 거덜나 기근으로 굶주리는 재패財敗를 피할 수 없습니다. 이런 사람은 갖가지 재앙과 곤란을 일컫는 삼재팔난三災八難을 피해갈 수 없으며, 또한 죽어서 저승으로 갈 때는 무거운 악업만을 짊어지고 고처苦處로 가서 극심한 고통으로 악업에 대해 과보를 받게 됩니다.

(10) 욕사이탈欲捨離脫의 장점

실달타는 일찍이 욕망 충족의 행복 속에 감춰진 결점, 사물의 진행을 방해하고 혜살을 하고, 수행 득도하는 데 장애가 되는 마장魔障이 숨어 있음을 꿰뚫어보셨습니다. 그리고 욕망 충족의 번뇌에 얽매인 세속의 생활 인연을 여의고 출가 사문이 되어 수행을 통해 욕사이탈의 완전한 행복을 성취하시고 붓다(불타)가 되셨습니다.

석존께서는 욕망 충족의 행복에서 벗어난 '벗어남의 행복·포기의 행복·욕사이탈의 행복·자리이타의 행복' 등을 진정한 '행복의 느낌'이라고 하셨습니다. 욕망 충족의 느낌에서 벗어나 욕사이탈의 느낌을 경험한 사람은 욕망 충족의 행복과는 비교할 수 없는 고귀한 자리이타의 최상 행복을 느낀다고 하셨습니다.

(11) 고뇌와 행복의 바른 견해

괴로움을 소멸하기 위한 출발점은 괴로움과 행복에 대한 올바른 이해입니다. 괴로움을 괴로움으로, 행복을 행복으로 보는 바른 견해(正見)를 가져야 괴로움에서 벗어나 행복을 계발하게 됩니다. 괴로움을 행복으로 잘못 아는 그릇된 견해를 가진 사람은 괴로움을 벗어나 행복을 실현하는 것이 불가능합니다. 그는 잘못된 견해를 가지고 잘못된 삶을 살아가기 때문입니다. 그러므로 괴로움과 행복을 정견으로 보는 지혜가 필요합니다. 사람들이 욕망 충족을 행복이라고 착각하여 집착한 것이 사실은 괴로움의 원인이라는 것을 틀림없이 확실하게 이해하고 깨닫는다면, 행복을 행복으로 괴로움을 괴로움으로 있는 그대로 꿰뚫어 깨닫는다면 욕망 충족에 집착하여 갈구하지 않을 것입니다. 그래서 진정한 행복을 얻으려 하거나 괴로움에서 벗어나고자 한다면 괴로움의 근원을 바르게 깨닫는 것을 우선해야 합니다. 괴로움에 대한 바른 이해가 전제되어야 괴로움의 근원을 단절하고 진실한 행복을 계발하는 바른 노력을 하게 될 것입니다.

범부들은 욕망 충족의 행복만을 행복이라고 알고 오랜 세월 동안 끈질기게 추구하며 집착하는 것이 습관이 되었습니다. 그래서 욕망 충족의 행복을 괴로움이라고 인식하는 견해로 전환하는 것이 매우 어렵습니다. 이 점이 사람들이 괴로움에서 벗어나지 못하는 가장 큰 이유가 됩니다. 그러므로 괴로움에서 벗어나 진정한 행복을 실현하려면 괴로움과 행복에 대한 바른 견해를 정립하는 것이 가장 중요합니다. 그것은 세속의 견해를 버리고, 붓다의 견해로 전환하는 것입니다. 이러한 이유로 석존께서 괴로움을 벗어나는 가르침에 초점을 맞추어 법을 설하신 것이 고제苦諦의 설법입니다.

욕망 충족의 행복은 탐애심貪愛心에 집착하는 것에서 비롯되는데, 이를 염착染着이라고 합니다. 염착은 마음이 객관의 대상에 물들어 구속되고 집착하는 것으로, 원하는 대상을 얻지 못하면 만족하지 못하는 불만족의 원인이 됩니다. 그리고 행복을 잃어버리면 공허하고 허전한 감정으로 고뇌합니다. 또한 이미 소유한 행복이 언제 허물어져 붕괴될지 몰라 불안해하고 초조해하므로 항상 괴롭습니다. 반면 욕사이탈의 행복은 괴로움의 원인에서 모두 벗어난 자연스럽고 만족스러운 고귀한 행복입니다. 이는 자기를 위하여 자기의 수양을 주도하는 자리自利이면서, 다른 이의 이익을 위하여 선행善行하는 이타利他입니다. 이 자리이타의 행은 완전하고 원만하여 붓다의 행원이 됩니다.

욕망 충족의 행복은 욕망을 충족함으로써 이루어진 행복이므로 욕망의 대상이 그 행복을 좌우합니다. 원하고 갈구하는 대상을 얻으려면 치열한 경쟁과 조건을 갖추어야 얻을 수 있습니다. 경쟁자와 치열한 경쟁에서 이겨야 하므로 노력·실력·여건·조건·배경 등의 조건이 갖추어졌을 때만 얻어지는 것입니다. 갈구하던 대상을 얻으면 잠시 욕망 충족의 행복을 누릴 수 있지만, 얻지 못하면 빼앗기 위하여 투쟁하기 때문에 고통을 얻게 됩니다. 그 고통은 때로는 스스로 자기 목숨을 끊는 자살로도 이어집니다. 이것이 욕망 충족으로 얻는 행복의 실체입니다.

(12) 욕망 충족의 고뇌성

욕망 충족에는 육체(몸)와 정신(마음)에 고뇌의 원인이 잠재하고 있습니다. 행복의 느낌은 집착과 함께하므로 이 행복이 사라질까 걱정하는 집착의 마음이 잠재되어 있고, 행복의 대상이 사라질 때는 잃어버림으로 인한 고뇌가 발생합니다. 행복이 소멸될 때에는 속에 잠재하고 있던 고뇌와 절망과 재난을 일으키는 괴로움의 성품, 곧 고성苦性이 발현합니다. 이 고성이 잠재하고 있다가 발현하므로 욕망 충족의 행복은 괴로움이라고 하는 것입니다. 욕망 충족은 불행하고 공허한 망상에 집착하는 망집이므로 괴로움의 원인입니다. 괴로움의 고성이 없는 행복이 진실한 행복입니다. 따라서 욕사이탈의 행복이야말로 사후에 낙처에 태어나는 저승 노자입니다. 그러므로 괴로운 느낌과 행복한 느낌과 괴롭지도 행복하지도 않은 느낌은 모두 괴로움의 고성이 잠재하고 있으므로 결과적으로 모두 괴로움입니다. 그래서 석존께서는 느낌은 괴로움이니 느낌의 소멸이 행복이라고 하셨습니다.

　이상의 고성제는 이 세상에 살고 있는 중생들의 생존은 모두가 괴로움이라는 진리를 천명한 것입니다.

5) 집제集諦

집제란, 번뇌에 얽매여 생사를 벗어나지 못하는 범부의 몸의 고통과 마음의 고뇌의 괴로운 현실이 존재하게 된 발생 원인과 그 원인으로 생사윤회가 전개되는 근본 원인을 확실하게 규명하여 밝히는 단계입니다.

　집제에서는 고통이 생기는 원인을 모으는 집集과 고뇌의 내적 원인의 인因과 인을 밖에서 돕는 연緣과 고뇌를 생기生起하는 생生 등 고뇌의 결과를 구성하는 집集·인因·연緣·생生의 4행상四行相의 근원을 규명하고 확실하게 인식하는 단계입니다.

(1) 집集
집이란 심心의 이명異名입니다. 마음은 생각을 모아서 일을 시작하는 집기集起 또는 쌓아 모으는 적집積集의 뜻이 있으므로 집기심集起心이라 하는데, 고통이 생기는 원인은 불선업不善業의 모음(集)에서 기인한다는 뜻입니다. 이를 집취集聚라고도 하는데, 고뇌가 생기는 원인을 모음으로 인해 고뇌의 괴로움을 받는다는 말입니다.

미래에 고과苦果를 조성할 근본 원인의 집集에는 다음과 같은 것들이 있습니다. 첫째, 나에게 즐거움과 기쁨을 주는 것을 취하려고 할 때 일어나는 갈애에 집착하는 탐욕심, 둘째, 자기 의사에 맞지 않는 일이 일어날 때 중생을 미워하고 성내며 분노하는 진에심瞋恚心, 셋째, 진리에 어두워서(迷) 사물에 통달치 못하고 현상이나 사물의 도리를 확실하게 이해하지 못하고 적확的確한 판단을 할 수 없게 미혹시키는 심리작용인 우치심愚癡心입니다.

이러한 탐욕심·진에심·우치심이 중생을 괴롭히는 고뇌의 원인인 집集입니다. 전도된 관념이 만들어 놓은 족쇄이자 근본번뇌인 탐貪·진瞋·만慢·무명·의疑·유신견有身見·변집견邊執見·사견邪見·견취견見取見·계금취견戒禁取見 등 번뇌를 모으는 집취가 고뇌의 원인이라는 것입니다. 이 같은 근본번뇌를 규명하고 확실하게 인식해야 합니다.

차별적인 현상을 사事라 하고 평등한 본체의 진리를 이理라 하며 이를 합하여 사리事理라 합니다. 사리의 잘못됨을 미迷라 하고 사리에 밝지 못한 것을 혹惑이라 하여 이것을 합성하여 미혹迷惑이라 합니다. 미혹의 마음을 치심이라 하고, 치심이 있기 때문에 탐욕과 진에심을 일으키고, 탐욕심·진에심·치심 때문에 번뇌를 일으키고, 번뇌를 근거로 하여 불선업을 짓고, 불선업에 의하여 받게 되는 과보가 고뇌입니다. 즉 미혹이 번뇌를 낳고, 번뇌는 업業을 짓고, 업은 고苦를 낳는 이것이 중생이 윤회하는 순서를 제시한 것으로, 혹惑·업業·고苦는 미혹의 인과를 나타내는 말입니다. 이를 정리해 보면 아래와 같습니다.

① 번뇌

중생은 번뇌에 의하여 업을 일으키고 괴로움의 과보를 받아 미혹의 생사에 매이게 됩니다. 그래서 불교는 번뇌를 끊고 깨달음의 지혜를 계발하여 열반을 증득하는 것을 목적으로 삼습니다.

번뇌란 탐욕심·진에심·우치심으로 인해 사람의 신심身心이 번거롭고 괴로우며, 어지럽게 시달림을 받아 미혹되어 불도 수학에 방해가 되는 모든 정신작용의 총칭입니다.

② 근본번뇌

범부가 무지無知로 미혹하여 대상에 대해 있는 그대로가 아니라 오인하여 집착하거나, 그릇된 견해에 집착하는 도리와 진리에 어긋나는 전도된 관념이 만들어 놓은 모든 번뇌의 근본이 되는 탐·진·만·무명·의·견 등의 6번뇌를 가리킵니다. 그중에 견은 5견五見으로 나누어 유신견·변집견·사견·견취견·계금취견이라 하는데, 이로써 모두 10개의 근본번뇌가 있게 됩니다. 불교를 깨우치려면 이 근본번뇌의 내용과 내막을 확실하게 이해하고 끊어야 합니다. 근본번뇌를 약설하면 다음과 같습니다.

㉠ 탐貪

탐에는 자기가 원하는 것을 욕심내어 그것에 집착하는 탐욕과 색·성·향·미·촉의 5경境을 탐하여 애착하는 탐애貪愛가 있는데, 일반적으로 좋아하는 대상을 향하여 탐내어 구하는 마음을 일으키는 것으로, 만족할 줄을 모르는 것을 말합니다. 또 과도한 욕심으로 타인의 재물에 대해서 함부로 부정한 욕망을 일으키는 것 등을 말합니다.

한편 욕심이 없는 무탐無貪은 어떤 일에 대해서도 바람이 없는 마음으로 온갖 선심에 따라 일어나는 대선지법大善地法의 하나이며, 탐심을 떠나 가난한 사람들에게 베푸는 보시는 탐심을 여의고 깨달음을 얻게 합니다.

ⓒ 진瞋

진이란 자기 의사에 맞지 않게 어그러짐에 대하여 성내는 마음이 일어나는 것으로, 진에瞋恚, 노怒라고도 합니다. 마음의 활동인 심소心所의 이름 중 하나로서 유정有情에 대해서 미워하고 성내어 노여워하는 감정인 노에怒恚, 성내어 큰소리치는 노호怒號, 분하여 몹시 성을 내는 분노忿怒, 분한 생각이나 기분인 분기憤氣, 분개하여 성냄인 분에憤恚, 몹시 분하여 마음이 쓰리고 아픔인 분통憤痛 등 성내고 화를 내는 모든 감정을 진이라 합니다.

진은 탐貪·치癡와 함께 삼독三毒의 하나이며, 불선근不善根 또는 십악十惡의 하나입니다. 불도佛道를 닦는 데에 최대의 장해障害가 되는 것으로 모든 심병 가운데 가장 다스리기 어렵습니다.

한편 무진無瞋은 고苦의 미혹을 없애주는 마음인 사무량심(四無量心, 자비희사)의 체體가 됩니다. 즉 즐거움을 주는 자慈, 괴로움을 없애는 비悲, 다른 사람을 즐겁게 해주는 희喜, 타인에 대해 사랑함과 미워함·친함과 원망함인 애증친원愛憎親怨의 마음이 없이 평등한 사捨 곧 사무량심의 뿌리가 되는 근본선심根本善心입니다.

ⓒ 만慢

만이란 겸손함이 없이 제가 잘난 체하고 남을 업신여기는 태도나 행동이 거만하고 오만한 마음으로 자기가 잘난 줄 믿고 거들먹거리는 마음입니다. 남을 하찮게 보아 업신여겨(능멸자부凌蔑自負) 자타自他를 비교해서 타他를 경멸하고 스스로를 믿어 자기만 잘난 체하는 우쭐거리는 마음입니다.

만慢에 대한 여러 가지 분류가 있는데, 『구사론俱舍論』에는 만·과만·만과만·아만·증상만·비열만·사만 등의 칠만七慢을 말하고 있습니다. 약설하면 다음과 같습니다.

Ⓐ 만慢

만은 자기보다 못한 사람을 대하면 자기가 낫다고 자부하고, 동등한 사람에 대하여는 동등하다고 마음속으로 우쭐거리는 마음입니다.

Ⓑ 과만過慢

과만은 자기와 동등한 자에 대해서는 자기가 낫다고 하고, 자기보다 나은 사람을 보고는 자신이 그 사람과 동등하다고 생각하는 마음입니다.

ⓒ 만과만慢過慢

만과만은 자기보다 나은 사람에 대해 오히려 자기가 낫다고 생각하는 마음입니다.

Ⓓ아만我慢

아만은 오온가화합五蘊假和合의 육신을 집착하여 아我, 아소我所라고 하여 그것을 참 나(眞我)로 믿음으로써 생기는 마음입니다.

Ⓔ증상만增上慢

증상만은 아직 증과證果에 이르지 못했으면서 이미 깨달음을 얻었다고 교묘하게 꾸민 만심을 일으켜 잘난 체하는 마음입니다.

Ⓕ비열만卑劣慢

비열만은 자기보다 월등하게 나은 자에 대하여, 자기는 조금 못할 뿐이라고 하는 마음입니다.

Ⓖ사만邪慢

사만은 바른 도道를 행하여 얻는 공덕인 덕德이 없음에도 불구하고 자기가 덕이 있다고 내세우는 마음입니다.

㉣무명

무명이란 명明이 없다는 말입니다. 명明이란 범부의 미혹으로 볼 수 있는 차별적인 현상의 사법事法과 성자의 지견知見을 가지고 도달하는 보편적인 본체의 이법理法, 이 사법과 이법을 합성하여 사리事理라 하는데, 이 사리의 진리를 깨달아 일체제법의 이치를 환하게 통달하여 얻음과 잃음, 이익과 손해, 마땅함과 부당함, 장점과 단점(得失), 마음이 바르지 아니함(邪曲), 마음이 바르고 곧아(正直) 삿됨과 바름(邪正)을 분별하는 마음의 작용인 지혜를 말합니다.

Ⓐ지혜

지혜란 일체의 제법을 통달하여 득실과 사정邪正을 분별하는 마음의 작용입니다. 지혜는 지智와 혜慧의 합성어입니다.

ⓑ 지智

지란, 일체의 사상과 도리에 대하여 분명하게 시비정사是非正邪를 결정하고 의심 없이 명료하게 단정하는 변별료지辨別了知 작용을 잘하여 구경에는 번뇌를 끊는 주인主因이 되는 정신작용으로, 바른 지식에 의하여 바른 도리를 깨달아 알게 되는 명료한 이해(了解)와 앎을 뜻합니다. 즉 유위의 사상事相에 통달하는 것을 지智라 합니다. 지는 번뇌와 밀접한 관계를 맺고 있는 유루지有漏智와 번뇌와의 관계를 끊어버린 무루지無漏智로 분류합니다.

ⓒ 혜慧

혜란 사리事理를 분별하고 결정하며 의심을 결단決斷하는 작용 또는 사리를 통달하는 작용으로서, 인연에 의해서 작위되는 것이 아니고 생멸 변화를 여읜 상주절대의 법法인 무위無爲의 공空이라는 이치·공리空理에 통달達하는 것을 말합니다. 즉 사리를 환히 밝혀 확인하여 깨달아 아는 조견照見의 뜻입니다.

어리석고 우매한 마음에는 혜慧의 마음 작용인 심소心所가 없다 하여, 바깥 경계에 대하여 도리에 맞지 않는 사邪와 도리에 맞는 정正, 마땅함을 얻음인 득得과 잃음인 실失을 판단하여 옳은 것을 취하고 부정한 것을 버리는 혜의 작용이 없다고 합니다.

그리하여 무명이란 사물의 있는 그대로를 보지 못하는 불여실지견不如實智見을 말합니다. 즉 유위有爲의 사상事相에 달하는 지智와 무위無爲의 공리空理에 달하는 혜慧가 없으므로 일체의 제법을 통달하여 득실得失과 사정邪正을 분별하는 지혜가 없다는 말입니다.

지혜가 없으므로 사법과 이법인 사리事理를 확실하게 통달치 못한 부달不達과 사리를 이해하지 못하므로 번뇌의 매듭을 풀지 못하는 불해不解와 사리를 명확하게 깨닫지 못한 불료不了, 즉 부달불해불요不達不解不了의 미혹한 정신상태로 인과의 도리를 무시하는 망상妄想·망견妄見·사견邪見·망집妄執하는 어리석은 우치를 그 내용으로 한, 모든 번뇌의 근원이 되므로 무명이라 합니다.

⑰ 의疑

의란 불교의 교법教法에 대하여 여러 가지로 의심을 일으키는 견해인 의견疑見으로, 의심하여 결정을 망설이는 마음, 미심쩍게 여기는 마음, 믿지 못하여 이상하게 여기는(疑懷) 마음입니다. 일체 사물의 진실을 깨닫지 못하고 틀린 것에 집착하는 미迷와 미에서 깨어나 명확하게 진실의 지견知見을 열어 체달하는 깨달음인 오悟와 결과를 낳게 하는 인因과 그 인에 의하여 생기는 과果, 즉 미迷·오悟·인因·과果의 도리道理를 알지 못하여 결정하지 못하는 것을 의疑라 합니다. 의는 사람을 이끌어 미혹의 생사 인과에 유전시키는 사使와 합성하여 의사疑使라고도 합니다.

의疑는 이법理法을 의심하고 사법事法에 미迷하여 분별하지 못하므로 의혹疑惑이라고도 합니다. 의혹하는 번뇌가 심식心識을 덮어서 진리를 보지 못하게 한다는 뜻으로 의개疑蓋라고도 하며, 의심하는 감정인 의혹이 얼기설기 얽힌 것을 그물에 비유하여 의망疑網이라고도 합니다. 마음에 의심하는 바가 있으면 종종의 무서운 망상이 생기므로 의심생암귀疑心生暗鬼라 하고, 의심에 막힌다는 뜻으로 의애疑碍라 합니다. 수행 중에 일어나는 의문을 의단疑團이라 하며, 구도자의 의심 뭉치를 의단자疑團子라 합니다. 여기서 자子는 아무런 실질적인 뜻이 없이 문장을 이루는 데에 보조 역할만 하는 글자인 '어조사'입니다. 또 풀리지 않는 의심의 덩어리를 의빙疑氷이라 합니다.

의疑는 그 성질이 영민하지 못하고 우둔한 지둔遲鈍이므로 사물의 진상을 알지 못하여 일어나는 둔한 번뇌라는 뜻으로 둔사鈍使라 합니다.

Ⓐ 삼의三疑

불교 수학을 하는 데 방해가 되는 세 가지 의심을 삼의라고 합니다.

㉮ 의자疑自는 자기가 수학하기에 적당치 못한 사람이라고 의심하고,

㉯ 의사疑師는 스승의 지혜를 의심하며,

㉰ 의법疑法은 불법에 대하여 진실 여부를 의심하는 것입니다.

이상과 같은 의심은, 12연기법을 배워 지혜를 증득하면 모두 소멸됩니다.

Ⓑ 의예疑例

의심의 한 예를 보면, 윤성여 씨는 세 살 때 앓은 소아마비로 왼손으로 왼쪽 다리를 잡아주지 않으면 앞으로 쏠려 넘어지는 장애인입니다. 그는 어머니와 함께 살다 어머니가 교통사고로 돌아가시고 친척집에 있다가, 12살 경에 화성으로 와서 초등학교 3학년을

못 마쳤으니 남들처럼 취직을 할 수 없어 트랙터나 경운기 등의 농기구를 수리하는 일을 배워서 인정받기 시작한 무렵이었습니다. 1980년 대 후반 화성 연쇄살인의 여덟 번째 사건이 일어났는데, 1988년 9월 16일 경기도 화성시 태안읍 ㅈㅇㄹ 가정집에서 13세 여중생이 살해됐습니다. 그 후 9개월 뒤인 1989년 6월경 하루는 형사가 윤 씨에게 신분증을 달라더니, 갑자기 돌변하여 공갈 협박을 하면서 체모를 뽑아 달라고 하여 모두 합쳐 일곱 번쯤 뽑아갔다고 합니다. 그 후 약 한 달이 지나 1989년 7월 25일 저녁에 경찰이 들이닥쳐 저녁을 먹으려고 수저를 드는 순간 수갑으로 손목을 채워 연행했습니다. 그때가 윤 씨의 나이 22세였습니다.

1980년대 후반은 경찰이 범죄자 하나 만들어내는 건 일도 아닐 때였습니다. 조사받는 과정에서 형사들이 뭐가 나왔다면서 "네가 범인이다"라고 했습니다. 윤씨는 "난 아니다"라고 했지만 주먹으로 뺨을 구타하고 목이 말라서 물을 달라고 해도 "저 새끼 물 주지 마!"라고 하며, 사흘간 잠을 못 잤습니다. 사람이 꼬박 사흘 동안 잠을 못 자면, 나중에 자기가 뭘 했는지 전혀 기억을 못합니다. 그런 상황에서 그가 자백을 했다는 이유로, 재판정에 출석한 경찰관들은 "저 사람이 했다고 진술했습니다"가 증거의 전부입니다.

1심에서 무기징역을 받았습니다. 만약 윤 씨가 그 사건을 하지 않았다고 끝까지 버티었다면 그는 이미 사형 당했을 것이라고 말합니다.

20년 동안 화성 연쇄살인의 여덟 번째 사건 범인으로 지목되어 세상과 격리돼 있다가 2000년 8월 5일 무기수에서 징역 20년형으로 감형을 받았습니다. 그 후 가석방을 기대했으나 번번이 떨어지다, 2009년 8월 15일 만기 출소를 1년 여 앞두고 가석방으로 청주교도소에서 출소했습니다. 19년 6개월의 억울한 옥살이를 한 뒤였습니다. 그러나 "살인범 무기수"라는 주홍글씨는 지워지지 않았습니다. 그런 윤 씨에게 2019년 9월 한 줄기 빛이 찾아왔습니다. DNA 분석 기술이 발달하면서 진짜 진범이 자수하고 그로부터 자백을 받았다는 것입니다. 진범은 연쇄 살인마 이춘재였습니다.

윤씨는 20여 년을 수용생활을 하면서 억울한 옥살이가 한스러워 지인知人을 통해 법조계法曹界 사람들에게 재심을 자문해 보았으나 모두가 하나같이 워낙 큰 사건이었고 20년이 지나도록 진범을 잡지 못하니 진범이 나오지 않는 이상 재심으로 무죄를 증명하기란 불가능하다는 것이었습니다. 그래서 진범이 잡힐 거라고는 꿈에도 전혀 생각지 못했는데, 1986~1991년 화성·수원·청주 일대에서 발생한 미제 살인사건 14건의 공소시효가 지나면서 자신이 범인이라고 이춘재가 자백하자 윤 씨가 재심을 청구했습니다.

수원지법 형사 12부 박정제 부장판사는, 2020년 12월 17일 재심에서 "피고인이 범행을 저질렀다고 인정할 만한 증거가 없다"며 윤 씨에게 무죄를 선고했습니다. 재판부는 "윤 피고인의 경찰 자백과 진술은 불법 체포·감금 상태에서 가혹 행위로 얻어졌으므로 임의성이 없고 적법 절차에 따라 작성되지 않아 증거 능력이 없는 반면, 이춘재의 자백 진술은 내용이 구체적이고 객관적인 증거들과도 부합해 신빙성이 높다고 판단된다"라고 밝혔습니다. 1988년 9월 6일 연쇄살인 8차 사건이 발생한 지 32년, 대법원에서 무기징역이 확정된 지 30년 만입니다.

재판부는 무죄를 선고하면서, "잘못된 판결로 20년 동안 옥고를 치르면서 정신적·육체적 큰 고통을 겪었을 피고인에게 법원이 인권의 마지막 보루로서의 역할을 제대로 수행하지 못해 사과의 말씀을 드린다"고 말했고, 경찰청은 "무고한 청년에게 살인범이라는 낙인을 찍어 20년간의 옥살이를 겪게 하여 큰 상처를 드린 점 깊이 반성한다"고 밝혔으며, 검찰도 2020년 7월 19일 결심공판에서 윤 씨에게 무죄를 선고하고 "수사의 최종 책임자로서 20년이라는 오랜 시간 수감 생활을 하게 한 점에 대해 피고인과 가족에게 머리 숙여 사죄한다"고 말했습니다.

이 사건의 실체는, 사건을 담당한 형사 팀이 1년여 시간 동안 수사를 했으나 사건을 밝혀내지 못하자 무능함의 모면책으로 윤 씨를 만만히 보고 용의자로 지목하려고 치밀한 계략을 세워 윤 씨에게 뒤집어씌운 것이라 의심됩니다. 그리고 면식범面識犯의 범행이라는 망상이 일어나 마음에 의심하는 바가 있으면 종종의 무서운 망상이 일어나는 의심생암귀疑心生暗鬼가 발동하여 망자의 오빠 친구인 윤 씨를 범인으로 찍어 지목하여 감옥으로 보낸 의심의 또 하나의 실체일 것입니다.

의심으로 무고한 시민을 범인으로 검거했던 당시 순경에서 경위로 승진한 3명과 경장에서 경사로 승진한 2명에 대한 특진은 모두 취소됐습니다.

〈조선일보. 2020. 9. 26. / 2020. 12. 18. / 2021. 1. 19. / 2021. 5. 13.〉

ⓗ유신견有身見

유신견에서 유有는 마음(心識)을 갖고 생존하는 유정有情으로서의
존재를 뜻하고, 신身은 육근六根의 제5 신근身根인 몸·육체·신체를
뜻하며, 견見은 눈으로 보는 것, 생각하여 헤아리고 사물에 대한 견
해를 정하는 것으로 견해·사상·주의·주장·정견正見·사견邪見 등
으로 쓰이지만 대개의 경우 잘못된 견해를 가리킵니다.

유신견이란 물질인 색온色蘊과 인상감각인 수온受蘊과 지각 또는
표상인 상온想蘊과 의지 또는 마음작용인 행온行蘊과 마음의 총칭
인 식온識蘊 등의 색·수·상·행·식 오온五蘊이 인연으로 거짓 화합
해서 성립된 것에 불과한 가화합적假和合的 존재인 몸(身)과 마음을
영원히 존속하고(常), 자주독립하여 존재하며(一), 중심적인 소유주
로서(主), 모든 것을 지배하는(宰) 등의 의미를 갖는 상일주재常一主
宰하는 뜻이 있는 아(我, 나)로 망집妄執하고, 또한 아我에 따른 기구
와 권속을 나의 소유라고 잘못 생각하는 견해, 영원히 변하지 아니
하는 하나의 실제의 물체인 상일실체常一實體로 생각하는, 사물의
진상을 잘못 알고 함부로 사유하며 분별하는 망견妄見입니다.

나(我), 나의 것(我所), 우리, 우리의 것이라는 생각인 관념을 여
의지 못한 아집我執으로 오온의 화합인 신체에 집착하여 온갖 것의
근원에 내재해서 개체를 지배하고 통일하는 독립 영원의 주체를
의미하는 아我가 있고, 또 그 몸(身)을 나의 소유물이라는 아소我所
에 집착하는 것을 간략하게 신견身見이라 합니다.

이는 오온의 가화합적 존재인 신심身心을 상일실체로 생각하는
망견妄見인 아견我見과 자신을 아我라 하고 자신 외의 만물을 다 아

의 소(我所有)라 하는 아소견我所見으로 이루어집니다. 즉 유신견은 망견으로 집착하는 아견我見과 아소견我所見을 뜻합니다.

오온五蘊에서 오五는 색色·수受·상想·행行·식識의 다섯 가지를 말하고, 온蘊이란 모일 온 자로 '한데 모임, 한데 모인다'는 뜻으로 가지가지의 종류를 일괄해서 모은다는 취집聚集의 뜻입니다. 오온 중에서 색은 물질을 나타내고, 수·상·행·식 등은 대체로 마음의 작용을 나타내기 때문에 오온은 물질계와 정신계의 양면에 걸치는 일체의 유위법, 즉 인연에 의해서 생긴 것을 가리킵니다. 오온이 개체를 형성하는 면을 강조한 말로 보면 오온은 몸과 마음을 구성하고 있는 신심환경身心環境을 가리킵니다. 우리의 신심은 인연으로 오온이 가화합한 존재이므로 나(我)라고 하여 집착할 실체가 없어 무아無我인 것입니다.

㉧ 변집견邊執見

변집견에서 변邊은 '가변·변두리'의 뜻으로 공정하지 못하고 한쪽으로 치우침·기욺의 의미로 편벽偏僻의 뜻이고, 집執은 사물에 집착하여 변통성이 없이 자기의 의견을 집요하게 고집함을 뜻하며, 견見은 눈으로 보는 것, 생각하여 헤아리고 사물에 대한 견해를 정하는 것으로 견해·사상·주의·주장·정견·사견 등으로 쓰이지만 대개의 경우 잘못된 견해를 가리킵니다. 여기서도 잘못된 견해를 뜻합니다. 그리하여 변집견은 편벽된 극단을 집착하는 잘못된 견해라는 뜻입니다. 줄여서 변견邊見이라고 합니다. 변집견이란 상견과 단견을 말합니다.

Ⓐ 상견常見 또는 유견有見

상견이란 인간은 죽지만 자아는 사후에도 없어지지 않고 영구불변하므로 과거나 현재나 미래에 항상 상주常住하여 끊어지는 일이 없다고 고집하는 그릇된 견해입니다.

Ⓑ 단견斷見 또는 무견無見

단견이란 만유는 무상한 것이어서 실재하지 않는 것과 같이, 인간이 죽으면 자아도 사후에는 모두 없어져서 단절되며 공무空無로 돌아간다고 고집하는 그릇된 소견입니다.

보통 사람들은 사람이 죽으면 몸은 죽어도 영혼은 죽지 않고 현생에서 지은 업에 따라 다음 세상에 태어날 것이라고 하고, 과학적인 지식을 믿는 사람들은 죽으면 그만이라는 생각을 합니다.

석존께서는 사람이 죽으면 그만이라는 생각은 단견이라고 배척하셨고, 또한 영혼이 다음 세상에 태어난다는 생각도 상견이라고 거부하셨습니다. 이 같은 두 가지 생각은 잘못된 것이며 그에 대한 대답으로 12연기법을 말씀하셨습니다. 영혼이 있는가, 없는가 하는 의심은 사견邪見에서 비롯된 허망한 생각이니 범부로서의 유정有情의 생존을 12의 조건에 의하여 밝힌 연기법을 깨달아 지혜를 계발하면 생사윤회의 실상을 깨달아 그 같은 허망한 의심은 사라진다는 것입니다.

인간은 태어나서(生) 죽는(死) 것이 아니라 생사가 없이 업인業因의 인연에 따라 업인에 상응한 모습으로 전환하여 나타나고 있다는 것을 알게 됩니다. 따라서 우리는 무상하고 실체가 없는 무아이지만, 업인에 따라 전환하여 나타납니다. 곧 무상無常이란, 전변(轉

變, 바뀌고 변함)하고 변천變遷하면서 존재한다는 뜻입니다. 이것을 확실하게 깨달으면 저승 노자를 확실하게 장만하는 것입니다.

사람들은 오온에 대한 무지에서 거짓되고 허망한 자아를 꾸며놓고 그 거짓된 자아를 중심으로 살아가는 행업行業에 의하여 무명의 의식을 형성시키고, 무명의 의식을 토대로 생각을 고집하면서 생·노·병·사 한다는 생각에 빠져 있는데, 이 같은 범부의 삶을 설명한 것이 12연기법이며, 12연기법을 깨달으면 변집견을 멸절할 수 있습니다.

◎ 사견邪見

사견에서 사邪는 '바르지(正) 못함·정직正直하지 못함·부정不正함, 성질이 간교하고 행동이 바르지 못함'을 뜻하고, 견見은 눈으로 보는 것, 생각하여 헤아리고 사물에 대한 견해를 정하는 것입니다. 그리하여 사견이란 도리에 맞지 않은 견해, 인과의 도리를 부정하는 옳지 못한 허망불실虛妄不實한 견해인 망견望見을 말합니다. 망견은 모든 정리正理에 어긋나는 것이므로 사견이라 합니다.

사견은 10악十惡에 들어가는데 10악은 정도에 따라서 강强은 지옥에, 중中은 축생에, 약弱은 아귀에 태어나고, 또는 인간에 태어난다 하더라도 단명·다병多病·장애인이 되거나 불행을 당한다고 합니다.

사견의 원인은 우치愚癡입니다. 우치는 어리석은 것, 마음이 미혹해서 진리와 도리를 분별할 지혜가 없는 것입니다. 이것이 잘못된 사견의 원인이 됩니다. 사견을 단절하려면 불교의 교리를 수학하여 깨달아 지혜를 계발해야 합니다.

　이것이 저승 노자를 저축하는 비법입니다.

㉒ 견취견見取見

견취견이란 잘못된 견해에 집착하여 진실한 견해라고 자기의 의견을 굳게 내세워 고집하는 견해입니다. 견취견에서 견취見取란 색·수·상·행·식의 5온이 가화합한 신체(몸)를 영원히 존속하고, 자주독립하여 존재하며, 중심적인 소유주로서 모든 것을 지배하는 상일주재常一主宰한다는 의미를 갖는 아我로 망집妄執하고, 또한 아我에 따른 기구와 권속을 나의 소유라고 잘못 생각하는 신견身見, 인간은 죽지만 자아는 사후에도 없어지지 않으며 오온 중에서 수·상·행·식의 4온, 즉 사람의 모든 정신적 활동의 근원이 되는 실체인 영혼은 과거·현재·미래에 항상 머물러 불변하여 끊어지는 일이 없다고 고집하는 그릇된 견해인 상견常見, 만유는 무상한 것이어서 실재하지 않는 것과 같이 인간도 죽으면 사후에는 신심이 모두 없어져서 공무空無에 돌아간다고 고집하는 그릇된 소견인 단견斷見, 즉 나는 사후 상주한다고 하는 상견, 나는 사후 멸절한다고 하는 단견, 즉 편벽된 극단을 집착하는 견해인 변견邊見과 올바르지 아니한 견해로 인과의 도리를 무시하는 옳지 못한 견해와 온갖 망견은 모두 정리正理에 어긋나는 사견邪見입니다. 즉 신견·상견·단견·변견·사견 등이 마음에 달라붙어 여의지 못하고 고집하는 취착取着을 일러 진실하고 수승한 견해라고 하는 허망불실虛妄不實한 분별인 망견을 견취라고 합니다.

164

견취견의 마지막 견見은 눈으로 보는 것, 생각하여 헤아리고 사물에 대한 견해를 정하는 것으로, 사리事理를 보고 깨달음인 견해, 판단과 추리를 통하여 생겨나는 생각인 사상, 주장이 되는 뜻을 주지主旨로 삼아 주장하는 표준인 주의主義, 굳게 내세우는 의견인 주장主張과 제법의 진상을 바르게 판단하는 지혜인 정견正見, 올바르지 아니한 견해인 사견邪見 등 견해·사상·주의·주장·정견·사견 등으로 쓰이지만 대개의 경우 잘못된 견해를 가리킵니다.

그리하여 견취견이란 잘못된 견해에 집착하여 진실한 견해라고 고집하는 신견·상견·단견·변견·사견 등의 망견을 말합니다.

㉚ 계금취견戒禁取見

계금취견에서 계戒는 몸(身)으로써 행行하는 것과 언어(語)상의 비非를 막고 마음으로 악을 그치게 하는, 곧 신구의身口意로 불선업不善業을 짓지 않도록 미리 신심身心을 가다듬어 단속함인 경계를 계라 하는데, 자발적인 노력에 기대하는 것을 그 특징으로 합니다.

금禁은 하지 못하게 제지한다는 뜻으로 악을 경계하여 금지하는 것입니다. 계와 금을 합성하여 계금戒禁이라 하는데 계는 경계, 금은 제지의 뜻으로 악을 경계하여 금지한다는 뜻입니다.

취取는 십이연기의 제8지 애(愛, 즉 갈애渴愛)에 따라 일어나는 제9지인 취(取·집착)로 굳게 고집하여 간직하고 버리지 않는 집지執持를 말합니다. 그리하여 취取는 거두어들임, 요구함, 취함으로 재앙을 가져오는 근본이 되는 집취執取와 집착을 뜻합니다. 취는 좁게 해석하면 집착의 번뇌를 가리키며, 넓게 해석하면 번뇌의 이명異名

입니다.

견見은 눈으로 보는 것, 생각하여 헤아리고 사물에 대한 견해를 정하는 것이지만, 대개의 경우 잘못된 견해를 가리킵니다. 취와 견을 합성하여 취견取見이라 하는데, 잘못된 견해를 집착한다는 뜻입니다. 그리하여 계금취견이란 계금에 대하여 일어나는 그릇된 소견으로 정인정도正因正道가 아닌 것을 정인정도라 집취하거나, 바르지 못한 계율을 바르다 하고 바르지 못한 행위에 의하여 얻은 결과를 바른 것이라 하며, 바르지 않은 계율이나 금제禁制 등을 열반에 인도하는 바른 계행戒行이라고 고집하는 견해를 말합니다.

예를 들어 선정禪定을 수행하면 진리를 깨달아 깨달음을 성취한다는 소견은 사교邪教이며, 사도邪道입니다.

이상, 근본번뇌의 발목을 채우는 쇠사슬(족쇄)을 푸는 유일한 열쇠는 심중도心中道로 사제四諦의 절차에 따라 팔정도의 수행법으로 12연기법을 수학하여 깨달아 지혜를 계발하는 것입니다.

(2) 인因과 연緣

인과 연이란, 결과(果)를 가져오는 직접·내적 원인을 인因 또는 내인內因이라 하고, 이것을 외부에서 돕는 간접·외적 원인을 연緣 또는 외연外緣이라 합니다. 그리고 인과 연을 합쳐서 인연因緣이라고 합니다. 일체의 존재는 모두 인연으로 생生하고 인연으로 멸滅합니다. 인연에 의해서 생기는 것을 인연생因緣生·연생緣生·연성緣成·연기緣起라고 하고, 생기生起와 멸진滅盡을 병칭하는 것으로 기멸起滅이라고도 합니다.

모든 존재의 유위법有爲法은 인연에 의하여 잠정적으로 그와 같은 모습으로 성립되어 있을 뿐입니다. 이와 같은 인연으로 생멸하는 도리를 인연생멸因緣生滅의 이리라 합니다. 따라서 조건 여하에 따라 여러 가지로 변화하여 자성自生을 갖고 있는 존재가 아니므로 무상無常하고, 독립적 존재성을 가질 수 없으므로 공空하며 무아無我라고 합니다. 모든 현상은 무수한 원인의 인因과 조건인 연緣이 상호 관계하여 성립된 것이므로 독립되고 자존적인 것이 없으며, 모든(諸) 조건과 원인이 없으면 결과(果)도 없다는 것입니다. 그래서 일체 현상의 생기소멸의 법칙을 연기라 합니다.

실달타는 수행과정에서 범부로서의 인간의 괴로운 생존은 어떻게 성립되었는가를 근본을 캐어 들어가며 연구하는 추구를 통해 다음과 같은 결론을 증득하셨습니다.

인차유피因此有彼, 이것이 있으면 저것이 있고
무차무피無此無彼, 이것이 없으면 저것이 없고
차생피생此生彼生, 이것이 생기면 저것이 생기고
차멸피멸此滅彼滅, 이것이 멸하면 저것이 멸한다.

이러한 상의상대적相依相對的인 관계를 추명推明한 것이 12연기법十二緣起法입니다. 제1지支 무명無明, 제2지 행行, 제3지 식識, 제4지 명색名色, 제5지 육입(六入, 六根), 제6지 촉觸, 제7지 수受, 제8지 애愛, 제9지 취取, 제10지 유有, 제11지 생生, 제12지 노사老死 등의 12연기법입니다. 실달타는 이 같은 12연기법을 깨달으시고, 붓다

(불타)가 되신 것입니다.

인간이 무시이래無始以來로 무명의 번뇌와 선악의 업을 지어 고락苦樂의 과보를 받는 혹업고惑業苦가 차례로 연기되는 인과를 유전문流轉門이라 하고, 또 어떻게 해서 그것을 부정하고 깨달음에 이르는가 하는 것을 환멸문還滅門이라 하는데, 여기에서 실달타는 십이연기법을 창안하신 것입니다. 그리고 "연기를 보는 자는 법을 보고, 법을 보는 자는 고뇌를 벗어난다"라고 하신 것입니다.

연기의 사상은 불교의 근본적인 세계관·인생관·가치관이라 할 수 있습니다. 일체의 고뇌는 인연생이라는 것을 확실하게 인식해야 합니다.

(3) 생生

생生은 생기生起의 뜻이며 미래세의 생존을 받는 찰나를 말합니다. 유정有情의 인간이 미혹의 생사에 유전流轉하고 윤회하는 생존 상태의 과정을 네 가지로 나누어 중유·생유·본유·사유 등의 사유四有로 분류합니다. 유有란 유정으로서의 존재 생존을 뜻합니다. 사유四有를 약설하면 다음과 같습니다.

①중유中有

중유란 전세前世의 죽은 뒤부터 다음 생을 받을 때까지의 사이, 사유死有로부터 다음 세상에 태어나기 위하여 모태에 생을 받는 탁태託胎까지인 생유生有에 중간 시기의 영혼신靈魂身의 존재, 사유死有와 생유生有의 중간中間입니다.

② 생유生有

생유란 중유中有에서 다음 세상에 태어나기 위하여 대기하다가 부모를 만나 모태母胎에 생을 받는 탁태託胎의 순간부터, 모태인 자궁에서 신심身心의 형성 과정을 거쳐 자궁에서 출생하기까지의 기간인 중유中有와 본유本有의 중간입니다.

③ 본유本有

본유란 모태의 자궁에서 출생하여 생로병사의 과정을 거쳐 죽을 때까지의 기간, 생유生有와 사유死有의 중간입니다.

④ 사유死有

사유란 금생의 몸이 목숨이 끊어지는 임종의 찰나, 본유本有와 중유中有의 중간입니다.

이와 같이 생이란, 생유生有에서 본유本有에 이르고 사유死有까지의 기간을 말합니다. 그러나 집제集諦에서 말하는 생은 12연기 중 제11지의 생(生, 태어남)의 생기인生起因을 말하는 것입니다.

12연기 중 제7지 수(受, 느낌)에서 발동하여 제8지 애(愛, 갈애)로 넘어가고, 다시 발동하여 제9지 취(取, 집착)으로 넘어가서도 다시 발동하여 제10지 유有로 넘어가면 업의 생성生成을 생기生起하여 제11지 생生, 즉 미래세에 태어나는 윤회를 조성합니다. 8지 애, 9지 취, 10지 유의 3지는 업을 조성하여 제11지 생과 제12지 노사의 고과苦果를 내는 원인이므로 생기인生起因이라 하는 것이니, 이 같은 생기인을 명확하고 확실하게 이해하고 깨달으라는 것입니다.

집제에서는 일체의 번뇌와 업이 고과苦果를 낳는 인因이고, 쌓아(集) 고과苦果를 나타나게 하며, 상속相續하여 생生하게 하고, 고과를 이루게 하는 연緣임을 관觀하는 것입니다.

6) 멸제滅諦

멸제란 불교의 교리, 진리의 이법理法을 깨달은 지혜로 몸의 고통과 마음의 우뇌憂惱인 생사하는 현실에 고뇌가 일어나는(生起) 원인인 고제苦諦와 집제集諦의 인과를 단절하고 멸진滅盡하는 방법을 확실하게 확정하는 단계를 천명한 진리입니다.

멸제에서는 생사의 인과를 없애야 열반을 증득한다는 멸滅과 번뇌를 여의고 고뇌가 끊어진 정靜과 수행에 의하여 생기는 불가사의한 묘妙와 모든 번뇌의 더러움을 여의고 애착을 떠난 이離, 즉 멸·정·묘·리를 지혜로 관찰하고 염상念想하여 올바른 지혜로 진리를 증득하여 깨닫는(證悟), 인과의 정도正道를 명확하게 이해하고 깨달아야 합니다.

(1) 멸滅

멸이란 무無의 뜻으로, 미망이 근거한 행위인 혹업惑業을 끊고 지혜를 계발한 곳에 무명無明·무지無知가 사라져서 일체의 번뇌가 없어진 곳에 나타나는 인격 완성의 이상경理想境인 생사의 인과가 없어진 경계를 뜻합니다. 이는 고뇌가 없는 열반경涅槃境에 도달하는 증오證悟의 인과를 나타내는 구극적究極的인 불교의 실천 목적입니다.

따라서 지금까지의 번뇌와 무지를 멸절하여 일체 번뇌와 불선不善을 여의어 없애고, 불교의 교리를 깨달아 지혜를 계발하여 무명에서 벗어나 생사의 바다를 건너 미혹의 세계로부터 깨달음의 세계에 이르는 정도법正道法인 올바른 수행(수학)의 길을 따라야 한다는 것입니다. 따라서 멸滅이라 함은 번뇌의 원인이 되는 근본번뇌와 느낌에서 일어나는 갈애와 집착을 완전히 끊어 멸절하는 방법을 깨닫는 단계입니다.

(2) 정靜

정이란 깨끗하고 청결하게 한다는 말입니다. 청결하게 한다는 것은 우리의 마음을 청결하게 한다는 말이고, 마음을 바르게 하는 정심正心입니다. 번뇌를 여읜 것을 적寂이라 하고, 고뇌가 끊어진 것을 정靜이라 하며, 이것을 합하여 적정寂靜이라 하여 열반의 고요하고 편안한 모습 또는 그 이치를 뜻합니다. 고뇌란 육체의 고통에서 고苦와 정신의 고뇌에서 뇌惱를 따서 합성해서 몸과 마음의 괴로움을 고뇌라고 합니다.

타오르는 번뇌의 불을 멸진해서 깨달음의 지혜인 보리를 완성한 경계를 멸제滅諦라 하고 수학의 목표로 삼습니다. 곧 멸은 생사의 업인業因을 없애므로 멸滅이라 하고, 그 이치가 진실하므로 제諦라 합니다.

중생은 물질의 몸(身)인 색色과 정신의 마음(心)인 수受·상想·행行·식識인 오온의 결합체입니다. 이 물질과 정신의 결합체는 안(眼, 눈)·이(耳, 귀)·비(鼻, 코)·설(舌, 혀)·신(身, 몸)·의(意, 마음) 등의 육근六根에 육근의 대경對境인 색(色, 빛)·성(聲, 소리)·향(香, 향기)·미(味, 맛)·촉(觸, 접촉, 감각)·법(法, 일체법) 등의 육경六境이 있습니다. 육경은 육진六塵이라고도 하는데, 이것은 티끌과 같이 마음을 더럽히기 때문입니다. 일체의 심心과 상응하여 심과 동시에 존재하고, 심과 종속하는 가지가지의 정신작용인 심소법心所法에 의하여, 육근이 대상인 육경에 접촉시키는 마음작용인 육촉六觸에 의하여, 육근이 육경을 지각하는 느낌(受)에 의하여 안식·이식·비식·설식·신식·의식 등의 육식六識이 일어납니다.

이처럼 물질과 정신의 결합이 존재이며, 존재가 있으므로 대상의 접촉이 일어나고, 대상과의 접촉이 있으므로 괴롭거나 즐거운 느낌이 일어납니다. 그런데 이 느낌에는 잠재하고 있는 고성苦性이 있습니다. 그것은 현실의 일상생활에서 범부들이 눈으로 보고 생각하여 헤아리고 사물에 대한 견해를 정하는 견해·사상·주의·주장·시비·정사正邪·선악 등의 마음의 작용인 심소心所가 번뇌로 오염된 망심에 의하여 자기의 잣대로, 자기의 안경으로 보는 견해인데 대개의 경우 잘못된 견해입니다. 그러므로 범부들의 잘못된 견해와 느낌에는 고성苦性이 잠재하고 있다는 것입니다. 이 같은 마음을 청결하게 하는 것이 정靜이고, 마음을 바르게 하는 것이 정심正心입니다.

현실의 일상생활에서 범부가 일으키는 망심이 소멸된, 진실하여 변하지 아니하는 절대적인 만유의 본성인 진여眞如에 계합契合한 심心의 본성本性으로서, 바름·참됨·거짓이 없는 정진正眞의 마음이 정靜입니다. 그리하여 정견正見·정사유正思惟·정어正語·정업

正業·정명正命·정정진正精進·정념正念·정정正定·정의正意·정당正當·정법正法·정도正道 등은 마음을 닦는 수행으로 정수靜修라 하고, 수행으로 마음이 밝은 것을 청정淸淨이라 하며, 타오르는 번뇌의 불을 멸진해서 깨달음의 지혜인 보리菩提를 완성한 경지는 적멸寂滅이라 하고, 이것은 생사를 초월한 깨달음의 세계로 구극적인 실천 목적인 적정寂靜의 상태를 열반이라 하는 것입니다. 그리하여 멸제에서 실달타는 불교의 실천 수행법의 중요한 종목을 8종으로 나누어 올바른 깨침으로 인도하기 위한 가장 합리적이고 올바른 수학법修學法인 팔정도법八正道法을 창안하고 정립하신 것입니다.

팔정도는 정견·정사유·정어·정업·정명·정정진·정념·정정으로, 팔정도의 정正은 심중도心中道의 청정한 바른 마음, 도리에 맞음, 바른 도, 바른 것, 틀림없음, 확실함, 올바른 일, 진리에 부합함, 바른 지식의 근거를 뜻합니다. 팔정도는 약설하면 다음과 같습니다.

팔정도八正道

㉠정견正見

정견이란 모든 편견을 여윈 불교의 바른 진리를 시인하는 견해입니다.

㉡정사유正思惟

정사유란 몸의 행동이나 언어를 하기 전에 바른 의사·개념·구성·판단·추리 등을 행하는 인간의 이성의 작용으로, 대상을 적확하게 분별하는 일입니다.

ⓒ정어正語

정어란 정견과 정사유 뒤에 행하는 언어적 행위와 상대방의 언어를 감별하여 바른 말만 받아들이는 것입니다.

ⓡ정업正業

정업이란 진리에 부합하고 도리에 상응하는 정견·정사유에 입각한 신(身, 행동)·구(口, 언어)·의(意, 생각) 등의 바른 행위·선업善業을 하라는 말입니다.

ⓜ정명正命

정명이란 정업에 의한 바른 직업으로 바른 생활수단에 의하여 수명을 이어가는 것입니다.

ⓗ정정진正精進

정정진이란 부지런히 이상을 향해 노력하는 것이며, 일심으로 불도를 수학하는 것입니다. 사제四諦의 수행 절차에 따라 팔정도의 수행법으로 진리를 바로 본 정견正見에 의하여 아직 나지 않은 악을 나지 못하게 하고 나지 않은 선은 나게 하는 등의 선업善業을 위해 바르게 노력하는 것입니다.

ⓢ정념正念

정념이란 바른 의식을 가지고 이상과 목적을 잊지 않는 것이며, 무상과 고뇌의 원인과 무아無我와 공空의 진리를 염두에 두고 잊지 않는 명기불망明記不忘의 뜻입니다.

ⓞ정정正定

정정에서 정正은 심중도心中道의 청정한 바른 마음이고, 정定은 결정함·바로잡음·틀린 것을 고침·평정評定함·안정安定시킴의 뜻으로 불교의 교리를 도리에 맞게 틀림없이 확실하게 이해하고 깨달아서 수학과정에서 적확하게 확정하여 지혜로 증득하라는 것입니다.

실달타는 수도의 체험을 통하여 고뇌의 멸滅로 인도하는 수도법은 팔정도밖에 없음을 밝힌 것입니다. 팔정도는 여덟 가지 항목이지만 이것은 열반을 성취하는 각 부분이며, 여덟 가지는 일체로서 유기적으로 결합되어 있기 때문에 별개의 것이 아닙니다.

(3) 묘妙

타오르는 번뇌의 불을 멸진해서 깨달음의 지혜인 보리를 완성한 경지를 열반이라 합니다. 생사를 넘어선 이상경理想境이므로, 괴로움이 일어날 가능성이 완전히 단절된 것이므로, 존재로 태어나지 않으므로 느낌이 단절되고, 괴로움이 일어날 가능성이 완전히 단절된 행복의 특성을 가지니, 열반의 경지는 범부의 견해로는 이해할 수도 상상할 수도 없이 불가사의하므로 묘妙라 합니다. 수행으로 번뇌를 끊고, 진리를 깨달아 지혜가 원만하게 갖춰진 열반의 자리를 말합니다.

팔정도 수학법으로 연기법을 깨달아 모든 것은 인因과 연緣에 의해서 성립되어 있는 상의적인 것이기 때문에 무상無常하고 고苦이며 무아無我라고 하는 진리와, 범부로서의 고뇌하는 생존은 어떻게 성립되었는가 하는 유전문流轉門과, 또 그것을 부정하고 어떻게 하면 모든 번뇌를 멸진해서 깨달음의 지혜를 계발하여 열반에 이르는가 하는 환멸문還滅門을 열어 유정有情의 생존의 가치와 의의意義

인 심묘불가사의深妙不可思議한 도리를 묘리妙理라 하며, 불가사의
한 대상을 묘경妙境이라 합니다. 또 이 같은 묘경의 묘리를 깨달아
증과證果하는 것을 묘과妙果라 합니다. 묘과란 진리를 깨달아 각지
覺知를 얻어 깨달음의 지혜를 증득한 열반의 과를 말합니다.

(4) 이離

이(리)는 '떨어지다, 여의다'란 말입니다. 여기서는 주로 번뇌를 여
읜다는 뜻입니다. 온갖 번뇌를 여읜 자성청정의 심체心體가 모든
번뇌의 더러움을 깨끗이 여의어 이구청정離垢淸淨한 것을 이離라
합니다. 곧 내버려 여읨의 이사離捨를 뜻합니다.

불교의 교리를 수학하여 모든 번뇌의 허물을 여읜 청정한 지혜인
무루지無漏智를 증득하여 불교의 진리를 명료하게 이해하는 위位를
견도見道라 합니다. 따라서 견도에 도달하기 전에는 범부 또는 이
생異生이라 하고, 견도에 들어간 뒤는 성자聖者라고 합니다. 견도위
에서 온갖 지적인 미혹에서 벗어나고, 다음의 혼탁한 망념인 정情
과 번뇌로 오염된 마음인 의意로부터 일어나는 온갖 번뇌의 속박을
벗어나려는 수양을 쌓는 기간을 수도修道라 하는데, 견도에 의해
소멸되는 견혹見惑과 수도에 의해 소멸되는 수혹修惑을 여의면 열
반에 드는 일이 결정되므로 정성결정正性決定에 이름을 정성이생正
性離生이라 하고, 약하여 이생離生이라고 합니다. 여기서 생生은 번
뇌의 이명異名이며 생사를 초월한 성자의 정성正性을 말합니다.

무루지를 일으켜서 번뇌를 끊는 것을 성성聖性이라 합니다. 그리
하여 범부 또는 이생의 생을 끊어 여의는 것을 성성이생聖性離生 또

는 이생성離生性이라 합니다. 번뇌를 여읨의 단어를 살펴보면 다음과 같습니다.

이계離繫는 중생이 그 몸과 마음이 미혹에 집착하여 자유를 스스로 속박하는 계박繫縛에서 벗어난다는 뜻으로, 해탈과 같은 뜻으로 사용합니다.

이고離苦는 고뇌를 떠남, 고뇌를 여읨.

이구離垢는 번뇌의 때를 여읜다는 뜻.

이멸離滅은 번뇌의 속박이 사라지는 것.

이장해탈離障解脫은 수행을 장애하는 번뇌를 모두 끊고, 해탈의 경지에 이르는 것.

이제집착離諸執着은 일체의 집착을 버리는 것.

이애離愛는 갈애渴愛를 여의고 열반에 이르는 것.

이염離染은 번뇌로 더러워진 염오染汚에서 벗어남.

이탈離脫은 떨어져 벗어남, 관계를 끊음.

이 모두가 번뇌를 여읜다는 뜻입니다.

이離는 미迷의 세계를 영원히 이탈離脫한 경계로서, 불교를 수학하여 열반을 증득해 적멸한 이치를 깨닫는 것을 환멸還滅이라 하는데, 적멸에 돌아가는 문이라 하여 환멸이라고 합니다.

환멸문을 열어 인간의 생존에 가치와 의미를 깨달아서 고뇌의 근본 원인이 되는 12연기의 제7지 수(受, 느낌)에서 일어나는 제8지 애(愛, 갈애)를 조건으로 태어남이 있는 것이니, 존재로 태어나지 않으려면 갈애를 단절해야 합니다. 갈애를 단절하려면, 느낌에서 알아차림으로 실상을 명확하게 통찰하여 꿰뚫어보는 지혜가 계발되면 느낌을 조건으로 갈애를 일으키지 않습니다. 그리고 무명을 원인으로 한 근본번뇌를 멸리滅離하여 일체의 번뇌가 단절되고, 심중心中에 인상印象지어지고 관습慣習된 습기習氣를 모두 소멸하여 없어진 곳이 인격완성의 이상경인, 불교의 실천 목적인 열반임을 인식하고 깨닫는 단계입니다.

이상의 멸제에서는 생사의 인과를 멸진하는 것이 불교의 특성임을 천명한 것입니다.

7) 도제道諦

도제란 고제와 집제인 고집苦集의 원인을 단절하고, 일체의 모든 번뇌를 멸진해서 깨달음의 지혜인 보리를 완성한 열반의 경지에 도달하는 수행방법을 제시한 것입니다. 곧 열반위의 이상경계理想境界에 도달하는 고멸苦滅의 수학도법修學道法입니다.

불교 실천의 정도正道이고, 바른 지식에 근거한 정正과 진리의 이성인 이理가 합하여 미迷의 생존을 초탈하는 도제에서는 도道·여如·행行·출出의 4행상四行相을 관관觀觀하는 것입니다.

약설하면 다음과 같습니다.

(1) 도道

도란 인도함·가르침·다스림의 뜻으로, 목적지에 이르게 하는 통로, 밟아 행해야 할 길, 정도正道를 닦음인 궤도軌道를 뜻합니다. 도라 함은 열반으로 가는 길이고, 열반의 과果를 얻기 위해 마땅히 의

지할 바입니다.

　불교의 궁극 목적을 달성하기 위한 수행의 법칙을 의미하고, 과果에 이르게 하는 통로, 과정입니다. 고집苦集의 원인을 단절하는 멸법滅法을 실천 수학하는 것입니다. 수행의 실천도가 인因이며, 수학을 통해 생사의 인과가 없어진 멸滅이 과果입니다. 불도를 닦아서 적멸의 열반을 증득함이 출세의 인과입니다. 그리하여 이를 합성하여 멸도滅道라 하며, 멸도는 무루無漏의 인과라 합니다.

　미혹한 생각을 돌이켜서 수학하여 열반을 증득하는 것을 환멸還滅의 인과라고도 합니다. 멸제의 과果를 먼저 설하고 도제의 인因을 뒤에 설한 것은, 먼저 과를 보여서 확실한 마음을 갖게 하여 인을 닦게 하기 위한 것입니다.

　도제의 실천 수행법으로 고제와 집제의 원인을 단절하자면, 심중도心中道의 마음으로 사제의 고집멸도 절차에 따라 팔정도법의 수행으로 십이연기법을 깨달아 증득한 지혜로 12연기의 제7지 수受에서 일어나는 느낌을 알아차려서 고뇌의 원인이 되는 제8지 갈애가 일어나지 않도록 하고, 이미 일어난 갈애는 단절해야 합니다. 갈애는 느낌을 조건으로 일어나므로 느낌에서 갈애가 발생하는 근본 원인을 분명히 꿰뚫어 알아차리는 지혜가 계발되면 느낌에서 갈애가 일어나는 것을 차단할 수 있습니다.

　그리고 집성제에서 설명한 모든 번뇌의 근본이 되는 탐·진·만慢·무명·의疑·유신견有身見·변집견邊執見·사견邪見·견취견見取見·계금취견戒禁取見 등 근본번뇌의 근본이 되는 법칙, 근본적인 진리, 존재의 원리를 깨달아 일체의 번뇌를 단절하고 멸진해서 범부의 발목을 잡고 있는 족쇄를 풀어서 고뇌를 제거할 때 일체의 번뇌를 여의고 모든 고뇌에서 벗어나 불생불멸不生不滅의 법성法性, 깨달은 해탈의 경지, 적정열반寂靜涅槃의 이상경이라는 멸도滅道의 과果를 성취할 수 있습니다.

이상의 사제 가운데 고제와 집제는 미망의 세계의 인과를 나타내고 멸제와 도제는 증오證悟의 인과를 나타낸 것입니다.

석존께서는 "고뇌를 아는 자는 고뇌의 원인을 알고, 고뇌의 원인을 아는 자는 고뇌의 소멸을 알고, 고뇌의 소멸을 아는 자는 고뇌의 소멸을 실천하는 수행법을 분명히 알고, 고뇌의 소멸을 실천하는 수행법을 분명히 아는 자는 고뇌를 소멸하고, 그 원망하는 목적을 달성하기 위해 수행법을 갈고 닦아 실천하여 그 결과로서 생사를 초월하여 생멸이 없는 무생신無生身을 깨닫게 된다"라고 하셨습니다. 이것이 저승 노자를 장만하는 것입니다.

실달타가 출가 사문으로 수행할 당시에는, 전통수행으로는 불을 섬기는 사화외도事火外道와 자세와 호흡을 가다듬어 정신을 통일 순화시키고 초자연력을 얻고자 행하는 선정주의禪定主義와 자학 행위에 의하여 단식이나 호흡의 억지抑止로 스스로 육체에 고통을 가하여 자연적인 욕망을 끊고 견디기 어려운 여러 가지 난행難行을 감행하는 고행주의苦行主義 등의 수행법을 가장 많이 실천하고 있었습니다.

실달타는 몸소 각 수행처에 지도사指導師의 지시에 따라 차례로 수행을 체험한 결과 이들이 잘못된 사법邪法의 수행임을 깨닫고 6년간의 수행을 미련 없이 모두 버렸습니다. 그리고 수행이란 현실의 삶을 바르고 옳게 살아가는 것이며, 허물이나 번뇌의 더러움에서 벗어난 오염이 없는 청정한 지혜 속에 깨달음이 있는 것이지, 현실의 삶을 버리고 떠나서 특수한 생활 속에 깨달음이 있는 것이 아니라는 것을 깨달으셨습니다. 그리고 심중도心中道의 삶이 깨달음으로 가는 정도正道라고 하셨습니다.

불교라는 말은 불타가 설한 교법敎法이라는 뜻과 부처가 되기 위한 교법이라는 뜻입니다. 일반으로 불교를 믿는 속인을 신도信徒 또는 불교신자라 하고, 모두가 불타가 될 수 있는 본성을 갖추고 있기 때문에 불자佛子라고 하는데, 불타의 가르침을 따라서 그 업業을 계승하고 나도 불법을 깨우쳐 깨우친 사람인 불타가 되고자 발심을 하면 불타의 씨가 끊이지 않기 때문에 불자라 합니다.

재주가 둔한 둔근鈍根의 사람이 석존의 설법인 교법을 다른 사람으로부터 듣고 믿어 그대로 수학하는 견도위見道位에 있는 사람을 수신행隨信行이라 하고 줄여서 신행信行이라 합니다. 또 영리한 자질의 이근利根의 사람이 스스로 석존의 교법에 따라 수행하는 견도위에 있는 사람을 수법행隨法行이라 합니다. 불교를 수학하는 절차는 석존이 설법하신 교법인 법문法門을 듣고(聞), 이해하고(解), 수학을 실천하고(修), 깨달아 지혜를 증득하는 것입니다. 석존의 교법을 다른 사람으로부터 전해 듣고 그 뜻을 깊이 생각하여 바르게 이해하고 그 이해를 바탕으로 실천하고 깨달아 지혜를 계발하여 증득하는 것이 불교입니다.

(2) 여如

여란 모든 사물의 진실하고도 변하지 않는 본성을 말합니다. 만유 제법萬有諸法의 본질·이성의 이체理體는 동일하고 평등하므로 여如라 합니다. 하나의 여如에 일법계一法界 만차萬差의 제법諸法을 갖추어 어느 것이든지 체體로 말하면 여如하고, 여如의 뜻이 하나만이 아니므로 여여如如라 합니다. 곧 여如하고 여如하다는 뜻입니다.

여如는 진실과 꼭 맞음, 실實은 참다움, 실상實相과 같아 진실에 들어맞는 것입니다. 곧 여如는 평등하고 실實은 진실이며 있는 그 대로라는 뜻으로 여실如實이라 합니다. 그리하여 붓다(불타)는 여실如實한 이치에서 왔다는 뜻에서 여래如來라 하며, 생사를 떠나 열반을 증득한 것은 여실하게 생사를 떠났다는 뜻으로 여실한 이치에 간 사람, 도달한(다다른) 사람이라는 뜻으로 여거如去라 합니다. 여래는 깨달음의 경계에서 중생을 제도하기 위하여 미혹의 경계로 내려와 구제하기에 향하이타向下利他의 뜻이고, 여거如去는 미혹의 경계에서 깨달음의 경계로 들어가는 스스로를 이롭게 하기에 향상자리向上自利의 뜻입니다.

여如는 사물의 변하지 아니하는 절대적인 만유의 진실한 본성이므로 진여眞如라 합니다. 팔정도법이나 연기법의 이법理法이 진실로 영원불변의 진여라고 합니다. 진여란 모든 제법의 실성實性이고, 그 체는 절대의 입장에서 모든 것은 동일하고 평등하며 차별이 없으므로 일미一味이지만 상相을 따라서 종종의 구별이 있으며, 일체법과 불일불이不一不異로서 그 체를 보고자 하면 사고도 언어도 미치지 못하는 경지이지만 모든 거짓이나 그릇된 견해를 여의고 있다는 점에서 억지로 진여라 이름한 것입니다.

① 칠진여七眞如

진여는 본래 차별이 없고 절대 평등하지만 그것을 이해하고 설명하는 방법 여하에 따라 유전진여·실상진여·유식진여·안립진여·사행진여·청정진여·정행진의 등의 7종으로 나누는데, 다음과 같습니다.

㉠ 유전진여流轉眞如

유전진여란 중생이 생사에 유전(流轉, 생멸 변화)하는 현상계의 실성實性이 진실여상眞實如常하여 부동불개不動不改의 진여임을 말합니다.

㉡ 실상진여實相眞如

실상진여란 아집我執과 법집法執이 끊어 없어진 경지에 나타나는 실성實性을 말합니다.

㉢ 유식진여唯識眞如

유식진여란 번뇌로 더럽혀진 염오染汚한 염법染法과 번뇌를 떠난 청정한 정법淨法인 염정법染淨法으로서의 심心의 본체의 전화변이轉化變異를 떠나서 어떠한 실재도 없다고 하는 유식의 실성을 말합니다.

㉣ 안립진여安立眞如

안립진여란 진여 자체에 생멸 변화가 없지만, 현상계의 만유나 중생의 고통이 역시 진여를 본체로 하여 성립된 것임을 말하는 고제苦諦의 실성을 말합니다.

㉤ 사행진여邪行眞如

사행진여란 번뇌와 사행邪行 등도 진여의 체體를 떠나서 있을 수 없는 집제集諦의 실성을 말합니다.

ⓑ 청정진여淸淨眞如

청정진여란 번뇌의 더러움에서 벗어난 이구청정離垢淸淨의 체를 떠나서 있을 수 없는 멸제滅諦의 실성을 말합니다.

ⓢ 정행진여正行眞如

정행진여란 석존의 가르침에 바탕한 바른 행위인 도제道諦의 실성實性을 말합니다.

(3) 행行

행이란 신(몸)·구(언어)·의(마음)의 조작을 말하는데, 곧 내심內心이 외경外境에 가는 것이 심행心行과 같은 행동·행사行事·행업行業 등 일체의 유위법을 말합니다. 유위법은 인연법의 화합에 의해서 위작爲作되고 조작造作되어진 현상적 존재가 이합집산離合集散하면서 생멸하는 법을 말합니다. 또는 이것이 항상 변화하여 생멸하는 것이므로 장소를 바꿔 옮겨감인 천류遷流의 뜻으로 해석합니다.

행行은 오온의 하나인 행온行蘊의 약칭이며, 십이연기의 하나인 제2지 행行의 업의 형성을 근원으로서 육근六根을 통한 신구의 삼업이며, 정신적·물질적인 일체의 현상적 존재는 찰나찰나 생멸 변화하는 것으로 항상함이 없는 제행무상諸行無常의 행行으로 변화하는 현상의 제법을 말합니다.

도제道諦에서의 행은 고뇌의 원인을 단절하는 수행을 말합니다. 수행이란 불교의 교법을 몸에 지녀 갈고 닦아 실천하는 일입니다.

불교에서는 깨달음을 찾는 마음을 발하여(발심), 그 원망願望하는 목적을 달성하기 위해 수행하고 그 결과로 진리를 깨달아 지혜를 증득하는 것입니다.

① 도제道諦의 근본수행

도제의 근본적인 수행은, 수행의 절차인 고집멸도의 사제법의 절차에 따라 심중도心中道인 팔정도의 수행법으로 12연기법을 깨달아 인연의 도리를 밝혀 불교의 참된 진리가 내 삶의 지표가 되게 하는 것입니다.

② 협의의 수행

협의狹義로는 불교의 교리인 경經·율律·논論 삼장을 수학해서 제법실상의 사리事理를 바르게 깨달아, 온갖 지적인 미혹을 벗어나 모든 무지로 인한 번뇌의 허물을 여읜 청정한 지혜인 무루지無漏智를 증득하여 불교의 진리를 명료하게 보는 견도見道에 의해 소멸되는 견혹見惑에서 벗어나 진실한 진리의 본성인 법성法性을 확실하고 명료하게 깨달은 견도위見道位를 경과하고, 견도 뒤에 다시 구체적인 사상에 대하여, 혼탁한 망념의 정淸과 사심邪心으로 사량하는 마음의 작용인 의意로부터 일어나는 수도修道에 의해 소멸되는 온갖 번뇌의 수혹修惑에서 벗어나려는 수련과 수습修習하여 수양修養을 쌓는 수도위修道位를 경과하여, 성도聖道를 방해하여 열반을 방해하는 번뇌장煩惱障과 탐진치와 고정관념 등의 번뇌가 객관의 진상을 알지 못하게 하는 소지장所知障의 종자를 멸진하여 깨달음의 지혜를 계발하여 열반을 증득하는 것입니다.

③광의의 수행

광의廣義로는 불교의 지고의 목적인 깨달음의 경지인 열반을 실현하는 지혜인 도道, 깨달음인 각覺, 깨달음의 지혜인 보리를 증득하기 위한 실천도의 종류에 37항이 있으므로 37도품三十七道品이라한 것인데 37보리분법三十七菩提分法, 37각지三十七覺支, 37각분十七覺分이라고도 합니다. 37항은 4념처·4정근·4여의족·5근·5력·7각지·8정도가 그것이니, 이 7과七科의 집계集計가 37도품입니다. 약설하면 다음과 같습니다.

㉠사념처四念處

사념처란 사념주四念住라고도 합니다. 실천 수행하는 방법으로 신(身, 몸)·수(受, 느낌)·심(心, 마음)·법(法, 일체법)에 대하여 골똘히생각하여 신(몸)은 부정이고, 수(느낌)는 고뇌이며, 심(마음)은 무상無常 또는 비상非常이고, 법(일체법)은 무아無我 또는 비아非我라고관하여 상常, 락樂 아我, 정淨의 거꾸로 됨인 4전도四顚倒를 쳐부수는 것입니다.

㉡사정근四正勤

4정근이란 4정단四正斷 또는 사의단四意斷이라고도 합니다. 네 가지바른 노력을 하는 것입니다.

ⓐ율의단律義斷은 아직 나타나지 않은 악을 끊기 위하여 힘쓰는 것.

Ⓑ단단斷斷은 이미 생긴 악을 끊기 위해 노력하는 것.

Ⓒ수호단隨護斷은 아직 나타나지 않은 선을 나타내기 위해 힘쓰는 것.

Ⓓ수단修斷은 이미 나타난 선을 증대하도록 힘쓰는 것.

이것을 단斷이라고 일컫는 것은 이러한 정근 노력이 태만심을 끊고 번뇌장煩惱障과 소지장所知障을 끊기 때문입니다.

ⓒ사여의족四如意足

사여의족이란 사신족四神足이라고도 합니다. 사여의족은 욕여의족欲如意足 · 정진여의족精進如意足 · 심여의족心如意足 · 사유여의족思惟如意足의 4가지인데, 각기 서원과 노력과 심념心念과 관혜觀慧의 힘에 의하여 일어난 정定을 소의所依로 해서 여러 가지의 사물이 자기 마음대로 되는 여의如意를 나타내므로 이것을 4여의족이라고 합니다.

ⓓ오근五根

오근이란 신信 · 정진精進 · 염념 · 정定 · 혜慧의 5무루근五無漏根으로, 이들은 번뇌를 누르고 올바른 깨달음의 도道에 나가게 하는, 뛰어난 작용인 증상增上이 있기 때문에 근根이라 합니다.

Ⓐ신信은 의심하지 않고 믿음으로 도道에 들어가는 제일보인 까닭에 "신信은 도道의 근원이며, 공덕의 어머니"라 했고, "불법의 대해大海에서는 신信은 능입能入이요, 지智를 능도能度로 한다"고 했습니다.

ⓑ정진精進은 부지런히 선을 향해 용감하게 노력하는 끊임없는 활동입니다.

ⓒ염念은 억億이라고도 하는데, 마음의 작용으로 일찍이 경험한 것을 밝게 기억하여 잊지 않는 명기불망明記不忘의 뜻으로 불교의 핵심교리인 무상·고·공·무아 등을 마음에 염하여 잊지 않는 것입니다.

ⓓ정定은 불교의 교리를 도리에 맞게 틀림없이 확실하게 이해하고 깨달아서 확정하여 지혜로 증득하자는 것입니다.

ⓔ혜慧는 사리를 분별 결정하며 의심을 결단하는 작용 또는 사리를 통달하는 작용으로 무위無爲의 공리空理에 달하는 것을 혜라 하며, 바깥 경계에 대하여 사정邪正과 득실得失을 판단하여 선을 취하고 악을 버리는 작용입니다.

ⓜ오력五力

오력은 신력·근력·염력·정력·혜력의 다섯 가지 역용을 말하는 것으로, 불법을 믿는 마음이 부동하여 장애를 없애는 역용이 있는 신력信力과, 근면으로 부지런히 힘쓰는 근력勤力과, 산란한 마음을 그치고 전일한 마음으로 정신을 모아 전념하여 장애를 극복하는 염력念力과, 결정력으로 사법邪法을 퇴치하여 바로잡는 정력定力과, 지혜로 능히 번뇌를 끊을 수 있는 혜력慧力의 다섯 가지는 악을 쳐부수는 힘이 있으므로 력力이라 합니다. 불교의 실천도를 가리키며, 대체로 실천상으로 전자에서 후자로 서서히 차례를 밟아서 옮깁니다.

ⓗ 칠각지七覺支

칠각지는 칠각분七覺分·칠각의七覺意·칠각七覺이라고도 합니다. 불도를 수행하는 데 지혜로써 참되고, 거짓되고, 선하고, 악한 것을 살펴서 선별하는데, 택법각분·정진각분·희각분·제각분·사각분· 정각분·염각분 등의 칠종을 말합니다.

Ⓐ택법각분擇法覺分은 지혜의 능력으로 모든 법法을 살펴서 선악의 진위를 가리고 선택하는 옳은 판단을 하는 것입니다. 간택하는 능력을 택력이라 하는데, 열반은 이 택력에 의해 증득하는 번뇌의 멸滅이므로 택멸擇滅이라고 합니다.

Ⓑ정진각분精進覺分은 수행을 할 때에 근勤의 심소心所를 체體로 하는 용맹한 마음으로 쓸데없는 사행邪行을 여의고 부지런히 선을 향해 바른 도에 용감하게 전력하여 불도의 성취를 위해 게으르지 않는 것입니다.

Ⓒ희각분喜覺分은 마음에 선법善法을 얻어서 기뻐함(희열함)을 뜻합니다.

Ⓓ제각분除覺分은 그릇된 견해나 번뇌를 끊어 없애버릴 때에, 능히 참되고 거짓됨을 알아서 올바른 선근善根을 선별하여 기르는 것입니다.

Ⓔ사각분捨覺分은 외경外境에 집착하던 마음을 여읠 적에 거짓되고 참되지 못한 것을 추억하는 마음을 버리는 것입니다.

Ⓕ정각분定覺分은 틀린 것을 고쳐 바로 잡아 결정하고, 불교의 교리와 도리에 맞게 틀림없이 확실하게 이해하고 깨달아서 확정하게 지혜로 증득하는 것입니다.

ⓖ염각분念覺分은 불도를 수행함에 있어서 정定·혜慧가 한결같게 하는 것입니다. 정定은 지관止觀의 지止를 말함이니 온갖 망념으로 인한 모든 번뇌를 그침이요, 혜慧는 맑은 지혜를 일으켜서 이(理, 본제)와 사(事, 현상)를 밝게 관찰하는 것입니다.

ⓐ팔정도八正道는 불교의 실천 수행하는 중요한 종목을 정견·정사유·정어·정업·정명·정정진·정념·정정의 8종으로 나눈 것입니다.

ⓐ정견正見은 모든 편견을 여읜 불교의 바른 진리를 시인하는 견해입니다.

ⓑ정사유正思惟는 행동이나 언어를 하기 전에 바른 의사·개념·구성·판단·추리 등을 행하는 인간의 이성의 작용으로 대상을 적확하게 분별하는 일입니다.

ⓒ정어正語는 정견과 정사유 뒤에 행하는 언어적 행위와 상대방의 언어를 감별하여 바른 말만 받아들이는 것입니다.

ⓓ정업正業은 진리에 부합하고 도리에 상응하는 정견·정사유에 입각한 신(身, 행동)·구(口, 언어)·의(意, 생각) 등의 바른 행위·선업善業을 하라는 것입니다.

ⓔ정명正命은 정업에 의한 바른 직업으로 바른 생활수단에 의하여 수명을 이어가는 것입니다.

ⓕ정정진正精進은 부지런히 이상을 향해 노력하는 것이며, 일심으로 불도를 수학하는 선업을 위해 바르게 노력하는 것입니다.

ⓖ정념正念은 바른 의식을 가지고 이상과 목적을 잊지 않는 것이

며, 무상과 고뇌와 무아 등의 핵심 교리를 염두에 두고 잊지 않는 명기불망明記不忘의 뜻입니다.

㉤정정正定은 불교의 교리를 진리에 맞게 틀림없이 확실하게 이해하고 깨달아서 수학 과정에서 적확하게 확정하여 지혜로 증득하는 것입니다.

④ 성문사과聲聞四果

석존의 설법을 듣고 깨닫는 것을 성문이라 하는데, 석존의 교리에 따라 수행을 하는 성자를 뜻합니다. 성자聖者의 성聖은 정正의 뜻으로, 모든 번뇌의 허물을 여읜 청정한 지혜인 무루지無漏智를 내어 바른 이치를 증득한 사람을 성자라고 합니다. 성문들이 깨닫는 네 계위를 성문사과라 하여 수다원·사다함·아나함·아라한이라 합니다. 약설하면 다음과 같습니다.

㉠ 수다원須陀洹

수다원이란 범어梵語를 음역한 명칭이고, 번역하여 예류과預流果라 합니다. 예류과는 초과初果라고도 하며, 불교의 근본교리인 십이연기를 수학하여 확실하게 깨달아 비로소 모든 번뇌의 허물을 여읜 청정한 지혜인 무루지無漏智를 증득하여 현전現前에서 분명하게 객관의 대경對境을 확인하는 현상계의 온갖 사리事理를 분명하게 비추어 아는 지혜의 눈인 법안法眼을 얻은 견도위見道位에서 견도에 의하여 소멸되는 욕계·색계·무색계의 견혹見惑을 끊음으로써 성자의 지위에 들어간 것을 예류과라 합니다.

예류과에 이르면 지옥·아귀·축생의 삼악도에 떨어지지 않으므로 예류과를 무퇴타법無退墮法이라고도 합니다. 예류과의 성자는 인계人界와 천계天界를 7회 왕복하여 14생을 받는 가운데 반드시 열반을 성취하여 아라한과를 깨닫는 것으로서, 이를 극칠반생極七返生이라 합니다. 과果란 해낼 과 자로, 수학을 해서 마침내 성취했다는 수행遂行의 뜻으로, 수학의 원인을 따라서 증득한 결과를 말합니다.

㉡ 사다함斯陀含

사다함이란 범어를 음역한 명칭이고, 번역하여 일래과一來果라 합니다. 욕계欲界의 견도위見道位에서 온갖 지적인 사리事理의 잘못됨인 미迷와 사리의 밝지 못함인 혹惑, 즉 미혹을 벗어나고 다음의 정情과 의意로부터 일어나는 온갖 번뇌의 속박을 벗어나려는 수양을 쌓는 기간을 수도修道라 합니다. 수도에 의해 소멸해 없어지는 마음의 미혹, 또는 현상적인 사물의 차별적인 진상을 알지 못하는 데서 일어나는 사혹思惑인 미사迷事의 혹惑을 수혹修惑이라 하고, 또는 태어남과 동시에 저절로 생기는 선천적인 구생기俱生起의 번뇌를 수혹이라 하는데, 수혹을 9단계의 등급으로 나누어 9품왕생九品往生 또는 9품혹九品惑 등으로 사용합니다.

9품이란 상중하上中下로 분류하고, 그것을 다시 각각 상중하로 나누어 상상·상중·상하·중상·중중·중하·하상·하중·하하로 나누어 9품이 있는데, 그 가운데서 앞에 6품까지의 번뇌를 끊어버린 성자의 위를 말합니다. 9품 중에서 앞의 상상품에서 중하품까지 6

품을 끊고 아직 3품이 남아 있으므로 3품의 수혹을 끊기 위해서는 한번 천계天界에 태어났다가 다시 인계人界에 와서 영원히 일체의 번뇌와 재난을 끊은 경지인 반열반般涅槃의 깨달음의 지혜를 증득해야 하므로 일왕래一往來하기 때문에 일왕래과一往來果 또는 줄여서 일래과一來果라고 합니다. 사향사과四向四果의 제2위를 말하며, 6품의 수혹을 끊고 있는 자리를 일래향이라 합니다.

ⓒ 아나함阿那含

아나함이란 범어를 음역한 명칭이고, 아나함을 번역하여 불환과不還果 또는 불래과不來果라고 합니다. 불환과 또는 불래과는 무루지無漏智를 증과證果하는 4계위 또는 4과四果 가운데 제3과를 얻는 지위의 이름입니다.

욕계의 수혹 9품 중에서 앞의 6품은 일래과에서 소멸하고, 나머지 하상품, 하중품, 하하품의 3품혹三品惑마저 다 끊고 남은 것이 없으므로, 욕계에서 죽어 색계 또는 무색계에 나고는 다시는 욕계에 돌아오지 아니한다는 지위이며, 이것이 불환과에 도달한 성자라는 뜻입니다.

불환과에는 중반·생반·유행반·무행반·상류반의 다섯 가지 5종불환五種不還의 구별이 있습니다.

㉮ 중반中般은 불환과의 성자가 욕계에서 죽어 색계에 태어날 경우, 거기에 이르는 중유中有의 자리에서 반열반하는 것입니다.

㉯ 생반生般은 색계에 태어나서 얼마 안 되어 반열반하는 것입니다.

㉰유행반有行般은 색계에 태어나 거기서 오래 동안 수행을 쌓고 반열반하는 것입니다.

㉱무행반無行般은 색계에 태어나 거기서 수행도 못하고 오랜 시간 뒤에 반열반하는 것입니다.

㉲상류반上流般은 색계에 태어나 다시 차례로 하늘에 올라가서 드디어 색계에서 최고천인 색구경천色究竟天, 또는 색계천에서 최고천인 유정천有頂天에 태어나 거기서 반열반하는 것입니다.

㉣ 아라한阿羅漢

아라한이란 욕계·색계·무색계 3계의 진리를 모르는, 혹은 견도見道에 의해 소멸되는 견혹見惑과 현상적인 사물에 집착하는 미사迷事, 혹은 수도修道에 의해 소멸되는 수혹修惑, 또는 사유에 의한 사혹思惑을 모두 소멸하고 불교의 교리를 깨달아 지혜를 계발한 성인의 계위를 말합니다.

중도심中道心으로 수행의 실천적 원리인 사제四諦의 절차와 단계와 순차에 따라서, 불교의 실천 수행하는 중요한 종목을 팔종으로 나는 팔정도의 수행법으로, 범부로서의 유정의 생존이 12의 조건에 의해서 성립된 12연기의 교리를 공부해서 깨달아, 지혜를 계발하여 앞서 설명한 근본번뇌를 모두 멸진한 아라한과의 성인, 진리를 깨달은 사람이라는 진인眞人이 됩니다.

10개의 근본번뇌의 족쇄를 풀어 번뇌를 벗어나면 감(去)과 옴(來), 무상無常과 실상實相, 생과 사, 세간과 출세간이 꿈속에 꿈이요 세간의 말장난일 뿐입니다.

아라한阿羅漢은 범어 arhan의 음역입니다. 약하여 나한羅漢이라고도 합니다. 번역하여 응공應供·불생不生·무생無生·진인眞人이라고도 합니다. 불교의 최고의 깨달음을 증득한 수학인을 가리키는 말입니다.

응공이란 세상에서 공양과 존경을 받을 수 있는 사람, 공양을 받는 데 상응相應하여 공양을 받을 만한 자격이 있는 이라는 뜻입니다. 불생 또는 무생이라 함은 영구히 열반에 들어가서 다시는 미혹의 세계에 태어남을 받지 않는다는 의미인데, 이는 원어의 어의語義에 따른 뜻은 아닙니다.

아라한은 뛰어난 도법道法을 얻은 4사문과四沙門果 성문들이 깨닫는 계위인 성문사과聲聞四果 중에서는 최후의 자리입니다. 여기에 다시 향向과 과果로 나눕니다. 그 과를 향하여 수행하는 사이 남은 번뇌를 끊고 아라한과로 향하는 것이 아라한향이고, 확실하게 그 과에 도달한 깨달은 자리를 아라한과라고 합니다. 곧 수행의 원인에 대한 결과를 말합니다.

아라한과의 성자를 일러 깨달음을 이미 통달했다는 이달己達의 대덕大德이라 합니다. 이것은 불교의 궁극적 최후의 이상세계로, 아라한과에 도달하면 불교의 모든 것을 다 배워서 다시 더 배워야 할 일법一法도 존재하지 않으며, 모든 번뇌를 끊어 없앤 결과를 무학無學 또는 무학위無學位, 무학과無學果라고 합니다.

아라한은 분류하여 퇴법·사법·호법·안주법·감달법·부동법 등의 6종 아라한을 세웁니다.

Ⓐ6종 아라한

㉠퇴법退法 또는 퇴상退相 아라한은 질병 등의 나쁜 인연을 만나면 이미 얻은 아라한의 깨달음으로부터 퇴실退失하게 되는, 근기가 가장 둔한 아라한입니다.

㉡사법思法 또는 사상死相 아라한은 증득한 아라한과를 잃을까 두려워서 자해自害하여 육신을 버림으로써 무여열반無餘涅槃에 들려고 생각하는 둔근鈍根의 아라한입니다.

㉢호법護法 또는 수상守相 아라한은 증득한 아라한과를 퇴실하지 않으려고 항상 방어하고 호위하는 곧 방호防護하여 잃지 않게 하는 둔근의 아라한입니다.

㉣안주법安住法 또는 주상住相 아라한은 특별한 퇴연退緣이 없는 한 방호하지 않더라도 대개는 퇴실하지 않지만 또한 뛰어난 승연勝緣이 없으면 증진하지도 못하는, 뛰어난 수행도 없고 향상도 없는 둔근의 아라한입니다.

㉤감달법堪達法 또는 가진상可進相 아라한은 그 근성根性이 예리하여 신심身心을 조복하고 증진하여 신속히 다음의 불법에 도달하는 이근利根의 아라한입니다.

㉥부동법不動法 또는 불괴상不壞相 아라한은 근성이 가장 뛰어나서 어떠한 역연逆緣을 만나도 증득한 법을 퇴실하지 않는 이근의 아라한입니다.

이상의 6종 아라한 중에서 앞에 5종의 아라한은 성품이 영민하지 못하고 우둔함인 지둔遲鈍한 재주의 둔근鈍根자로 시애심해탈時愛心解脫이라고 하고, 뒤에 부동법 아라한은 성품이 예리하고 영리한 자질인 이근利根한 아라한으로 부동심해탈不動心解脫이라고 합니다.

시애심해탈은 이미 얻은 아라한의 깨달음을 항상 애호하여 번뇌를 해탈하는 아라한이고, 부동심해탈은 번뇌 때문에 아라한의 깨달음에서 퇴실하지 않고 해탈하여 열반에 드는 아라한입니다.

⑧ 아라한의 수행 덕목, 육바라밀六波羅蜜

아라한이 되는 조건은, 원顯을 발하여 원을 이루고자 맹서하는 서원을 세워서 그에 합당한 선업의 공덕인 바라밀을 실천해야 그 과보로 아라한이 됩니다.

바라밀波羅蜜이란 범어 pāramitā의 음역이며, 번역하여 건너다의 뜻으로 도度 또는 도피안到彼岸이라 합니다. 생사의 세계인 이 언덕 차안此岸에서 깨달음인 열반의 세계인 저 언덕 피안彼岸에 이르게 한다는, '저쪽으로 가서 도달한다'는 뜻으로 수행자가 반드시 실천 수행하여야만 열반을 증득한다는 수행 덕목입니다. 바라밀 수행에는 보시·지계·인욕·정진·정정·지혜 등의 여섯 가지 바라밀 곧 육바라밀이 있습니다. 약설하면 다음과 같습니다.

㉮ 보시布施바라밀

보시바라밀은 탐욕과 인색한 간탐심慳貪心을 끊고, 자기의 재물을 빈곤한 사람에게 베풀면서도 주었다는 생각마저 버림으로써 자기 자신의 탐심을 끊고 집착을 끊는 재시財施와, 중생들로 하여금 항상 두려워함의 포외怖畏와 무서움과 두려움의 공포와 번뇌로 인한 재난으로 묶여 있는 액전厄縛을 용기와 지혜(용지勇智)를 주어 안심하고 벗어나게 해주는 무외시無畏施와, 불교의 교리를 설하여 무지를 깨우쳐 지혜를 증득하도록 인도하는 법시法施, 즉 재시·무외·법시를 보시바라밀이라 합니다.

㉯지계持戒바라밀

지계바라밀은 심신을 깨끗이 하여 죄악을 범하지 못하게 하는 자율적인 도덕적 행위를 의미하는 규정의 계戒와 모든 과실과 죄악인 과악過惡과 번뇌를 멎게 하여 일어나지 않게 하는 제복制伏, 죄악의 행위를 저지르면 반드시 처벌의 규정이 따르기 마련이므로 타율적인 규범의 율律, 즉 계와 율인 계율을 견고히 지켜 악업을 대치하여 좋은 습관을 익히고 몸과 마음의 청정을 유지하는 것입니다.

㉰인욕忍辱바라밀

인욕바라밀은 타인으로부터 핍박하여 해하는 박해를 당하여도 참고 견디어 동요됨이 없는 내원해인耐怨害忍과, 어떠한 괴로움도 받아들여 참고 견디어서 마음을 움직이지 않고 편안히 하는 안수고인安受苦忍과, 제법의 진리를 밝게 관찰하여 무생無生의 이치에 안주安住하는 제찰법인諦察法忍의 세 가지 인욕을 닦아 능히 진에심瞋恚心을 다스리는 것입니다. 참기 어려운 욕됨이 육체와 정신을 핍박해도 실망하거나 좌절하지 않고 역경과 난관에 굽히지 않으며 의연하게 살아가는 인내의 완성을 말합니다.

㉱정진精進바라밀

정진바라밀은 불도 성취를 위해 선을 수호하여 기르고 악을 단절하여 일어나지 않도록 하기 위한 부지런하고 성실한 근간勤幹이므로 근정진勤精進이라고도 하며, 약하여 선으로 나아감·차차 좋은 데로 향하여 간다는 의미에서 진進이라고도 합니다. 심신을 가다듬고 힘써 선법을 수학함에 방일과 해태함이 없이 부지런히 꾸준히 한다는 근勤의 마음작용인 심소心所를 체로하는 정진력을 말합니다. 『대지도론』에는 정진에는 용맹을 상징하는 피갑被甲과 선법을 닦는 섭선攝善과 중생을 이익케 하는 이락利樂의 3종 정진이 완전한 노력이라고 했습니다.

　㈔정정正定바라밀

정정바라밀에서 정正은 바른 도·도리에 맞음·확실함이고, 정定은 마음을 하나의 대상에 집중하여 정념正念하는 심일경성心一境性으로, 정견正見에 의해 삿됨이 없는 바른 사려로 사물의 본성을 마음에 기억하여 잊지 않는 것을 말합니다. 그리하여 정정은 정심사유正心思惟 또는 정심행처正心行處라 합니다. 정심사유는 마음을 가다듬은 바른 마음으로 진실한 도리를 생각함이고, 정심행처는 마음을 바르게 닦는 것을 뜻하는 말로 번뇌 망상의 마음을 바로잡아 안정安定을 얻어 진리의 본성을 밝혀 깨닫는 수심법修心法입니다. 어리석음을 여의고 법을 바르게 보는 정견正見이고, 경계를 여실하게 관찰하는 정관正觀이며, 사리를 분별 결정하고 의심을 결단하여 무위의 공리空理에 달하는 혜慧이고, 생명의 실상과 우주의 질서를 꿰뚫어보는 통찰력의 수행이며, 실천 수행의 도道입니다. 즉 무지를 타파하고 존재의 실상을 밝혀 참된 자각을 열어주는 수행입니다.

⑭ 지혜智慧바라밀

지혜 바라밀은 범어 프라즈냐(prajñā)를 중국에서 음역하여 반나야般羅若라 하고 약하여 반야般若라 하였는데, 이는 '온전하게 이해하다'·'온전하게 깨닫다'는 뜻으로 이를 한역하여 지혜智慧라 하고 약하여 '지智' 또는 '혜慧'라 합니다.『대지도론』에는 지智를 반야라 했고, 원효 스님이 쓴『대혜도경종요』에는 혜慧를 반야라 했습니다.

지혜라는 단어는 중국어이고, 한국어로는 슬기라 하며, 인도 범어로는 반야라 하는데, 지智는 슬기로울 지·슬기 지이고, 혜慧는 슬기로운 혜·슬기 혜로 통명通名이지만 지는 총명함이고 지혜를 뜻하므로 작용이 다릅니다.

지智는 관찰할 수 있는 형체로 나타나는 상대적이며 차별이 있는 사물이나 현상인 사상事象과, 사물이 존재하고 변화해 가는 데 있어서 반드시 표준으로 삼는 절대적이며 평등한 법성을 분석하여 아는 법칙인 도리에 대하여 분명하게 옳음과 그름, 정직함과 간사함인 시비정사是非正邪를 결정하고 명료하게 결단을 내려 정하는 단정斷定과, 분별하여 깨달아 아는 변별요지辨別了知 작용을 잘하여 모든 인연의 화합으로 조작되어진 유위의 현상 차별된 모양인 사상을 꿰뚫어 막힘이 없이 환히 이해하여 깨닫는 극치의 통달通達과 분명히 이해하여 환히 깨닫는 요해了解와 지식으로 도리를 이해하는 해료解了에 의하여 구경에는 번뇌를 끊는 주인主因이 되는 정신작용을 지智라 말합니다.

혜慧는 범부의 미혹으로 볼 수 있는 차별적인 현상의 사상의 사법事法과, 성자의 지견知見을 가지고 도달하는 보편적인 구경의 진리인 이법理法, 곧 사리事理를 생각하고 헤아려서 확인하여 견해를 결정하여 의심을 결단하고 통달하여 환하게 깨닫는 조견照見을 혜라 합니다.

어리석음에서 벗어나 진리를 깨닫기 위한 통찰력이고, 생멸 변화를 여읜 상주절대常住絶對의 무위법無爲法으로 생멸의 실상과 우주의 질서인 인과법을 이해하는 원동력이며, 일체법은 인연법에 따라서 생겨난 것이므로 거기에는 아체我體·본체本體·실체實體라 할 만한 것이 없다는 공리空理를 확실히 이해하고 깨달아 통달하는 것을 혜라 합니다.

지혜는 일체의 제법을 깨달아 확실히 이해하는 통달로 득실과 사정邪正을 분별하는 마음의 작용으로, 사리를 밝히고 잘 처리하여 가는 재능입니다. 내 주관의 중심으로서 지배능력을 가지고 항상 변하지 않는다고 하는 생각이 인아人我인데, 인아가 존재한다고 하는 생각에 집착하는 아집我執과 색·수·상·행·식의 오온이 가화합으로 구성된 신심身心의 몸을 생멸 없고 변천 없이 늘 존재하는 하나의 실체·본체·상일실체常一實體 하는 실아實我가 있다고 하는 아견我見, 실제로 자아가 있다고 생각하는 망상을 아상我相이라 하는데, 이 아집과 아상의 번뇌를 모두 씻어내고 세간 통속의 사상事象을 식별하는 분별지分別智까지 여의고 무상의 이치를 증득하여 마음속에 집착 분별함이 없는 진리를 체득한 무분별지無分別智를 지혜라 합니다.

인도 범어의 '반야'를 중국어로는 지혜라 하고 우리말로는 슬기라 하는 것이니 동일한 것에 다른 이름을 붙인 것에 불과합니다.

바라밀은 미혹의 생존인 고뇌와 생사의 이 언덕 차안此岸을 건너 완전한 깨달음의 지혜인 보리를 완성한 열반의 저 언덕 피안彼岸으로 건너 준다 하여 도度 또는 도피안到彼岸이라고 번역합니다. 열반인 피안에 이르게 하는 배와 같고 뗏목과 같으므로 지혜야말로 참다운 의미의 바라밀이고, 번뇌의 오염으로 찌든 집착과 고정관념을 버리고 참된 도리를 깨닫는 것이 지혜바라밀입니다.

무지로 인하여 잘못된 견해가 생기지만 무지와 잘못된 견해는 다릅니다. 무지는 아는 것이 없어 고뇌의 근본을 모르는 것이지만, 잘못된 견해는 자기가 존재한다는 자아가 있다는 집착을 갖는 것입니다. 무지는 존재하는 실재에 대하여 모르는 것이지만 잘못된 견해는 사물을 탐하는 탐심으로 인하여 일어난 것입니다. 잘못된 견해는 변하는 것을 영원한 것으로 알고, 괴로움을 즐거움으로 알고, 무아를 자아로 압니다. 무지는 모르는 것에 그치지만 잘못된 견해는 무지보다 깊은 병에 속합니다. 모르는 것은 깨달아 알면 지혜로 전환되지만 잘못된 견해로는 지혜가 열리지 않습니다. 잘못된 견해는 쉽사리 바뀌지 않습니다. 이는 자아가 있다는 사견으로 탐진치의 불선심을 일으켜 불선행의 업보로 지옥·축생·아귀·아수라의 사악도四惡道에 떨어지는 근본 원인입니다.

(4) 출出

출出이란 속에서 바깥으로 나온다는 말입니다. 불교에서 출이란 출가와 출리와 출리생사의 준말입니다.

출가出家는 번뇌의 얽매임과 세속적 가정생활의 집착과 속박을 여의고 가족과 집의 속가俗家를 출出하여 자연환경 속에서 마음을 어지럽게 하는 먼지와 때인 진구塵垢의 번뇌를 벗어나는 출진出塵으로 진리의 깨달음을 구하는 수도, 출가수행 상태를 말합니다.

출리出離는 속세의 잡념을 끊고 미망迷妄의 세계에서 벗어남을 뜻합니다.

출리생사出離生死는 중생이 업인業因에 의해서 미혹의 세계인 욕계·색계·무색계의 삼계와 지옥도·아귀도·축생도·수라도·인간도·천도天道의 육도에 태어나서 죽기를 거듭하면서 윤회하는 생사를 여의고, 진리를 깨달아 지혜를 계발해서 해탈하여 열반의 경지에 이르는 것을 말합니다.

이상의 도제道諦는 생사를 출리하는 중요한 길이므로 출요出要라 하고, 미망을 벗어나는 긴요한 길이므로 출리요도出離要道라 하며, 세간을 벗어나서 열반에 들어가는 도이므로 출도出道라 하고, 미망에서 벗어나는 중요한 깨달음이므로 출요각出要覺 또는 출리각出離覺이라 합니다.

9. 업業

1) 업의 개념

예로부터 사람들은 살고 죽는 생사 문제에 지대한 관심과 의혹을 가졌습니다. '사람은 어디서 와서 어디로 가는가?' 하는 죽음의 문제에 관심을 갖고 고심하였으며, 이에 더하여 불사不死의 희망을 가져왔습니다. 죽지 않고 영원히 살 수 있는 길은 무엇인가 하는 원초적인 물음에 종교는 해결책을 제시한다고 할 수 있습니다.

불교에서는 이를 하나의 독특한 신념 체계로서 설명하고 있습니다. 그것이 바로 업의 개념입니다. 업業이란 범어 karma를 음역하여 갈마羯磨라 하고, 번역해서 업이라 합니다. 업은 원인을 과보로 하게 하는 소행所行이며, 의지를 수반한 신심의 몸·입·생각에 의한 행동과 행위의 개념입니다.

사람의 행위에는 어떠한 마음먹은 생각인 의사가 수반되어 있으므로, 즉 의지의 동작과 행위를 의미하며, 인因으로 과果를 조성하는 인과관계를 나타내는 유일한 말입니다. 그러므로 원인으로 생기生起한다는 법칙의 인과율을 의미합니다. 이 개념을 '보상의 법칙'이라고 합니다. "뿌린 대로 거두리라"라고 한 예수의 말도 이것을 의미합니다.

　업은 의지를 수반한 행위이며, 행위는 접촉을 연緣하여 생기하므로, 즉 연에 의해 생긴 결과인 연이생緣已生이 업입니다.

2) 업의 본성은 의사意思

업은 무엇을 하겠다고 마음먹은 생각인 의사와 함께 동반하여 수반隨伴하므로 신업身業의 몸으로 나타냄인 신표身表와 어업의 언어로 나타냄인 어표語表는 관찰하고 생각하는 관념觀念으로, 뜻한 바의 목적을 사려하고 선택하고 결심하여 그것을 달성하기 위하여 적극적으로 노력하는 마음의 능동적 작용인 의지를 표현할 때 비로소 신업과 어업으로 현실체가 됩니다. 무엇을 하겠다고 마음먹는 생각인 의사와 의사로 뜻한 바의 목적을 결심하고 그것을 달성하기 위하여 적극적으로 노력하는 마음의 능동적 작용인 의지는 함께 동반합니다.

　동작인 행위는 여러 관념 속에서 공통된 요소를 뽑아 종합해서 생각해낸 사유思惟된 신(몸)·구(입)·의(생각)의 행위를 업이라고 하는데, 업은 반드시 의지와 함께 생기한다는 기본 조건을 갖추므로 의지 그 자체도 행위라 합니다. '행위'는 의지가 현상화된 현상의 형태이므로 의지를 수반한 마음의 행위를 의업意業이라 하고, 의지를 수반한 신체의 동작은 신업身業이라 하며, 의지를 수반한 언어의 행위는 구업口業 또는 어업語業이라 합니다. 이러한 논리를 골자로 분석한 형태가 신업·구업·의업의 삼업三業입니다.

삼업은 사량思量하는 마음의 작용인 의意에 따라 나타나는 것입니다. 그리하여 업의 본질은 의사意思이며, 의사는 심心·의意·식識인데, 심·의·식은 동일한 뜻에 다른 이름을 붙인 동의이어同義異語입니다. 의사는 작용을 끄집어낸 개념으로 원어는 행위를 나타내는 동사와 명사의 기능을 함께하는 품사인 동명사입니다. 의사가 의지를 작용하여 신·구·의에 의해 업을 구성한다고 하여, 업을 매우 자세하고 분명하게 밝혀, 이것은 행行과 같은 의미라 했습니다.

행이란 신행·어행·심행인데, 색사色思·성사聲思·향사香思·미사味思·촉사觸思·법사法思의 육사행六思行이 행이라는 말입니다. 의지의 작용을 살펴보면 다음과 같습니다.

의지는 사려·선택·결심 등을 하는 마음의 능동적 작용입니다. 자신의 의지는 창조성과 형성력을 지니고 있으므로 일체 사물이 형성되는 근본이며 창조주이며, 따라서 한 인생의 원형도 자기의 의지에 따라 조성됩니다. 우리가 결심한 일을 하는 데는 의지가 우선한다는 것을 알아야 하니, 모든 것을 창조하고 또는 그것을 거스를 수도 있는 힘이 의지입니다. 그러므로 우주의 에너지와 어우러져 있는가, 거스르고 있는가에 따라 진보와 퇴보가 결정되며, 죄를 범하거나 우주의 에너지와 조화를 회복할 수 있는 것도 인간 스스로의 의지에 따라서입니다. 우리의 의지가 우주의 창조적 에너지에 대해 관계를 가져 나가는 과정이 운명을 창조하는 것이며, 운명을 이끌고 조성하는 원인으로써 작용합니다. 인간은 우주의 법칙안에서 자유의 의지로 살아가는 존재이며, 의지의 소작所作으로 시간과 공간에 행업行業의 업인業因을 남깁니다.

3) 업은 두 가지 요소에 의해서 구성됨

업이란 두 가지 요소에 의해서 구성된 존재로, 업을 만드는 주체 곧 작자作者는 사려·선택·결심 등을 하는 마음의 능동적 작용인 의지이며, 의지에 의해서 신身·어語로 만들어진 것이 업입니다. 업의 주체는 우리의 오관五官으로는 파악할 수 없습니다. 자신의 삶이 업의 흐름 그 자체이기 때문에 마음으로 감득할 수밖에 없습니다. 인因이나 과果는 마음 밖에 실체로 존재하는 것이 아니므로 경험적 사실에 의하는 것입니다. 업인業因에서 업과業果가 생기는 업인과 업과의 관계는 이런 인因에서 이러한 과果가 나왔을 것이라고 추리를 가능하게 하는, 확실하지는 못하나 그러하리라고 생각되는 개연성을 가질 수는 있지만 꼭 요구되는 절대적 확실성을 갖는 것은 아닙니다. 개연적인 추리를 가능하게 하는 것은 경험상의 필연성을 인정하는 것에 불과합니다. 업인 업과의 인과율因果律은 논증으로는 인식이 불가능하고 경험적 인식이라는 것입니다. 즉 이성에 의하여 생각할 수 있는 최선의 상태인 이상적 인식이 아니고 직접 느껴보거나 겪어본 경험적 인식입니다.

경험적 사실을 분석할 때에는 경험적으로 옳고 그름을 사리에 맞도록 논술하여 증명하는 논증에 의거하고, 미래에의 자세를 정비하려고 할 때는 논증적 과학에 의거합니다. 논증적 과학에 준한 방법을 통하여 초경험적인 사실에 다가가는 것이라 봅니다. 그러나 초경험적인 사실은 논증이 불가능합니다. 그것은 주관적인 종교 경험이기 때문입니다. 논증할 수 있다고 생각할 때는 이미 그것은 종교 경험이 아닙니다. 마치 영혼의 불멸론과 같은 것입니다. 영혼의 존재는 그것을 믿는 자에게만 존재하고, 영매는 특수감각을 가진 자에게만 가능하며, 행복이라는 주체적인 경험에 관해서도 행복을 행복이라고 생각한 사람에게만 존재하는 것입니다. 그래서 업론은 경험을 논증에 의해 분석하려는 경험적 과학에 가깝다고 말할 수 있습니다.

우리의 삶이 업입니다. 업의 주체는 심의식心意識입니다. 심의식은 인간의 마음을 셋으로 나눈 것입니다. 심心은 어느 대상을 포착하여 사유하는 작용을 일으키는 집기集起의 뜻이고, 의意는 사리事理를 두루 생각하여 헤아리는 마음의 작용인 사량思量의 뜻이며, 식識은 외경外境을 분별하여 앎인 식별識別과 분별하여 이해함인 요별了別 곧 사려思慮의 뜻인데, 대체로 심은 마음의 주체로서의 뜻이며 의와 식은 작용을 가리킵니다. 그런데 번뇌에 얽매이어 생사를 벗어나지 못하는 범부들은 마음이 자기라는 것을 망각하고 육체가 자기라는 망상에서 악업을 짓는 것이니, 이 같은 망상에서 벗어나야 합니다.

나(自我)는 마음(심·의·식)으로 연명하는 것입니다. 선업善業은 좋은 결과를 받을 수 있는 신身·구口·의意의 행동·언어·의념·오계五戒와 십선十善 등의 선善행위로, 선심에 의해서 일어나 현재·미래에 걸쳐서 자타自他에 이익을 주는 백정白淨의 법입니다. 이에 반해 불선업不善業은 이기주의와 차별심인 자기중심으로 여러 가지 불량하고 거칠고 막된 추잡한 태도를 거침없이 행동합니다. 타인의 마음(心)이나 몸(身)에 폭력을 가하고, 아무 거리낌 없이 제멋대로 행동하는 방종과 체면에 어그러지도록 버릇없이 난폭한 짓을 하는 행패로, 폭행·폭언·강간·마약·약탈·주광 등으로 자신의 정신을 심악스럽게 추락시켜 자존심과 배타심으로 행동합니다. 이같은 불선행의 근원은 미혹한 무지에서 일어나는 망령된 망심과 망령된 생각, 허망한 마음인 망의妄意와 사려와 분별을 못하는 망식妄識과 그릇 해석하는 오해와 이치에 맞지 않는 과오, 그리고 오류 때문에 저질러집니다. 곧 바르지 못한 망심·망의·망식이 범법犯法의 근본 원인입니다.

4) 업은 힘(力)의 근원성이다

업이란 인因에 의해서 과果를 생기하는 소행(所行, 행한 일)이라는 말이니, 업인業因이 보과報果를 가져오는 큰 힘을 업력業力이라 말합니다. 그것은 힘(力)의 근원성根源性입니다. 자연과학에서 힘이란 전자기력電磁氣力·약력弱力·강력强力·중력重力이라는 기본적인 힘을 말합니다. 우주에 편만하여 존재하는 근원적 힘은 과학이든 정신세계이든 공통된 요소입니다. 이 직관된 힘은 과학에서는 엄밀한 시험에 의해 실증되지만 업력의 힘은 정신에 의한 경험으로 실증된 것입니다. 힘은 이처럼 이성적 실험과 경험적 방식으로 실증된 것입니다. 우주에 편만한 힘을 감각적으로 표현하면 움직임·흐름의 운기運氣를 말합니다. 만물 생성의 근원, 만유의 근원, 심신의 세력·원기·힘·기세·풍·우·회晦·명明·한·서 등의 자연의 현상 등을 뜻합니다.

인간 세계에서는 업에 대한 자각에 의해서 증명되고, 경험에 의해 업의 작용이 과보果報를 일으키는 것이 입증되기 때문입니다. 업이라 하면 의지적인 동작으로서 그것은 인간의 행위라는 힘을 의미합니다. 우주를 대우주라 한다면 인간은 축소복사체로서 소우주라 할 수 있습니다. 소우주에서 작용되어 나오는 힘이 업입니다.

업은 우주력인 선성善性과 악성惡性을 지닌 선업과 악업의 양극성의 기본구조로 되어 있습니다. 우주력에서 우宇는 천지 사방 공간의 넓이이고, 주宙는 과거로부터 미래로의 시간적인 연결이란 뜻으로 시간과 공간을 나타내며, 력力은 시간과 공간 중의 물질과 빛이나 열이 물체에서 사방으로 직사直射하는 방사放射 에너지가 존재하는 전 공간에 자연의 운행으로 나타나고, 업력은 사람의 의지에서 언어와 동작으로 표출됩니다. 사람의 의지적인 동작은 우주력의 분할동작分割動作이라고 합니다. 이것을 업이라고 합니다.

언어는 사람의 사상·감정·의사를 표현하고 전달하고 이해하는 음성적 부호로, 말(언어)이며 우주력의 표현이기 때문에 어떠한 동작을 하는 힘이 영향을 주는 작용이기도 합니다. 따라서 어업이라는 것은 언어를 통해서 나타난 우주적 작용이므로 말을 업이라 합니다. 업의 원뜻은 작용이 신업과 어업의 근본이 된다는 것으로 우주력의 전통을 계승하고 있다고 말할 수 있습니다.

업인業因이 업보業報를 가져오는 힘을 업력業力이라 하는데, 업력은 우주의 에너지입니다. 업인은 업력으로, 윤회의 동력이며 지불해야 할 부채입니다. 정신적인 부채는 물질적인 부채와 동일체로서 반드시 갚아야 할 부채입니다. 이 부채의 보상이 업보입니다. 우리의 한정된 심의식心意識으로는 기억이 없는 과거에 자기가 지어놓았을지도 모르는 도덕적 부채의 업인에 대한 정확한 내용을 자각하지 못합니다. 다만 성실한 순종으로 부채를 갚겠다는 순수한 의지로 보상에 힘써야 합니다.

불선업인不善業因을 조성하는 것은 영묘불가사의靈妙不可思議한 마음의 본성인 영성靈性의 동일성인 심의식心意識이 결여되어 있기 때문에 생기는 것입니다. 불선업을 바로 잡으려면 마음의 결핍을 자각해야 합니다. 업을 부정하는 것은 욕망이나 아집으로 살아가는 삶입니다. 윤회와 업보는 올바른 삶을 일깨워주는 교훈입니다. 윤회의 법칙으로 밝혀진 업인業因이나 업보業報는 우주의 법칙입니다.

5) 우주력의 구조가 업력이다

행行이란, 인연에 의해 이합집산하고 생멸하는 법을 유위법有爲法이라 하는데, 일체의 유위법에 의해 신身·구口·의意로 위작爲作·조작되는 구조력構造力을 의미합니다. 구성력의 원천은 의지에 있으나 그것의 과정은 신·구·의를 통해 나타나 업이 된다는 것입니다. 업은 우주의 작용력, 창조적 에너지입니다. 우주宇宙란 공간적인 세계인 우(宇: 天空)와 무한한 시간인 주(宙: 무한한 시간)의 합성어입니다. 우주는 시간과 공간의 좌표상에 있는 세계입니다. 우주에는 우주력이 있는데, 그 힘은 '가능하다'의 명사로서 능력·구성력을 가리킵니다. 우주의 내용과 형식을 결정짓는 용어를 '구조(꾸미어 만듦)'라고 합니다. 즉 업이란 구조로 번역할 수 있다는 것입니다. 인간의 모든 행위와 삶 자체가 구조 속에서 살아가는 것입니다. 구조를 떠난 어떠한 삶도 있을 수 없으며, 어떤 형태이든 나름대로 구조를 지니고 다른 구조와의 관계 속에서 살아갑니다. 즉 업이란 구조인데, 이는 사회생활 영역에서 빚어지는 역동적인 삶의 방식을 뜻합니다. 구조란 업의 여러 요소의 상호 의존 내지 대립 모순 관계의 총칭인 사회구성에 따른 당연한 맥락입니다. 간추려 정리하면, 사람은 업의 소산물이고, 사회와 역사의 소산물이며, 사회구조의 소산물이라고 할 수 있습니다.

6) 업은 실유성實有性인 에너지이다

업은 색법色法으로는 나타낼 수 없는 비물적非物的인 무표색無表色이므로 물체가 아닌 작용입니다. 즉 바람은 눈에 보이지 않지만 움직이며 작용하고 있습니다. 바람은 비물질이지만 없는 것이 아니라 진실로서 존재하며 작용하고 있습니다. 이것을 실유實有라 합니다. 실유란 진실로 있다는 뜻입니다.

업이란 깊이 생각한 체념體念을 행동과 언어의 기능으로 전환하는 조작이므로, 업적 세계는 무시이래로 작용에 의해 존재하는 것입니다. 업인業因 업과業果는 작용이라고 하는 내용을 갖는 개념에 의해서 관계 지워지고 있습니다.

　업은 우주의 에너지·정력·활기·윤기·원기력·힘·활동력 속에서 질서 있게 존재합니다. '질서'라는 것은 인과 원리의 법칙을 말합니다. 만물은 인과 원리의 법칙인 이법理法에 의하여 필연적으로 관련된 작용입니다. 여기서 미국의 이론물리학자 아인슈타인 (1879~1955)이 밝힌 에너지 원리를 참고하면 업체業體를 이해하기 쉽습니다. '상대성이론'에 따르면 "질량(물체가 가지는 물질의 분량)을 가진 물질이 곧 에너지이고, 에너지가 곧 물질이다"라고 했으며, "물질의 질량이 변화하면 강력한 에너지가 생긴다"라고 했습니다.

7) 업인과 업과의 연결은 상속이다

업이 과보인 응보應報로 형성되는 원인을 업인業因이라 하는데, 업인을 업과로 연결하는 것은, 현상은 생사 인과가 회전하여 한없이 유전流轉하나 실상은 그대로 이어 연속하는 상속相續의 개념입니다. 상속이란, 인因은 과果를 내고 과는 또한 인이 되어 또 다른 과를 내므로 이렇게 인과가 차례로 연속하여 끊어지지 않는 것입니다. 인과 과를 연결하는 것은 원인을 도와 결과를 낳게 하는 작용 곧 상속이 뒤를 잇는 것입니다. 예를 들어 한 마을에 초가집이 연결되어 있는데 한 집에서 화재가 발생하여 이 불이 옆집으로 번져 온 마을을 잿더미로 만들었습니다. 최초의 업인은 한 집의 화재였는데 그 처음 화재가 상속하여 온 마을을 잿더미로 만드는 업과가 되었을 때 인과 과를 연결하는 것은 상속이 있을 뿐입니다. 인이 과를 맺어주는 것은, 양자 간에는 공능功能의 상속이라는 연緣의 이음이 있을 뿐입니다.

8) 상속은 공능이다

업인과 업과를 이어주는 상속은 공능功能입니다. 공능이란 동작·말·생각으로 애를 써 이룬 공로功勞와 일을 해낼 수 있는 재주와 능력의 합성어로, 간접적인 작용의 기능을 뜻합니다. 이 같은 공능이 과果를 생기게 합니다.

선심의 공능이 선의 결과를 초래하고 불선심의 공능이 상속됨으로써 불선의 결과를 초래합니다. 이 연속하고 있는 공능을, 곡류의 싹이 종자로부터 나오는 것처럼 물物·심心의 모든 존재 현상을 일어나게 하는 인종因種을 가리키는 뜻에서 종자種子라고 합니다.

이는 업인 업과를 연결하는 개념으로 종자설을 세워 생각하는 방법입니다. 종자가 습관에 의해 생육하거나 상속하여 전변轉變해 가면서 업과를 낳는다는 종자의 작용(공능)입니다. 종자(업인)에서 싹이 나와서 꽃을 피우고, 꽃은 과실을 맺는다는 일련의 과정입니다. 종자는 싹을 돋아나게 하고 싹은 꽃을 돋아나게 하며 꽃은 열매를 생기게 합니다. 이러한 과정이 계속되는 것을 상속·전변이라고 합니다. 전변이란 전화변이轉化變異의 약자로, 유위법이 상속하는 가운데 앞의 순간에서 뒤의 순간으로 옮기면서 체體가 개변改變하는 것은 허락되지 않지만 작용이 일어날 것·일어나는 것·일어난 것

214

이 미래·현재·과거의 변화라는 점에서 전변(작용변화)을 인정합니다.

9) 업과 연

업을 결과(果)로 유도하는 직접·내적 원인을 내인內因이라 하고, 인을 외부에서 돕는 간접 원인(緣)을 외연外緣이라 합니다.

연緣이란, 결과를 끌어 일으키는 직접적 원인을 인이라 하는데, 이를 밖에서 돕는 간접적 원인이라 하여 연이라 합니다. 연은 많은 원인으로 이루어졌으며, 또한 여러 조건을 의미합니다.

업은 인과 연이라는 두 요소에 의해서 과를 조성합니다. 인은 과의 직접 원인인 데 대하여 연은 간접 원인입니다. 연은 과를 직접 생하지 않지만 거기에 조력助力을 부여함으로써 과를 이끌어냅니다.

인간계나 자연계도 인연의 사슬로써 연결되지 않은 우연이란 것은 생각될 수 없습니다. 비록 우연처럼 보이더라도 사실은 그 원인을 몰랐을 뿐이지 인연이 없다고는 말할 수 없습니다. 인연에는 하나가 아니라 불특정 다수의 원인이 있습니다.

불교의 업설은 연기설을 기저로 하여 해석되는 것이니, 연기란 '모든 현상은 무수한 원인의 인과 조건인 연이 상호 접촉(관계)하여 성립된다'는 것으로, 독립 자존적인 것은 없으며 제諸조건 원인이 없으면 결과(果)도 없다는 설입니다. 곧 현상의 생기소멸生起消滅의 법칙을 연기(접촉)라 합니다. 인因은 과果에 대한 직접 원인이고, 연

緣은 간접 원인입니다. 인과 연 그 자체는 고정적 실체가 아니고 동적이고 작용적인데, 인은 과에 대한 일방적 운동이고, 연은 서로 어긋매낌 작용으로 원인이 되며 결과가 되는 교호작용交互作用이며 다면적多面的입니다.

연緣이란 다연多緣이며 또한 제조건의 의미입니다. 업의 생기를 돕는 연의 작용을 보면, 연은 작용하는 것에 있어서 연입니다. 또한 작용하는 것은 연에 대한 작용으로서의 기능입니다. 따라서 연이나 작용도 따로따로 독존성은 없습니다. 양자는 상관성·상호 의존성 관계에 있는 것입니다. 이 같은 인과 연을 합성하여 인연因緣이라 합니다. 곧 인으로서의 연입니다. 연이란 원인을 도와 결과를 낳게 하는 작용, 즉 과를 향해서 나아간다고 하는 어원인데, 인과의 이법이라 할 경우에 인은 관계·연유한다는 인연을 의미합니다. 연에는 인연·등무간연·소연연·증상연 등이 있습니다. 약설하면 다음과 같습니다.

10) 연緣의 분류

(1) 인연

인연因緣이란 사물을 성립시키는 근원인 인과 이를 발생시키는 조력助力인 연과의 관계, 곧 인으로서의 연입니다. 일체의 존재는 모두 인연으로 낳(生)고, 인연으로 멸滅합니다. 인연에 의해서 생기는 것을 인연생因緣生·연생緣生·연성緣成·연기緣起 등이라고 합니다. 이와 같이 인연으로 생멸하는 도리를 인연생멸因緣生滅의 이理라 합니다.

(2) 등무간연

등무간연等無間緣이란 심리현상(心所)에서 볼 수 있는 생기生起의 관계입니다. 하나의 마음이 일어났을 때, 뒤에 일어나는 그 마음은 앞에 마음이 길을 열어 뒤에 일어나는 마음을 끌어 일으키는 원인이 되므로, 그 주체가 본질적으로 전념과 후념이 평등하므로 등等이라 하고, 전념과 후념과 사이에 얼마간의 시간이 경과한다 하더라도 다른 마음이 그 사이를 뜨게 하지 않아 간격이 없으므로 무간無間이라는 관계가 성립되므로 등무간연이라 합니다.

(3) 소연연

소연연所緣緣이란 마음과 대상의 관계인데, 외경의 대상이 마음을 자극하여 일어나게 하므로 마음에서 보아 그 대상은 소연연이라 합니다. 마음으로 인식하는 대상인 소연所緣은 육식의 대상으로 인식하는 심식心識으로 인식하는 육경과 같은 대상을 말하고, 연緣은 결과를 이끌어 오는 원인을 말합니다. 즉 의식과 거기에 각각 대응하는 대상과의 생기관계를 말합니다.

(4) 증상연

증상연增上緣에서 증상增上은 증승상진增勝上進의 약자입니다. 증승增勝은 한층 더 나음을 뜻하고, 상진上進은 좋게 끌어올림을 뜻합니다. 증승상진이란 다른 법法을 일으키는 데 강한 힘이 되는 것을 말하는 것이니, 한층 더 좋게 끌어올림을 뜻합니다. 즉 인이 과를 일으키는 데 나은 노력을 증가시켜 훌륭하게 과를 일으키는 원인을 말합니다. 예를 들면, 논밭은 쌀과 보리가 싹터서 자라는 데 힘이 됨과 같은 것입니다. 즉 다른 것을 발생시키는 연이 되는 경우와 다른 생기를 방해하지 않는다는 의미에서 역시 생기에 연이 된다는 것입니다. 이 같은 적용 범위를 확대시킨 연을 증상연이라고 합니다.

11) 업의 상호작용인 연緣

인연과 과보인 인과율因果律이 과거에서 현재로, 다시 현재에서 미래로라는 업의 시간적인 연속과 관계가 있다면 모든 인연이라는 중연衆緣, 즉 모양과 태도로 관찰하고 생각하는 양태관념樣態觀念은 업의 상호작용적인 관계입니다. 연이란 단일한 것을 말하는 것이 아니라 복수적인 연이며, 복수적인 상황입니다. 일체의 중연력衆緣力에 의하여 제법이 생기하는 것입니다. 업인·업과도 제연諸緣에 의하여 생기하는 것이며 인과의 관계만은 아닙니다. 인은 과에 대한 직접 원인이지만 연은 간접 원인입니다. 업인에서 별연別緣이라든가 전전력展轉力이라는 제 개념은 모두 간접 원인인 연의 힘을 의미합니다. 인과율이 시간적이라 한다면, 중연은 공간적 관계라고 말할 수 있습니다.

12) 업과 연기

업이란 행위·소작所作·의지에 의한 신심身心의 활동과 생활을 의미하고, 결과(果)를 끌어 일으키기 위한 직접적·내적 원인을 인因이라 하는 데 대해서, 인을 밖에서 돕는 간접적 원인을 연(緣, 외연)이라 하며, 이 둘을 합성해서 인연이라고 합니다. 업과와 업보는 인연에 의해 결과가 성립된다는 뜻입니다.

연기란 모든 현상은 무수한 원인의 인과 조건인 연이 상호 관계하여 성립된다는 것으로 독립 자존적인 것은 없으며, 제 조건과 원인이 없으면 결과도 없다는 설입니다. 나아가 일체 현상의 생기소멸의 법칙을 연기라 합니다. 불교의 교리적 체계로는 연기로서 우주와 인생의 온갖 변화 운동과 가치를 설명합니다. 즉 인보다는 연이 중요하다는 것입니다. 그리하여 업의 내용을 연기설의 맥락으로 파악할 것을 가르쳐 주고 있습니다. 이러한 업 개념을 초석으로 하여 업감연기·아뢰야식연기·진여연기·법연기·육대연기로 논리적 체계가 이루어졌습니다. 약설하면 다음과 같습니다.

(1) 업감연기

업감연기業感緣起란 세계의 모든 사물과 온갖 현상이 변화하는 모습은 유정有情의 업을 인으로 하는 업인業因에 따라서 생기한다는 설입니다. 우리들이 마음으로 뜻을 결정하고 그 결정을 동작과 말로 표현하여 업력이 되고, 그 업력에 의하여 잠재 세력도 되는 것이니, 이 세력이 없어지지 않고 반드시 그 결과를 끌어온 것이 세계관·인생관으로, 혹惑·업業·고苦의 삼도三道가 전전展轉하여 인과가 상속됨을 말합니다. 혹은 심心의 병이고, 업은 신身의 악이며, 고는 생사의 과보입니다. 마음의 병이 연緣이 되어 몸으로 악을 짓고, 이 신악身惡이 인이 되어 생사의 고과를 받게 되므로 이것을 업감연기라 합니다. 불교에서 말하는 삼세인과三世因果의 대요는 업감연기에 지나지 않습니다. 이것을 자세하게 전개한 것이 12연기법입니다.

(2) 아뢰야식연기

아뢰야식연기阿賴耶識緣起란 업감연기설 다음에 일어난 학설입니다. 이 연기설이 발생하게 된 이유는, 업력에 의하여 세계와 인생관의 과정이 설명되었으나 신·구·의 삼업에 의하여 조성된 업이 어디에 보존되는 것인가 하는 문제가 등장했기 때문입니다. 자신이 지은 업이 육체인 색온色蘊에 보존되는가, 정신(心)인 4온(수受·상想·행行·식識)에 보존되는가 하는 문제입니다. 이것의 해답이 아뢰야식입니다.

아뢰야는 범어 ālaya의 음역이고, 여기에 외경을 식별·요별·인식하는 마음의 작용을 말하는 식識을 합성하여 아뢰야식이라 합니다. 아뢰야식은 번역하여 무몰식無沒識·장식藏識이라 하는데, 무몰식이란 제법諸法을 집지執持하여 잃어버리지 않는다는 뜻이며, 장식이란 제법 전개의 의지할 바탕이 되는 근본 마음이라고 하는 의미입니다. 이 장藏에는 능장能藏, 소장所藏, 집장執藏의 삼의三義가 있으므로 장삼의藏三義라고 합니다.

능장이라 함은 이 장식이 제법을 전개생기展開生起하는 능력과 원인의 종자를 소유하여 보존함인 섭지攝持하여 감춘다는 의미입니다.

소장이란 이 장식이 제법을 생기하는 종자를 제법으로 훈습하여 저장하니 간직한다는 의미입니다.

집장이란 장식이 항상 끊임없이 상속하여 사량思量의 뜻을 가지고 제7말나식第七末那識에 이어지는데, 제7말나식이 이것을 아我로 애착하여 집착하기 때문에 집장이라 합니다.

이와 같이 아뢰야식에는 모든 법을 생기하는 종자가 있다는 것입니다. 우리 정신의 주체는 육식(六識, 안식·이식·비식·설식·신식·의식) 외에 사량思量을 본질로 하는 제7말나식과 제8아뢰야식의 존재를 인정하고, 우리가 행한 모든 업인을 종자라고 설하여 그 모든 선·악업의 종자가 아뢰야식 중에 보존되어 있다가 그것이 생기할 인연을 만날 때에는 그로부터 다시 연기되는 것이라는 학설입니다.

(3) 진여연기

진여연기眞如緣起란, 사물의 본체로서 진실로 영원불변한 것이라는 의미로 진여라고 이름한 것이며, 연기의 이법理法이 영원불변의 진리임을 진여연기라고 합니다. 더러운 것과 맑은 것 등 모든 현상이 여래장에서 연기했다고 설하는 것을 여래장연기설이라 하는데, 진여연기란 여래장연기와 같은 말입니다.

일미평등一味平等의 진여는 시작도 없고 끝도 없으며 증함도 없고 감함도 없는 실체인데, 우주의 만상은 모두 일심진여一心眞如의 이체理體로부터 염정染淨의 연緣에 따라 가지가지의 법이 일어난다고 주장하는 학설입니다.

염染은 번뇌로 오염되어 더러워짐을 뜻하고, 정淨은 번뇌를 여의어 사념邪念이 없는 청정함을 뜻합니다. 보편적 유심체를 설정하여 그로부터 주관계와 객관계의 모든 제법이 전개되는 것이라고 설하는 것이 진여연기설입니다.

진여가 진眞과 망妄이 화합한 그 실체에 진여문眞如門과 생멸문生滅門의 두 가지 뜻이 있습니다. 진여문은 일미평등의 체가 되고, 생멸문은 사법·오염·집착·번뇌인 염연染緣에 따라 지옥·축생·아귀·수라·인간·천도인 육도六道에 태어나며, 사념이 없는 정연淨緣에 따라 사성四聖인 성문·연각·보살·불타가 되기도 합니다. 진여는 진여의 체體이고, 체는 인因이며, 생멸의 상相이고, 인연의 용用입니다. 곧 진여의 체는 인이 되고, 인연의 용用은 연이 되며, 생멸의 상相을 인하여 생멸의 과果를 낳는 것이 현행의 아뢰야식입니다. 아뢰야식 중에는 각覺과 불각不覺의 이의二義가 있으며 일체법은 불각(無明)으로부터 세계와 인생이 연기하는 것입니다.

(4) 법계연기

법계연기法界緣起란 법계무진연기라고도 합니다. 우주만유인 법계를 일대연기一大緣起로 보는 화엄철학의 학설로, 법계의 만물이 천차만별하나 상호 의존하여 인과관계를 가지고 있으며 하나도 단독으로 존재하는 것이 없다는 말입니다. 그러므로 만유를 모두 동일한 수평선 위에 두고 볼 때에는 중생과 불타·번뇌와 깨달음·생사와 열반과 같이 서로 대립되는 것이 아니라 완전히 일체가 되어서 서로 융합하므로 방해됨이 없는 원융圓融과 막힘이 없고 걸림이 없는 무애無礙, 즉 원융무애한 것이며, 한 사물은 개별적인 존재가 아니라 그대로 일一과 다多가 융합하여 하나 가운데 우주의 모든 활동을 포용하여 일즉일체一卽一切라는 뜻이니, 이러한 세계를 연화장세계蓮花藏世界라고 합니다. 우주의 만물은 각기 하나와 일체가 서로 연유緣由하여 있는 중중무진重重無盡한 관계이므로 이것을 법계무진연기라 합니다.

(5) 육대연기

육대연기六大緣起란 현상계의 모든 사물인 사사물물事事物物이 우주의 만상에 대립하지 않고 서로 융합하고 작용해 가며 무한히 밀접한 관계를 보존하고 있는 상즉상입相卽相入의 원리에 의하여 무애자재하게 무진연기無盡緣起한다는 학설로, 이론으로는 실로 깊이 있는 이론입니다. 그러나 이 현상계 만유의 하나하나가 서로 장애되지 않는 사사무애事事無礙 법계연기론은 너무나 번잡하여 중심이 없는 흠이 있습니다. 이러한 결점을 보완하고자 나타난 것이 육대연기설입니다. 즉 우주의 법칙인 이법계理法界의 이理를 구체적으로 논한 것인데, 6대란 6종의 큰 것이란 뜻으로 지地·수水·화火·풍風·공空·식識의 6을 말하고, 중생을 구성하는 요소로 법계에 편만遍滿하여 있기 때문에 대라 합니다. 이 육대 법체法體가 그대로 현상화한 것이 차별적인 현상계인 사법계事法界이므로, 사법계는 이 육대를 중심으로 연기한다는 것이 육대연기입니다.

　이상과 같이 연기설이 논리적 체계로 이루어졌음을 설하고 있습니다. 그런데 불교는 현대적이 못 되고 그 앞 시대의 색채를 벗어나지 못한 전근대적인 봉건주의의 체제와 구조에 맞도록 설명·해석되었다는 엄연한 사실史實을 깊이 인지해야 합니다. 마치 물을 다양한 그릇에 담음에 따라 그 모양이 각각 달리 나타나듯이, 불교는 물과 같이 역사를 걸어왔던 것입니다. 물처럼 흐르는 것을 법法이라고 하는데, 바로 불교는 그러한 특성을 잘 발휘했다고 할 수 있습니다. 그래서 인도불교와 중국불교가 다르고, 중국불교와 한국불교가 다르고, 한국불교와 일본불교가 다른 것입니다. 적용될 대상에 따라 모양이 없이 잘 토착화되어 변용되는 것을 학문적 용어로 두루 감통하여 변천하여 화합한다는 응동보화應同普化라 말합니다.

　그러나 한국불교의 경우 불교교리의 자랑인 응동보화의 원리가 얼마나 실천되고 있는지 의문입니다. 항상 개척의 창조 정신과 적응 능력을 함께 병존시켜야 함에도 불구하고 오늘날의 한국불교의 일반적인 경향은 상무적인 진취력이나 토착 적응력을 충분히 발휘해 보지 못하고 갖가지 내우외환內憂外患에 시달리고 있는 실정입니다. 고상하고 논리정연하게 인간을 압도했던 불교의 연기설이 서양의 사도문화邪道文化에 휘말려 질식하고 있는 것입니다. 오늘날의 불교 소외 현상은 어떻게 설명할 것인가. 이 해답은 석존의 근본교리에 준한 현대적인 번역과 해석에 있다고 생각합니다.

13) 업의 전개

업의 원의原義는 '짓다'인데, 그 점에서 업은 '지은 것'이 되므로 업과 행위를 같다고는 할 수 없습니다. 업에는 신업·어업·의업의 3업을 세우는데, 그중에서 의업은 뜻으로 생각한 것이 외면화되지 않은 것입니다. 이것을 행위라는 개념과 동일시할 수는 없습니다. 즉 업과 행위의 내용을 동일시할 수는 없습니다.

(1) 신업身業

사람이 행동을 하는 조건은 의지가 있기 때문입니다. 의지에 의해 행동 발현의 동기가 주어집니다. 행동 발현은 신체의 언어에 의해 남에게 전달되므로 행동이라 말합니다. 신체의 발현을 신표身表라 합니다. 신身은 육체이고, 나타냄인 표表는 '알게 하다'라는 뜻입니다. 신업은 행동을 일으킨 이후에 남에게 표시하기 불가능한 무표색無表色이 마음에 보존되어 있으므로 이것도 하나의 업으로 보기 때문에 무표업無表業이라고 합니다. 이처럼 신업은 표업表業과 무표업이 병존합니다.

(2) 어업語業

의지를 언어를 통하여 남에게 알림을 어표업語表業이라 합니다. 어語에는 표업의 작용이 있음과 동시에 심중에 보존되는 무표업이 있습니다. 언어는 '의미개념'을 표현하는 기능입니다. 그러므로 언어에는 상대에게 알리는 표업만이 아니라 심중에 보존되는 무표업이 있습니다. 언어가 어업이 되기 위해서는 무수한 단어(낱말)가 모여서(緣) 의의(意義, 의미·뜻)를 생성해야 합니다. 어업이란 밖으로 알게 하는 기능을 가지고 있으므로 표表입니다.

(3) 의업意業

의업은 의意에 대한 업입니다. 의意의 원의는 '사량(思量, 사유하다)'이기 때문에 의식 내의 사건입니다. 업은 반드시 의지와 함께 생기生起한다는 기본 조건을 갖추므로 의지 그 자체도 행이라 하여, '행위'는 의지가 현상화된 현상적 형태이며 의지를 수반한 행위이므로 의업이라 합니다.

(4) 무표업無表業

업은 원어의 의미가 '짓다'이므로 업은 적극적인 행동을 말합니다. 그리고 밖으로 표현되어 타인에게 보일 수 없는 것을 무표업이라고 합니다.

악심惡心은 선심을 제압하고서 불선행不善行을 행동에 옮기게 합니다. 선심이 억압당하면 악심이 승리하여 비로소 악업이 됩니다. 악업이 선업을 제압한다는 것은 악업으로 선업의 생기를 방해하고 있는 것입니다. 이것이 악업의 무표無表라는 작용입니다. 선심은 악심에 제압당해 표면에 나올 수 없습니다. 그러기 때문에 악심이 성립되는 것입니다.

무표업이라는 기능은 일상 경험에서 항상 사람의 심중心中에 나타납니다. 가령 악업을 지은 후에 후회하는 생각이 일어날 때 그것은 일시 제압당해 버린 선심이 각성한 거기에 악심이 괴로워하는 것입니다. 여기에 무표업이란 잠재력 있는 기능으로 현재에 국한 되어 있습니다. 무표업이라 말하는 것은, 업을 인으로 한다는 의미 에서 업에 견주어 무표업이라 한 것입니다.

여기서 업의 전개를 보면, 업을 짓기 전에 의지(意志, 思業)가 일어 나 이것이 과를 생기하기 위한 인(견인인牽引因)이 됩니다. 이 사업思 業을 인으로 하여 업도業道가 생기고, 이로 인해 신체와 언어의 발 현(표업)이 나타나서 자신의 의지를 타인에게 알게 합니다. 이 같은 발현의 뒤에 무표업이 여세인 조인助因으로 남습니다. 여기서 그 조인이 발현을 완결시켜 업과를 완결시킵니다. 조인이 되는 무표 업이 없다면 업인이 업과를 조성할 수 없습니다.

14) 인과율의 법칙

선악의 업을 지으면 그것에 의해서 그에 상응한 고락의 갚음(과보, 이숙異熟)이 생깁니다. 이것을 업인業因에 의해서 업과業果가 생긴다 고 합니다.

우리는 세상사에서 흔히 삶의 고통에 찌들면, '내가 전생前生에 무슨 업을 지었길래 이다지도 지지리 복도 없는가!' 하며 인생살이 를 어떤 숙명론적인 입장에서 바라보며 긴 한숨을 내쉬곤 합니다. 업의 인과성은 누구나 부정할 수 없습니다. 그것은 자연의 이치입 니다. 업의 윤리성인 '선인선과 악인고과'는 자기 스스로가 짓고 받 습니다. 인과의 원리는 인간의 실천행동이 그 근원이 됩니다. 그래서 업에 관해서 말하면 '업인 업과'라 말합니다. 업인 업과는 원인과 결과의 합성어로 결과를 낳게 하는 것이 인因이고, 그 인에 의해 생기는 것이 과라는 뜻으로 선악의 행위(업)를 하면 반드시 그 과보로 고락의 갚음을 받는다는 뜻입니다. 업은 반드시 인과의 원리 위에서 움직여지는 것입니다.

업이라는 개념과 관련해, 일체의 사물은 원인이 있어 생기며 원인 없이는 아무것도 생기지 않는다는 것이 인과율의 법칙입니다. 선인에서 선과가, 악인에서 고과라는 것이 생깁니다. 선인선과 또는 선인락과, 악인악과 또는 악인고과라고 합니다. 업론業論은 업인 업과에 그치지 않고 선인락과·악인고과라 말하듯이 고苦·락樂의 감촉에까지 심화되어 갔습니다. 인과관계는 우주의 법칙인 이법理法에 불과하지만, 선인락과 악인고과는 체험의 세계입니다. 업론은 윤리적 해석이 따르는데, 선한 행위를 행함에 의하여 즐거운 결과가 생기고 악한 행위에 의해서 고통스런 결과가 생긴다고 하는 사고방식입니다. 원리대로 말하면 선업에는 선과, 악업에는 고과가 생긴다는, 절대적 방법에 의한 설법입니다.

무기업無記業

업은 논리적으로 인과의 이법 위에서 성립되고 있거니와, 동시에 윤리적으로도 선악의 행위로 표현되고 있습니다. 그러나 윤리적 선악의 행위에 한정되지 않고, 선도 아니요 악도 아닌 차원의 행위로 업의 범주에 들어간 것이 있습니다. 이것을 '무기無記의 업'이라고 합니다. 무기란 선도 아니고 불선도 아니므로 선이나 불선으로 기록할 수 없다는 뜻입니다. 선도 아니고 불선도 아니어서 선악으로 분류할 수 없는, 어디에도 속하지 않는 과果도 있다는 것입니다. 이 같은 인과성의 논리의 존재가 '무기업'이라는 현실적 파악입니다. 무기심無記心에 의해서 일어나는 업을 무기업이라 합니다.

15) 인과율은 경험적 인식

인과관계는 이법理法에 지나지 않지만, 선인선과와 악인고과는 체험의 세계입니다. 인과율은 이성적 인식과 경험적 인식에 의해서 실감되어진 이론입니다. 이성의 요청을 만족시킴과 경험의 인식을 충족시키는 이론입니다. 업인이 업과를 생기하는 것은 업인을 상속하고 옮겨서 다른 것으로 변화시킴인 전화변이轉化變異하여 업과가 이루어진다는 이론입니다. 업인과 업과라는 두 현상이 시간적으로 끊임없이 전해 내려오는, 전전상속展轉相續하여 간단間斷 없이 계속되어진다는, 이성과 경험에 의한 결과로 납득된 것입니다. 업인 업과와 관련해, 전자에서 후자에로 상속하며 옮겨가는 실감을 나타내는 개념이 '상속과 전변'입니다. 경험에 의해 얻어진 이행 실감은 그것이 실감인 이상 주관적인 것입니다. 많은 경험에 의해 논증할 것 없이 경험상에서 실증되고 있기 때문입니다.

경험적 인식의 한 예를 들면, 우유(因)에서 버터(果)가 나왔습니다. 그러나 우유를 분석해 보면 거기에 버터는 존재하지 않습니다. 반대로 버터를 분석해 보면 거기에도 우유는 존재하지 않습니다. 따로따로 가해진 분석에는 우유와 버터 사이에 인과율을 발견할 수가 없습니다. 우유와 버터에 인과율은 논리적인 필연성이 아니라 단순히 개연적인 상정想定에 불과합니다. 경험에서 추리하여 우유에서 버터가 나왔다고 추리합니다. 그러므로 인과율은 논증적으로 인식하는 것이 아니라 경험적 축적을 필요로 합니다. 그래서 인과율은 경험적 인식이므로 이성적 인식이 아니라는 것입니다. 업인 업과의 관계도 개연적인 추정에 불과한 경험적 인식입니다.

16) 인업引業과 만업滿業

인업이란 과보를 이끄는 업인業因의 뜻으로, 인간계라든가 축생계 등에 태어나게 하는 강한 업력이 있는 업을 인업·견인업牽引業·총보업總報業·인인引因이라 합니다.

만업이란 총보總報로, 인간계에 태어난 자에 대하여 제각기 재생연결식에 상응한 과보를 받아 남여·귀천·미추·빈부·구천·현우 등의 차별이 있는 것을 별보別報라 하고, 이 별보를 받게 되는 업을 만업·원만업圓滿業·별보업別報業이라고 합니다.

17) 사람의 존재성과 당위성

불교의 교법을 바르게 이해하려면 업설業說을 바르게 이해하지 않으면 안 됩니다. 불교는 업설 교리 위에 기초합니다. 따라서 우리는 불교를 바르게 인식하고 삶의 근본으로 발전시키려면 업에 대한 바른 인식과 바른 해석에서부터 출발하지 않으면 안 됩니다.

불교는 종교임과 동시에 철학입니다. 따라서 업이라는 사상도 종교 개념이면서 철학 개념입니다. 불교만큼 업인 업과의 이론을 갖춘 종교나 철학은 존재하지 않습니다.

유정有情 중생이 서로 의지하여 살아가는 세간은 업에 의해 존재하고 사람들도 업에 의해서 존재합니다. 인간은 업을 떠나서 살 수 없습니다. 존재는 삶을 영위함에 있어 가치를 무시하고 살 수는 없습니다. 그것은 존재가 가치 추구와 떨어질 수 없음을 말합니다.

인간의 존재는 과거·현재의 업의 복합체입니다. 복합체는 질서가 잡힌 구성체입니다. 질서란 연기인 것이며, 연기란 서로 관계하여 의존하는 상의상대성相依相對性입니다.

생물학적인 조건에 의해서 귀천이 정해지는 것이 아니라 현재 하는 행위나 일의 직능에 따른 업에 의해서 빈부귀천의 구별이 정해지는 것입니다. 간추려 말하면, 사람의 존재성은 업에 의해 규정받고, 사람의 당위성은 업에 의해 제한되며, 따라서 사람들의 모든 삶의 형태는 업에 의해서 좌우된다는 것입니다.

사람은 본래 생물학적인 조건과 사회적 도덕윤리와 생활규범을 지키며 살아갑니다. 따라서 현존하는 존재성存在性과 마땅히 행해야 하는 희망의 당위성當爲性을 함께 간직하고 남과 더불어 살아갑니다. 존재성은 생물학적인 신진대사가 필요한 현실적인 것이요, 당위성은 인위적이고 정신적인 신진대사를 요하는 임무인 희원입니다. 그러므로 존재성과 당위성을 갈라놓을 수는 없습니다. 그러나 진리를 사유하고 옳고(正) 그름(邪)과 중요성 등을 수용하려면 따로 분리해서 사유해야 합니다.

사람이 존재한다 함은, 생물학적으로 섭취한 영양물질을 변화시켜 자체를 구성하거나 생활 활동의 에너지원源으로서 불필요한 생성물을 배출하는 등 신진대사를 하는 것입니다. 당위라고 함은 성취하고자 하는 희망이나 이상을 실현하고자 하는 인위적인 강요의 개념입니다. 즉 당위성이란 욕구나 가치로서 마땅히 행해야 하는 상황의 강요입니다. 존재는 이루어진 현재 세계로 지금 내가 있는 현실의 상황이요, 당위는 앞으로 정해야 할 목적의 세계로 내가 가야 할 방향입니다. 이렇게 존재성과 당위성은 분명 다르나 일단 당위성이 현실성을 이루면 존재성이 되므로 당위성은 소멸됩니다. 그런데 당위성은 언젠가는 존재성으로 변화하겠지만 가변적으로 변경될 수 있습니다. 조건 변화에 따라 달라질 수 있습니다. 현실이 일차라면 이상과 목적은 현실에 맞추어 세워지는 이차적인 개념입니다. 현실적인 존재 문제가 추상적인 당위 문제를 결정하는 토대가 됩니다.

18) 업의 실천윤리

업의 실천론은 어떻게 고과苦果를 극복하여 낙과樂果를 얻을 수 있을까 하는 것으로 요약할 수 있습니다. 업사상은 자신이 지은 업은 자신의 손으로 그 열매를 거두어들이지 않을 수 없으므로 자업자득自業自得이라는 것이니, 이것이 업론의 주체성을 말하는 것입니다.

일상생활에서 업은 윤리적인 의미로 쓰이고 있어서 선한 일을 권장하고 악한 일을 징계하는 권선징악勸善懲惡의 역할을 합니다. 선업을 행함으로서 받는 결과는 낙樂이고, 불선업을 행함으로서 받는 결과는 고苦라고 합니다.

업의 실천론은 어떻게 고과를 벗어나서 낙과를 얻을 것인가 하는 것으로 요약됩니다. 업인 업과業因業果는 과학으로는 인과의 법칙이고, 인류 사회적으로는 선인락과와 악인고과의 이치입니다. 일상적 이해로는, 과거의 업에 의해서 현재의 결과인 업과業果가 나타나고, 현재의 업에 의해 미래의 그 결과가 나타난다는 것입니다. 일체중생은 다 업에 의해 납니다. 악한 자는 지옥에 들어가고, 자기를 위하여 수학하고 다른 이의 이익을 위하여 행동하는 자리이타自利利他의 행과 중생들의 괴로움을 없애주고(발고) 즐거움을 얻도록 해주는(여락) 발고여락拔苦與樂을 실천하고 선을 닦는 자는 하늘(天)에 나며, 불교의 교리를 깨달아 비로소 무루지無漏智를 얻어 온갖 지적인 미혹을 벗어나는 견도見道를 증득하고, 다음의 혼탁한 망념인 정情과 간사하고 허망한 마음, 간악하고 망령된 생각인 의意로부터 일어나는 온갖 번뇌의 속박을 벗어나는 수양을 쌓은 수도修道를 행한 자는 열반을 증득합니다. 행업에 따라 지옥·축생·아귀·아수라·인간·천계 등으로 가게 하므로, 그리고 유정을 고락의 과보로 인도하는 통로가 되므로 업도業道라 합니다.

업은 신(몸)·어(언어)·의(마음)의 기능으로 3가지 근根에 불과합니다. 업설은 불교의 핵심 교리로 악심을 선심으로 전환시키고 번뇌를 멸진하여 열반에로 전환轉換함을 목표로 하는데, 선업을 행하는 것은 마음입니다. 선업을 증가시켜 진보하도록 증진增進하고, 불선업, 즉 마음에서 일어나는 번뇌를 제거하고 소멸시켜 멸진滅盡해야 합니다. 선업을 증진하고 불선업을 멸진하는 방법은, 즉 석존께서 수행을 통해 열반을 체험함으로써 증명된, 고뇌를 멸하는 가장 합리적이고 올바르게 열반경에 도달하는 수행법은 고·집·멸·도인 사제법의 절차에 따라 실천 수행의 종목을 8종으로 나눈 팔정도법입니다. 범부로서의 유정有情의 생존이 12의 조건에 의해서 성립된 십이연기법을 깨달으면 불선업은 물론이고 일체의 마장과 사법邪法이 소멸되고 일체의 선법善法이 성립되어 현현顯現되는 것입니다. 일체의 선법이란 부처가 되고, 부자가 되고, 행복을 성취하고, 열반을 증득할 수 있으며, 행복의 빗장을 여는 비법이며, 저승 노자를 장만하는 것입니다.

19) 업과 무아의 의미

자연종교·철학·과학·심령학은 생·로·병·사가 존재하는 세계를 전제로 한다면, 불교의 입장은 그것이 존재하지 않는 세계, 생과 사를 초월한 세계, 업과 윤회를 벗어나는 경지, 번뇌를 벗어나는 원의原意를 갖는 열반계涅槃界입니다. 열반이란 타오르는 번뇌의 불을 멸진滅盡해서 깨달음의 지혜인 보리를 완성한 경지를 말합니다. 이것은 생사(迷)의 세계를 넘어선 깨달음의 세계로 불교의 구극적인 실천 목적입니다.

우리는 여기서 무아의 의미를 정확하게 이해할 때 윤회전생의 실태를 명확하게 깨닫게 됩니다. 깨달음이란 사물에 대하여 논리적으로 이해하고 판단하는 능력인 오성悟性을 뜻하는 말입니다.

무아란 아我의 존재를 부정하는 말입니다. 아는 범어 ātman을 음역하여 아트만이라 하고, 번역하여 자기自己·자아의 본질로서 온갖 것의 근원에 내재內在해서 개체를 지배하고 통일하는 독립영원의 주체를 의미합니다. 불교에서는 영원히 존속하고(常, 항구·영구·불변), 자주독립하여 존재하며(一, 단지 하나), 중심적인 소유주로서(主, 관장함), 모든 것을 지배하는(宰, 맡아 다스림) 등의 의미를 갖는 아我의 존재를 부정하고 무아설無我說을 세웠습니다. 불교에서는 변화하는 아我의 주체는 인정하지만 고정불변한 아(실체)는 인정하지 않습니다. 모든 물체에는 이 같은 아가 없고 아가 아니라고 설하는 것을 제법무아諸法無我라고 합니다. 무아의 원초적인 의미는 영원히 변화하지 아니하는 본체인 실체적 존재(我)에 대한 부정입니다. 일체의 존재에는 실체성이 없다고 말하여 존재의 항상성을 부정한 것입니다.

살고 있다는 증거는 움직이거나 변하는 동태動態, 즉 '움직임'에 있습니다. 이것을 작용이라는 개념으로 표현합니다. 살아있는 것은 움직이고 있는 것이며, 움직이고 있는 것은 실체적인 존재도 아니고 항상성을 갖는 존재도 아닙니다. 그러나 무無는 아닙니다. 움직임의 상속이 업의 상속입니다.

아我가 업적 존재의 상속인 까닭에 무아이고, 무아인 까닭에 기능적 존재이고 업적 존재입니다. 이 상속이 '무시이래'의 상속이고 작용인 까닭에, 공간적으로는 실체적 존재를 갖지 않고 시간적으로는 시작도 없고(無始) 끝도 없는(無終) 무시무종입니다.

움직이는 것은 실적實的 또는 실유성實有性이며, 실유란 허虛가 아닌 '실로 있다'라는 의미입니다. '있다'란 어떤 존재방식으로 있다는 것이며, 존재방식은 작용하고 있다는 뜻입니다. 실유론은 실체론이 아니라 진실로 있는 것은 기능적으로 존재한다는 것을 설명하는 작용론입니다. 마음속에 생각이 진실하다면 반드시 신체(身)를 통해서 밖으로 표현되는 것이어야 합니다. 진실한 것은 동적 상태에 있습니다. 실유의 본래 뜻은 진실을 의미합니다. '진실이다'라는 의미이지, 물체적인 존재는 아닙니다.

아我란 실체성을 말합니다. 실체란 영원히 변화하지 아니하는 본체를 말합니다. 실체성의 결여 상태가 무아입니다. 자기의 부정이 아니라 변화도 하지 않고 전진도 하지 않는 실체적 존재로서의 자기 부정이 무아입니다.

20) 업의 수자受者

자신의 업은 자신의 의지에 의해서 만들어진 것으로 그 결과를 받는 자는 자업자득自業自得이라 하여 자신이라고 말합니다. 여기에서 불교적 업론의 주체성을 볼 수 있습니다. 인류 세계라는 것은 인간 자신에 의해서 만들어지고 그 책임도 자신이 처리하지 않으면 안 되는 세계이므로 이것을 주체적 업의 세계라고 부르는 것입니다. 그러나 사람의 존재는 연속하고 있는 상속에 임시로 이름 붙여진 것이므로 불변상주하는 수자受者는 존재하지 않습니다. 업의 작자作者가 있는 것이 아니고 또 그 업과業果인 이숙異熟의 수자受者도 없으며 제법諸法만이 전기轉起합니다. 이것이 정견正見입니다. 즉 윤회의 주체가 있지 않고, 단지 업(제법)만이 생겨서 무시이래로 상속하고 있는 것입니다. 그것을 사람들은 착각하여 마치 주체가 과거·현재·미래로 옮겨가는 것처럼 바른 모습을 분간하지 못하고 함부로 그릇되게 생각하는데, 이는 망상일 뿐입니다. 망상은 착각에서 유래합니다. 무집착의 입장에서 말하면 업인業因이 있으면 반드시 업과業果도 있기 마련이며 업이 없으면 과도 있을 수 없습니다. 상속이란 인因은 과果를 내고 그 과는 또한 인이 되어 또 다른 과를 내므로, 이렇게 인과가 차례로 연속하여 끊어지지 않는 것을 말합니다.

사람은 몸인 색色과 마음인 수受·상想·행行·식識이 잠정적으로 모여서 이루어진 것에 지나지 않습니다. 이것을 오온가화합五蘊假和合이라 하고, 특히 유정有情 개체에 대해서 말한다면 나라고 하여 집착할 실체가 없는 것을 나타냅니다. 즉 우리는 오온의 상속에 불과합니다. 현상은 생사가 단절되지 않고 삼계·육도를 계속해서 유전하며 생멸 변화하여 잠시도 같은 상태에 있지 않고 시간의 흐름에 따라 흘러가는 시간적 존재이기 때문에, 무상한 존재로 그대로 이어 상속하는 것이므로 정지한 실체의 존재가 아닙니다. 그럼에도 사람들은 무시이래로 상속으로 연속하고 있는 현상의 자신을 마치 실제처럼 생각하여 거기에 집착합니다. 집착 때문에 헤매는 인생관을 살고 있는 것입니다. 이 같은 망상을 끊기 위해서는 개체인 사람의 존재가 상속에 불과함을 진리로 깨달아야 합니다. 이것을 깨닫는 것이 저승 노자를 장만하는 것입니다.

집착이란 사물이나 도리를 고집하여 그것을 버리지 못하는 것입니다. 집착은 대상을 생멸무상生滅無常을 떠난 만유의 진상眞相인 실상實相인 것으로 보는 곳에서 일어납니다. 세계에 영원히 변하지 않는 것이란 없음에도 불구하고 그것을 상주불변하는 것으로 착각하기 때문에 집착이 생깁니다. 집착은 아집을 일으키고 대상물을 나의 것으로 생각하여 이기주의에 빠지며, 집착으로 탐·진·치가 일어나 인류사회를 파괴하는 것입니다. 사람은 한평생 동안에 생生, 주住, 이異, 멸滅의 사상四相으로 상속하므로 무상하여 무아라 합니다.

만물은 유전하므로 무상하다고 한 것은 불교뿐만 아니라 과학에서도 인정하는 진실한 모습입니다. 만물유전이란 만물은 끊임없이 변천한다는 것인데, 이렇게 유전하여 상주하지 않기 때문에 새로운 창조적인 의욕이 솟아나고 정진력의 수행이 가능한 것입니다. 그래서 집착은 심리적으로 미迷한 세계를 만들고, 과학으로는 만물유전의 원리에 눈을 열게 합니다. 이러한 이유로 불교에서는 집착을 부정합니다. 그러므로 윤회의 주체를 구하는 집착은 부정되어야 합니다.

21) 업의 주체인 의意가 윤회의 주체

사람의 신체는 물질과 정신의 색·수·상·행·식의 오온의 결합체인데, 물질은 자연의 이법에 의하고, 정신은 염념상속念念相續하는 마음에 의해 과거로부터 현재에 나타난 가상입니다. 거기에 상속하는 실체(我)는 존재하지 않습니다. 사람의 생각이나 감정 등을 지배하는 마음의 능력을 정신이라고 합니다. 사람이 죽으면 육체에 따로 존재한다고 사유되는 정신적 실태를 불교에서는 영혼이라 하고, 줄여서 영 또는 혼이라고 합니다. 육체의 멸망이 동시에 영혼의 멸망이라는 근거를 입증시킬 만한 것은 어디에도 없습니다. 단 전생(前生, 살아생전)의 업보에 준한, 상응한 아뢰야식으로 전환됩니다. 아뢰야식은 제법을 집지執持하여 잃어버리지 않는다는 뜻에서 무몰식無沒識이라 하고, 제법전개諸法展開의 의지할 바탕이 되는 근본 마음이라는 의미에서 장식藏識이라 합니다. 과거·현재·미래라는 삼세에 걸쳐서 정신과 물질이 병존하고 공존하는 것을 설명한 철학이 업론業論입니다. 과거의 업인이 현재의 과를 생기게 하고, 현재의 업이 인이 되어 미래에 업과를 초래합니다. 업을 만드는 주체인 의지와 고에 의해서 만들어진 신(몸, 행동)과 입(언어)의 활동이 업의 주체입니다. 이 신구의身口意 삼업의 주체가 윤회의 주체입니다.

현재의 신심身心이 다음 생에 태어나는 것이 아니라 선악의 업에 의해 그 업보에 상응한 재생연결식의 심신이 다음 생에 생겨나는 것입니다. 즉 현재의 주체(我)는 부정되더라도 업보에 상응한 새로운 주체가 태어나는 것입니다. 전생의 업보에 상응한 윤회의 세계가 전계되는 것입니다. 이렇게 윤회는 생명의 무한성이며, 생사의 세계의 무한성입니다. 업에는 업을 짓는 주체(作者)와 그에 의해 지어진 업이 있습니다. 이 주체가 윤회의 주체입니다. 또 그것은 아我이기도 합니다. 그런데 불교에서는 나가 존재하지 않는다는 무아론無我論의 사상입니다. 이 말은 변화하는 주체(我)는 인정하지만, 고정불변한 실체(我)는 인정하지 않는다는 뜻입니다.

우주의 근원적 힘은 인간 세계에서는 업의 자각에 의해 입증됩니다. 우리는 업의 주체인 의意에 의해서 이 세상에서 다음 생으로 윤회전생하는 실태實態에 불과합니다.

업사상을 요약하면 다음과 같습니다. 우리는 업사상의 참된 이치·참된 법칙의 진리를 깨달아 지혜를 계발하여 바르게 이해함으로써 지식으로 전환하여 삶을 지혜롭게 합리적으로 실천해서 인간의 사명감을 정하고, 금생에는 행복과 내생에는 안락한 낙지樂地의 과보를 받아야 하겠습니다. 업보론의 견해가 매우 정밀하고 합리적이며, 심리학으로 믿을 수 있고 윤리적으로 건전하며 과학으로도 타당성 있는 것이므로 사실을 부정할 수 없습니다.

우리의 육체란 하나의 집이며 겉모양에 불과하지만, 마음과 지혜는 당신과 더불어 살고 있으며 우주의 창조적인 에너지의 일부입니다. 따라서 창조하는 에너지 속에서 사는 사람은 실천하는 행위가 성실의 척도이고 참된 성장의 수단이며 방법입니다. 우리의 신·구·의 삼업이 우주의 창조적 에너지의 존재를 긍정한다면, 우리 인생의 목적이 자신의 내부에 완전성을 자각함으로써 의식을 진화시키는 과정이라는 것을 인정한다면, 위대한 창조적 에너지와 다양한 아름다움과 자비로움과 하나가 되고, 모든 면에서 그것들을 나타낼 수 있게 됩니다.

사람들은 고뇌와 절망적인 어려운 처지에 처하면 "나는 이 같은 불행을 당할 행동을 아무것도 안 했는데" 하며 못마땅하다고 불평합니다. 그러나 그렇게 된 것은 자기가 지어 놓은 불선업인不善業因이 근본 원인입니다. 불선업인이 없으면 불행이 그에게 찾아오지 않는 것입니다. 우리에게 주어지는 역경은 기회라는 것을 알아서 회피하지 말고 마음을 바르게 하여 생각을 다하고 정성을 다하여 우주의 에너지에 순응해야 합니다.

인간이 고뇌하는 궁극적 원인은 업보의 법칙으로 잘못된 생각에 따른 불선행에 있습니다. 사람마다 남녀·빈부·귀천·추미·능력·건강·불구 등의 불공평이 나타나는 것은 조물주의 변덕이나 유전 때문이 아니라 과거에 자신이 선이나 불선한 생각에 따라 행한 선행과 불선행의 업보가 원인이며, 윤리적으로 주어지는 것입니다. 희비喜悲와 고락苦樂, 그리고 모든 마음의 병과 몸의 불구로 고뇌하는 근본 원인은 모두 그 자신에게 있다는 것입니다. 현재의 모든 고뇌는, 업보의 법칙에서는 자기에게 일어나는 일체 선악의 업보는 결국 자기 자신이 일으킨 것으로서 자기에게 주어진 것이니, 자기 자신이 보상해야 하고 갚아야 할 채무입니다. 모든 불행은 자기 자신이 과거에 무언가 잘못한 것이 있다는 증거라는 것을 확실하게 깨달아야 합니다. 그리스의 비극의 시인이라 불리는 아이스킬로스(B.C. 525~456)는 "성격은 운명이다"라고 말했습니다. 즉 "오늘의 운명은 어제의 성격의 과보이고, 오늘의 성격은 내일의 운명의 과보이다"라는 말입니다.

사람들의 아뢰야식(심리학적으로 잠재의식)에는 사람마다 개체화되고부터 일어난 모든 일의 기억이 저장되어 있습니다. 여기서 신체가 자유롭지 못한 장애인이 명심할 것은, 전생의 업보로 받은 현실은 인성의 정화를 위하여 주어진 것이라는 점입니다. 외부에 책임을 돌리거나 남을 탓하거나 사회를 탓하는 것은 전생 업보의 채무를 보상하지 않겠다는 것이니, 결국 그 업보를 벗지 못하는 것입니다. 이 같은 부정심을 멈추고 전환해서 자신의 본심으로 돌려 무엇이 잘못되고 어디에 결점이 있는지, 또한 고쳐야 할 부분은 무엇인지 철저히 규명해서 자신에게 책임이 있음을 확신하고 자신의 개혁만이 자신의 운명을 변화시켜 정상으로 전환된다는 것을 깨달아야 합니다. 우리가 업보의 법칙을 깨달았다면 먼저 자신의 생각과 행동을 바르게 잡아 신·구·의 행위가 정상이 되도록 전환하여 본래 청정한 자성청정自性淸淨으로 돌아가도록 성품인 인성을 정화해야 합니다. 그럼으로써 지혜가 계발되니, 그 지혜가 모든 것을 해결하는 처방입니다. 지금의 고뇌는 전생의 채무를 보상하는, 불선업으로 지은 업보의 허물을 벗고 진화하는 과정에서 반드시 거쳐야 하는 인생 수업을 받고 있는 것입니다. 만일 금생에 전생 업보를 갚지 않으면 다음 생에도 현재와 같은 처지에 놓이게 됩니다. 전생 업보를 갚는다는 의무감으로 고뇌를 인내로 감내할 때 몸과 마음의 병고가 치유된다는 것입니다. 이것이 우주 법칙에 따르는 것입니다. 우주 법칙에 따르면 인간의 몸에는 자연 치유 능력이 있으므로 건강이 회복된다는 것입니다. 우리의 마음에는 우주의 에너지와 하나가 될 수 있게 하는 선천적인 지혜가 있습니다. 그러므로 모든 문제의 해결은 자신의 에너지인 지혜로 해결해야 합니다.

업의 개념을 받아들일 때는 신뢰와 순종으로 자기에게 주어진 업보의 시련을 인내해야 합니다. 그것이 업보의 법칙이 지니는 실제적 의미의 구체적인 해답입니다. 업보론의 견해에 따르면 모든 인간은 죄업의 유산을 가지고 태어납니다. 그것은 기독교에서 말하는 아담과 이브의 원죄설의 죄가 아니라, 전생에 자신이 지어 놓은 죄업입니다. 전생 죄업은 과거 자신의 불선행업不善行業으로 지은 업보이므로 자신의 업인으로 주어진 채무의 업보는 반드시 보상해야 한다는 것입니다. 채무를 보상하기 위해서는, 첫째는 마음을 청정하게 하여야 하므로 증오·원망·부정·탐욕·화냄·질투 등의 오염된 번뇌의 더러움을 깨끗이 여읜 이구청정離垢清淨과 본래의 맑고 깨끗한 마음인 자성청정自性清淨으로 전환해서 영혼의 내적 결함을 바로 잡아 마음이 정화되어 청정심이 되어야 합니다. 둘째는 심신의 고뇌를 올바로 받아들이고 자기를 위하여 자기의 수양을 주도하는 자리自利와 다른 이의 이익을 목적하여 행동하는 이타利他, 즉 나에게도 이익이 되고 타인에게도 이익이 되는 자리이타自利利他의 선행을 실천하고, 또한 번뇌에 얽매이어 생사를 벗어나지 못하는 범부들의 괴로움을 없애주는 발고拔苦와 즐거움을 얻도록 해주는 여락與樂, 즉 발고여락拔苦與樂의 선행, 그리고 사랑과 친절과 인내와 온화함을 실천하는 선행으로 보상해야 전생 죄업이 없어진다는 것입니다. 선행을 실천해야 합니다. 선행은 아름다운 일이고 조화로운 법칙에 맞는 일이므로 공덕이 됩니다. 업보의 법칙을 아는 것만으로는 소용이 없습니다. 아는 지식은 정의에 쓰도록 실천해야 합니다. 그래야 당신의 진성眞性을 진정으로 활용하는 것입니다. 그것이 공덕입니다.

선행인 선업은 그것이 연속됨을 방해하는 장애물은 아무것도 없습니다. 우주의 순리에 따라 계속됩니다. 이것은 업의 연속의 원리이며 순리입니다. 반면 불선행인 악업은 간악하고 망령된 사념邪念, 간사하고 악독한 사심邪心, 사의邪意이므로 도리에 반하고 자타自他를 손해하고 현재 및 장래에 고뇌를 초래하는 인因이 되므로 다스려져야 합니다. 다스림의 작용은 우주의 윤리적 법칙에 따라 업보라는 보복報復으로 주어집니다. 보복의 원리는 균형을 유지하려는 업의 상응하는 고뇌라는 업보를 통하여 채무를 보상하고 자기완성이라는 사람의 성품인 인성을 회복하는 것입니다. 그리고 마침내 인성이 정화되면 진리를 깨달아 지혜를 계발하여 해탈하고 열반을 증득하는 것입니다. 이것이 행복의 빗장을 여는 붓다의 가르침이며, 저승 노자를 장만하는 것입니다.

10. 윤회

윤회輪回는 범어 Samsāra를 음역하여 승사락僧娑洛이라 하고, 번역하여 윤회전생輪廻轉生이라 합니다. 중생이 전생의 업보에 상응하여 삼계와 육도에 생사를 거듭하면서 끊기지 아니함을 윤회라 말합니다. 윤회는 무시무종無始無終이므로 시원始元과 종말終末을 파악할 수 없습니다. 일체의 만물은 끊임없이 변천하는 가운데서 존재하는 동적 유전流轉입니다. 인간의 생명도 변하면서 상속하므로 무상無常이라 합니다. 윤회의 원어는 "유전流轉한다, 변하면서 옮겨간다."를 원의原意로 하는 개념입니다. 번뇌에 얽매이어 생사를 벗어나지 못하는 범부들이 부정한 견해에 사로잡히는 사집邪執과 잘못된 틀린 견해인 유견謬見과 충동으로 일어나는 욕정으로 오염된 존재이기 때문에 생사로도 의역되고 있는데, 윤회론은 생명의 무한성을 상징적으로 설명한 것입니다.

　유정이 사물의 진실을 깨닫지 못하여 틀린 것에 집착으로 미혹迷惑한 생사세계生死世界를 거듭하면서 그치지 않는 것을 생사윤회·

윤회전생이라고도 합니다.

1) 과거의 원인이 현재의 결과

번뇌에 얽매여 생사를 벗어나지 못하는 범부로서의 유정有情의 생존이 12의 조건에 의해서 성립된 12연기법의 과정에서 분명하게 드러납니다. 즉 과거 원인의 연속인 제1지 무명無明과 제2지 행行의 업의 형성으로부터 현재 결과의 연속인 제3지 식識, 제4지 명색名色, 제5지 육입(六入, 六根), 제6지 촉觸, 제7지 수受가 일어납니다. 이 식·명색·육입·촉·수 등의 현재 원인의 연속으로부터 미래 결과의 연속인 제8지 애愛, 제9지 취取, 제10지 유有의 업의 생성이 일어납니다. 이 애·취·유가 미래의 원인에 연속이 되어 제11지 생生, 제12지 노사老死를 생하기 때문에, 제1지 무명과 제2지 행의 업의 형성의 과거 원인의 연속이 됩니다.

과거 원인의 연속이 바로 현재 결과의 연속으로 반복하여 되풀이되는 것입니다. 그래서 수레바퀴가 돌고돌아 끝이 없는 것과 같이 유정이 생전의 업인業因에 따라 상응하는 업보의 제3지 식識인 재생연결식에 과보로 전전轉轉하여 무시무종으로 돈다 하여 돌 윤輪 자와 돌 회回 자를 합성하여 윤회라고 한 것입니다. 이처럼 과거는 현재로, 현재는 미래로, 미래는 다시 과거로, 과거는 다시 현재로 회전回轉하는 것입니다. 이것이 연기이며 윤회입니다.

12연기를 시간적으로 보면 제1지 무명과 제2지 행은 과거이고 원인이며, 제3지 식·제4지 명색·제5지 육입·제6지 촉·제7지 수까지는 현재이고 결과이며, 제8지 애·제9지 취·제10지 유는 현재의 새로운 원인이고, 제11지 생과 제12지 노사는 미래의 결과입니다. 이처럼 12연기는 원인과 결과로 회전합니다.

윤회의 근본 원인은 과거에는 무명이었고, 현재에는 무명과 갈애입니다. 과거의 무명은 어쩔 수 없는 것이지만, 현재의 무명과 갈애는 관찰해서 시비是非, 정리正理·정도正道를 살펴 분명히 하는, 즉 변찰辨察하는 것이 불교 수학의 요점입니다. 곧 제7지 수(受_ 느낌)에서 제8지 애(愛, 갈애)가 발동하지 않아야 합니다. 과거의 업인業因의 형성은 바꿀 수가 없습니다. 중요한 것은 오온으로 구성된 몸과 마음을 관찰해서 알아차려야 합니다. 오온의 바탕에는 무명과 갈애가 함께하기 때문에 선업보다는 불선업을 즐겨 행하므로 악한 사람이 죽어서 가는 네 가지 고통스러운 지옥·축생·아귀·아수라의 사악도四惡道 또는 사악취四惡趣에 떨어집니다. 어떤 명분이든 갈애를 일으키지 않는 생활을 해야 합니다. 불선행업은 온전히 자기가 받으며 다음 생까지 연결된다는 사실을 유념해야 합니다. 불교는 관념이 아닌 실천적 깨달음으로 지혜를 계발하여 지혜로 복된 삶을 얻는 종교입니다.

2) 12연기의 오온

12연기의 제1지 무명無明으로 시작한 원인이 제2지 행行으로 업을 형성시키고 이 업을 원인으로 제3지 식識, 제4지 명색名色, 제5지 육입六入, 제6지 촉觸, 제7지 수受 등의 12연기의 오온五蘊을 조성합니다. 이 오온은 전생의 업인業因으로 제3지 식識에서 재생연결식이 조성되면 재생연결식에 상응한 제4지 명색名色인 정신(心)과 물질(身)이 생기고 제5지 육입六入인 육근六根이 조성되면 육근의 대경對境인 육경六境과 제6지 촉(觸, 접촉)으로 제7지 수受까지의 원인과 결과를 나타내는 불교의 세계관과 인생관을 조성합니다. 제3지에서부터 제7지까지의 5지는 12연기의 5온이라 하여 현세의 5과五果라 합니다. 일반적인 오온은 우리의 물질(몸)과 정신(마음)을 구성하는 색色·수受·상想·행行·식識은 인연에 의해서 생긴 한 무더기의 심신 환경을 말하고, 12연기법의 오온은 제3지 식, 제4지 명색, 제5지 육입, 제6지 촉, 제7지 수로 우리의 인생관을 조성합니다.

전생의 업인에 따라 구성된 제3지 식, 곧 재생연결식에 상응한 제4지 명색의 정신과 물질에 의하여 제5지 육입인 안(눈)·이(귀)·비(코)·설(혀)·신(몸)·의(마음)의 육근六根이 조성되면, 그 대경對境인 색(물질적 존재의 총칭)·성(소리)·향(냄새)·미(맛)·촉(닿음)·법(일체법)의 육경六境과 연緣하여 육근을 육내처六內處라 하고, 육경은 육외처六外處라 하여 합하여 12처十二處라 하고, 제6지 촉觸에서 감관인 육근과 대경對境인 육경이 접촉하므로 제7지 수受 느낌에서 육근이 육경을 지각하는 안식(시각)·이식(청각)·비식(후각)·설식(미각)·신식(감각)·의신(心·意·識)의 육식이 일어납니다. 이 같은 육근이 육경을 상대하여 육식이 일어나는 것을 모두어 18계十八界라 하는데, 12연기법의 식·명색·육입·촉·수 안에는 18계가 모두 포함되어 있습니다. 그러므로 원인과 결과를 모두 나타냅니다.

3) 12연기의 고제와 집제

사제법四諦法의 관점에서는 범부의 생존은 전생의 업인業因에 상응
하는 생존은 제3지 식(識, 재생연결식), 제4지 명색(名色, 정신과 물질),
제5지 육입(六入, 육근), 제6지 촉(觸, 접촉), 제7지 수(受, 느낌) 등의
오온五蘊이 고뇌라는 고제苦諦에 해당되는 순환이 있고, 순환의 관
점에서 오온의 원인으로 발생한 제8지 애(愛, 갈애), 제9지 취(取, 집
착), 제10지 유(有, 업의 생성), 제1지 무명無明, 제2지 행(行, 업)의 형
성은 고뇌의 원인인 집제集諦에 해당됩니다. 이것이 과거에 했던
행업行業을 되풀이하는 것입니다. 그리하여 제7지 수受에서 제8지
애愛로 발동되어 넘어가는 것은 미래생을 조성하는 괴로움의 원인
인 집제에 해당합니다.

제1지 무명과 제8지 애는 번뇌의 연기와 업의 연기와 과보의 연
기의 순환에 있으며, 공간과 시간의 관점에서는 제1지 무명과 제2
지 행이라는 과거와, 제8지 애, 제9지 취, 제10지 유는 현재라는 행
업과, 제11지 생과 제12지 노사라는 미래의 반복이 있습니다. 연기
는 과거가 현재로 되고, 현재가 미래가 되는 것처럼 괴로움의 원인
인 집제가 고뇌인 고제를 만들고, 다시 집제를 새로 조성하여 미래
의 괴로움의 고제를 만듭니다. 이것이 연기이며 윤회입니다.

12연기에는 고제와 집제만이 표면에 나타나 있고, 도제와 멸제
는 보이지 않게 가려져 있습니다. 그래서 고제와 집제를 말할 때는,
불교가 괴로움만 있다고 하여 세상을 괴롭고 귀찮은 것으로 여겨
비판하는 염세적이라고 비난할지도 모릅니다. 그러나 석존께서는

몸과 마음이 괴로운 고뇌로부터 벗어나는 방법인 멸제와 도제라는 출세간의 교리를 설법하셨습니다. 그것은 고뇌와 고뇌의 근본 원인이 되는 집제를 멸진滅盡하는 방법입니다. 곧 고통을 끊고 지고의 행복을 얻을 수 있는 가르침입니다. 불교인들은 멸제와 도제의 교법을 얻고자 수행 절차인 사제법에 따라 팔정도의 수행법으로 번뇌에 얽매여 생사를 벗어나지 못하는 범부로서의 유정의 생존이 12의 조건에 의해서 정립되어 있는 12연기법을 깨달아 깨달음의 지혜인 보리를 계발하여 열반을 증득해야 합니다.

보리란 범어 Boddhi를 음역하여 보리라 하고, 번역하면 각(覺, 깨달음)을 의미합니다.

열반이란 범어 nirvāna를 음역하여 열반나涅槃那라 하고 약하여 열반이라 하며, 번역하여 생과 사의 큰 환난을 없애어 번뇌의 바다를 건넜다는 멸도滅度라 하고 약하여 멸滅이라고도 합니다. 번뇌의 불을 멸진해서 생사의 인과를 없애므로 멸滅이라 하고, 번뇌의 바다를 건너 생과 사의 근심과 재난의 환루患累의 바다를 건넜다는 뜻으로 도度라 합니다. 곧 불교의 교리를 수학해서 깨달아 지혜를 계발하여 깨달음의 지혜인 보리를 완성한 경지를 말합니다. 이것이 생사의 어리석은(迷) 세계를 초탈한 깨달음의 세계라 하며, 불교의 구극적인 실천 목적으로 열반에 들어갔다 하여 입멸入滅이라 하고, 그 이치가 진실무망眞實無妄한 도리이므로 진실하여 착오가 없고 영원히 변하지 않는 진실이라는 제諦라 하여, 합성하여 멸제滅諦라 합니다. 열반이라 함은 깨달음의 지혜, 보리를 증득하여 무지의 번뇌를 멸하여 없앤 상태에 대한 가칭적假稱的인 명칭이므로 실체가 있는 것은 아닙니다.

4) 12연기에는 나(我)의 존재는 없다

현재는 내(我)가 부른 것이 아니고 단지 업인業因의 원인이 연속의 결과로 이어져서 생긴 존재입니다. 12연기 안에서 일어나고 있는 열두 가지 단계의 요소들은 어디에도 나라고 하는 자아라는 실체가 존재하지 않는 연기적 존재입니다.

　연기란 오온인 정신과 물질이 원인과 결과로 상속되는 것입니다. 세상의 모든 존재는 연기가 아닌 것은 하나도 없으므로, 비실재적인 존재로서 실체가 없는 것으로, 만유의 체가 공무空無한 것이므로 법공法空이라 합니다. 그래서 수행의 대상은 정신과 물질인 것입니다. 12연기법의 열두 가지 단계는 색·수·상·행·식이라는 오온의 작용으로 물질계와 정신계의 양면에 걸치는 일체의 인연에 의해서 조작되어진 현상적 존재인 유위법有爲法입니다. 이 정신과 물질이 매순간 일어나고 사라지면서 원인과 결과로 지속되는 것입니다. 그러므로 우리의 삶은 어떤 외부적 작용이나 초월적 힘(神)에 의해서 지속되는 것이 아니고, 오직 오온의 작용에 의한 원인과 결과라는 연기법에 의해서 일어나고 사라지는 것이 우리의 삶입니다. 이 같은 심오한 연기의 축軸은 원인과 결과입니다. 원인과 결과는 정신과 물질의 제7지 수(受, 느낌)입니다. 이 수를 대상으로 관찰해 보면 느낌이 시시각각 변하기 때문에 대상과 하나가 될 수 없습니다. 대상을 보는 마음도 변하는 것입니다. 즉 일체 만물이 찰나에

생하고 찰나에 멸하는 것입니다. 이것을 찰나생멸刹那生滅이라고 합니다. 그리하여 찰나집중刹那集中 또는 찰나관찰刹那觀察이 생겨난 것입니다. 이 같은 찰나관찰 방법으로 대상을 관찰하다 보니 대상 전체를 통하여 모두 밝혀서 두루 살피는 통찰관법洞察觀法이 생긴 것입니다. 이러한 과정을 통하여 찰나관찰로 대상을 분리해서 관찰하는 집중이 생겼습니다. 이 관찰법이 아니면 무상·고뇌·무아·공의 진리를 마음으로 해득해 깊이 살펴서 환하게 깨닫는, 즉 통철洞徹하는 철견徹見이 불가능합니다.

윤회의 원인은 12연기의 제1지 무명無明과 제8지 애愛입니다. 그러므로 무명과 제7지 수(受, 느낌)에서 관찰해서 시비是非를 살펴 분명히 하는 변찰辯察의 사수捨受로 제8지 애(愛, 갈애)로 발동하지 않아야 합니다.

12연기의 제1지 무명, 제2지 행(업)의 형성, 제8지 애, 제9지 취, 제10지 유(업)의 생성 등이 사제법의 고뇌의 원인인 집제에 해당됩니다. 이것은 내(我)가 괴로움의 원인이 아니라 오온의 작용에 의한 원인과 결과라는 요소가 있을 뿐입니다. 이 같은 오온의 작용을 나라고 생각하는 것이 무명입니다. 제3지 식, 제4지 명색, 제5지 육입, 제6지 촉, 제7지 수 등의 오온에는 무명과 갈애가 함께하기 때문에 오온을 나라고 집착합니다. 이것이 사제법의 고제입니다. 그러나 우리는 오온이 괴로움인지 모르기 때문에 과거에 했던 제8지 애, 제9지 취, 제10지 유(업)의 생성인 집제를 현재에도 조성합니다. 그래서 윤회의 근본 원인은 무명과 갈애가 되는 것입니다.

우리는 현재 제3지 식, 제4지 명색, 제5지 육입, 제6지 촉, 제7지

수의 오온이라는 고제 부분에 속해 있습니다. 그리고 과거 연속의 원인인 제8지 애, 제9지 취, 제10지 유의 생성, 제1지 무명, 제2지 행의 형성은 집제 부분에 속해 있습니다. 이 두 가지 연기만이 회전됩니다.

5) 12연기법을 깨달으면 윤회를 초탈한다

연기법은 석존에 의해서 발견된 진리입니다. 석존께서 수행 중에 정정正定으로 '인간은 왜 생로병사의 고통을 받는 것일까?'라는 정사유正思惟를 하시다가 생生의 비롯함이 있는 것은 반드시 그 마침인 사멸死滅이 있으며, 같이 합하는 상회相會가 있으면 반드시 떨어져 흩어지는 이산離散이 있음이 필연의 이치라는 생자필멸生者必滅의 확고부동한 원리인 정리定理의 법칙을 정리整理한 것이 인과법의 발견입니다. 모든 현상은 원인의 인因과 조건인 연緣이 상호 관계하여 결과인 과보가 성립된다는 일체 현상의 생기소멸의 법칙을 연기라 합니다. 원인이 결과라는 기본적인 지혜로 팔정도의 알아차림의 수행을 통해 모든 번뇌의 근원을 깨달으시고 일체 고통에서 벗어나신 것입니다. 인과법으로 유정의 생존이 12의 조건에 의해서 성립되어 있음을 정리한 것이 12연기법입니다. 12연기의 뜻을 교리적으로 요약한 것이 사제의 고집멸도입니다. 고苦는 범부의 생존은 고라는 진리, 집集은 범부의 고뇌는 번뇌인 욕정으로 인한 갈애에 기인한다는 진리, 멸滅은 갈애를 멸하고 고를 멸한 열반이 이상경이라는 진리, 도道는 고를 멸제로 인도하는 수행법은 팔정도라는 진리입니다.

연기법을 모르기 때문에 고통의 삶을 계속하는 것이며, 연기법을 아는 자만이 고통에서 벗어나 괴로움에서 해방될 수 있다는 것입니다. 연기법을 모르므로 불선행을 하고, 또한 선행을 한다고 해도 바람(소망)으로 하기 때문에 12연기를 회전시켜 윤회를 반복하는 것입니다.

연기법을 모르는 것을 무명이라 하고, 무지라 하며, 범부라고 합니다. 불교를 배워 번뇌의 허물을 여읜 무루지無漏智로 12연기법을 명료하게 보는 위位를 견도見道라 하는데, 견도 이전은 범부라 하고 견도에 들어간 위는 성자라 합니다. 범부란 번뇌에 얽매이어 생사를 벗어나지 못하는 사람이라는 뜻으로, 어리석은 견해나 번뇌에 의해서 여러 가지 업을 지어 그 과보로 육도 윤회를 합니다. 범부는 작은 것을 탐하고 큰 것을 놓치는 사람입니다. 고통의 원인을 찾지 않고 진리의 법을 알려고 하지도 않으므로 12연기·사성제·팔정도를 모르기 때문에 무명과 갈애의 머슴살이를 하므로 번뇌에 얽매여 생사고해를 초월하지 못합니다. 어리석기 때문에 불선행을 하면서도 그것이 불선인지 알지 못하며 부덕한 행위를 저지릅니다. 간혹 공덕을 짓기도 하지만 내생에 보다 높은 지위를 얻어 천계에 태어나기를 바라는 바람이 있는 공덕행이므로 윤회계를 벗어나지 못합니다.

범부 다음 위는 현명한 현인賢人입니다. 어질고 총명해서 윤회의 고통에서 벗어나려고 법문을 듣고 교리를 공부하는 노력을 하는 사람입니다. 그 다음 위로는, 비로소 모든 번뇌의 허물을 여읜 청정한 무루지를 얻어 불교의 진리를 분명하게 보는 견도위見道位에 도달한 성자가 있습니다. 수행으로 탐·진·치 번뇌를 멸진하고 바른 이치를 깨달아 지혜를 계발해서 해탈하고 열반을 증득하려고 정진하는 수학자입니다. 우리는 자기 마음의 본원을 지혜로써 관조하여 자기가 범부라면 현자가 되도록 노력하고, 현자라면 좀 더 정진하여 성자가 되어야 생사고해에서 벗어나는 수행에 전념하게 됩니다.

우리가 12연기를 깨달아 자신의 식·명색·육입·촉·수의 오온이 괴로움의 고제로 비참하고 혐오스럽고 괴로움이 가득하여 바람직하지 못하다는 것을 분명하게 깨달아, 윤회에서 벗어나겠다는 일념으로 육바라밀을 바람(희망)이 없이 닦아야 윤회에서 벗어나는 선공덕입니다. 바람이 없어야 원인과 결과가 끊어져서 연기가 차단되기 때문입니다. 같은 선행이라도 바람이 없는 선행과 바람이 있는 선업은 다릅니다. 바람이 있는 선은 원인과 결과가 있는 선이므로 윤회를 하기 때문에 무명과 갈애의 지배를 받아서 원인과 결과가 있는 불완전한 선입니다. 그러나 바람이 없는 선은 출세간의 선으로 원인과 결과인 연기가 차단되어 윤회가 끊어지기 때문에 완전한 선공덕이 되는 것입니다. 이것을 무인작용심無因作用心이라고 하는데, 수행에는 무인작용심을 갖는 것을 목표로 해야 합니다.

소망이나 희망하는 바람이 있는 선행업에는 두 가지 불선이 함께 섞여 있습니다. 하나는 이익을 거두려고 하는 욕망의 집착과 또 하나는 그 이익(공덕)을 내가 받는다는 사견의 무명(무지)이 섞여 있는 것입니다. 그래서 윤회계를 벗어날 수가 없습니다. 보시는 유익한 선행업입니다. 그러나 대가를 바라는 보시는 욕망이며 갈애입니다. 대가는 무엇인가를 바라는 것이므로, 탐심의 일종이므로 청정한 선업이 아닙니다. 여기서 우리가 명심해서 분명하게 알아두어야 할 것은 보시를 행하는 자가 나(我)이며 다음 생에서 보시의 과보를 받는 자도 나라고 믿고 있다는 것입니다. 이러한 믿음 안에 그릇된 견해는 나 또는 자아의 개념입니다. 내가 베푸는 자이고 그 공덕의 과보(이득)를 내가 받는 것이라 착각하는 것입니다. 이것은 인간은 죽지만 자아는 없어지지 않는다고 집착하는, 그릇된 사견邪見인 상견常見입니다.

탐심을 여의고 깨달음을 얻을 것을 목적으로 하는 거룩한 청정시淸淨施의 업과 무엇인가 바라는 갈애의 불청정시不淸淨施의 업은 각기 다른 내용이지만 함께 있으므로 두 가지가 혼재해 있는 것입니다. 혼재는 같은 장소에 섞여 함께 있는 것이고, 혼합은 뒤섞여서 한데 합하여 하나가 된 것입니다. 선업과 불선업은 섞이지 않습니다. 선업은 선의 과보를 받고, 불선업은 불선의 과보를 받습니다. 불선업에 의해 불신의 과보를 받을 때 불선의 과보에 새로운 불선업을 가중시키는 것입니다. 그러나 이때 선업에 의한 선과보가 작용하여 괴로움을 벗어나기 위해 수행을 한다든가 다른 선한 마음을 갖게 됩니다. 그래서 선한 업을 만들어 두어야 하는 것입니다.

윤회를 끝내고자 하는 마음은 삶이 괴로움이라는 것을 통찰했을 때 계발된 지혜입니다. 이러한 지혜는 수학을 통해서만이 단계적으로 이해되고 성취되는 것입니다.

12연기를 보면 전생의 행업의 형성인 제2지 행을 원인으로 제3

지 식이 일어납니다. 이 식은 전생의 업인에 상응하여 구성된 재생 연결식입니다. 이것이 현생의 시작인 태어남을 말합니다. 즉, 전생의 업인에 상응한 정신과 물질로 태어납니다. 이것을 색·수·상·행·식 오온이라 하며, 이것이 정신과 물질인 제4지 명색名色입니다. 유정의 개체를 형성하는 면을 강조한 말로 보면 오온은 심신 환경을 가리킵니다. 그래서 오온을 나의 자아라고 착각하여 집착합니다. 집착하는 오온을 만들어 우리는 괴로운 것입니다.

12연기의 제4지 명색名色을 원인으로 모태 내에서 안·이·비·설·신·의 등의 육근을 갖추고 출태하는 위位이므로 육근六根이라 하고, 육근이 그의 대경인 색·성·향·미·촉·법의 육경을 대경으로 식識을 낳는 의처依處가 되므로 육처六處라 하며, 대상을 포착할 수 있는 여섯 개의 감수기능이므로 제5지를 육입六入이라 합니다. 이것이 정신과 물질인 명색을 원인으로 정신활동의 육입이 일어나는 것입니다. 이 육입(육근)을 원인으로 제6지 촉(觸, 접촉)이 일어납니다. 근이 경에 접촉하는 것에 의해 발생하는 정신작용의 식識이 발생합니다. 이것이 주관과 객관의 접촉감각입니다. 일체의 마음작용인 심소법心所法에 의하여 대상에 접촉시키는 마음작용을 말합니다. 제7지 수(受, 느낌)는 모든 마음을 따라 일어나는 마음 작용인 심소心所로 외계의 대상을 받아들여서 거기에서 감수感受하는 인상 감각印象感覺을 말합니다. 감관感官인 안·이·비·설·신·의 등의 육근이 대상인 색·성·향·미·촉·법의 육경을 접촉한 안촉(눈이 물체를)·이촉(귀가 소리를)·비촉(코가 냄새를)·설촉(혀가 맛을)·신촉(몸이 감촉을)·의촉(마음이 느낌을) 등의 육촉의 접촉감각에 의해서 인식주관인 분별하여 앎인 식별識別, 분별하여 명확히 앎인 요별了別, 사물을 확실히 알고 그 의의를 옳게 이해함인 인식認識, 물체의 형상 빛깔 등을 분별함인 안식, 물체의 진동 소리를 감수함인 이식, 냄새를 맡아 분별함인 비식, 맛을 분별함인 설식, 외부 경계와 접촉하여 인식하는 감각인 신식, 법경을 인식·추리·추상하고 과거·현재·미래의 일체법에 작용하는 의식 등의 육식六識이 발생하는데, 육식 중에서 안식·이식·비식·설식·신식의 전5식前五識으로 느끼는 수受는 육체(몸)로 느끼는 수이기 때문에 신수身受라고 하고, 마음인 의식으로 느끼는 수受는 정신(마음)으로 느끼는 수이기 때문에 심수心受라고 합니다.

육근이 외계와의 접촉에 의하여 몸과 마음으로 느끼는 즐겁고 기쁨의 감각인 낙수樂受와 몸과 마음이 괴로운 고뇌의 감각인 고수苦受와 고통도 즐거움도 느끼지 않는 불고불락수不苦不樂受의 감각 작용을 사용하지 않고, 버려둠·잊음·내버림의 뜻으로 버릴 사捨 자를 써서 사수捨受라 하여 낙수·고수·사수의 삼수三受로 나누고, 삼수를 열어서 즐거운 신수를 낙수樂受, 기뻐하는 심수를 희수喜受, 고통의 신수를 고수苦受, 근심·걱정의 심수를 우수憂受, 신수와 심수를 포함한 불고불락수의 사수捨受 등을 5수五受라고 합니다.

제7지 수受에서는 신수의 즐거운 낙수樂受와 심수의 기쁨인 희수喜受를 경계하여 제8지 애愛의 발동을 차단해야 합니다. 일체의 느낌을 사수捨受로 받아들여야 합니다. 이것이 윤회의 사슬을 끊는 유일한 방법입니다.

낙수와 희수를 원인으로 갈애를 일으켜 무명을 인因으로 하고 갈애를 연緣으로 하여 불선행업을 짓습니다. 결국 제3지 식, 제4지 명색, 제5지 육입, 제6지 촉, 제7지 수의 고제苦諦는 제8지 애, 제9지 취, 제10지 유, 제1지 무명, 제2지 행의 형성인 집제集諦에 의해서 일어나는 것입니다.

과거에는 무명을 주체로 살았지만, 현재는 갈애를 주체로 동고동락하는 것이 우리가 현재를 살고 있는 실상입니다. 내가 사는 게 아니고, 무명과 갈애가 살고 있는 것입니다. 업보의 원인이 과보의 결과를 일으키고, 과보의 결과가 번뇌의 원인을 일으켜서 번뇌의 원인이 업의 발동을 일으키고, 업의 발동이 다시 과보의 결과를 일으키는 이러한 순환의 핵심 축이 무명과 갈애입니다.

12연기를 살펴보면, 제3지 식, 제4지 명색, 제5지 육입, 제6지 촉, 제7지 수의 오온이 괴로움의 진리인 고제苦諦라는 것을 알 수 있습니다. 무명이 지혜로 전환될 때만이 괴로움의 원인을 있는 그대로 꿰뚫어볼 수가 있습니다. 무명과 갈애를 있는 그대로 지켜보고, 정신과 물질을 알아차려서 괴로움의 원인을 깨달아야 지혜를 계발해서 해탈하고 열반을 증득하여 윤회에서 벗어날 수 있습니다. 윤회에서 벗어나는 길은 사제四諦의 절차에 따른 팔정도 수행법으로, 12연기법을 명확하게 깨달아 지혜가 열리면 열반을 증득하게 됩니다.

6) 윤회의 근본 원인

윤회의 근본 원인은 12연기의 제1지 무명과 제8지 애(갈애)가 연기를 회전시키는 것에 있습니다. 12연기의 제3지 식(識, 재생연결식), 제4지 명색(名色, 정신과 물질), 제5지 육입(六入, 육근), 제6지 촉(觸, 접촉), 제7지 수(受, 느낌, 인상감각)까지를 12연기의 오온이라 합니다. 이 오온을 만드는 근본 원인은 제1지 무명이고 이상의 오온을 지속시키는 것은 제8지 애(愛, 갈애)입니다.

무명이란 무지이며, 알지 못하는 어리석은 마음으로 사물을 있는 그대로를 보지 못하는 불여실지견不如實智見을 말하는 것이며, 진리에 어두워서 사물에 통달치 못하여 사물과 현상과 도리를 이해하지 못하는 불해不解와 앎이 없는 부달不達과 깨달음이 없는 불료不了의 정신상태로 우치를 그 내용으로 하는 불교의 근본 교리입니다. 깨달음의 절차인 사제법의 고집멸도를 모르는 것이니 괴로움이 있는(苦) 것을 모르고, 괴로움의 원인(集)을 모르고, 괴로움의 소멸법(滅)을 모르고, 괴로움을 소멸하는 방법인 도법(道)을 모르는 것을 무명이라 합니다. 이 무명이 어리석은 행위인 업을 짓게 합니다. 업이란 사려·선택·결심 등을 하는 마음의 능동적 작용인 의지에 의한 신심身心의 활동을 의미합니다.

갈애란 욕망으로 바라는 마음인데, 욕망의 집착하는 마음이 목마른 사람이 물을 구하듯 강렬함을 나타내는 말입니다. 제8지 애(갈애)는 제5지 육입(六入, 육근), 곧 감각기관인 안(눈)·이(귀)·비(코)·설(혀)·신(몸)·의(마음)의 육근이 그 대경인 색(빛깔)·성(소리)·향(냄새)·미(맛)·촉(닿임)·법(일체법)의 육경六境을 상대로 제6지 촉 - 접촉 감각 - 으로부터 제7지 수 - 감수하는 인상감각인 느낌 - 에 의해 신수身受인 낙수樂受나 심수心受인 희수喜受 등을 갈망하는 것이며, 마음이 늘 그리로 쏠리어 잊히지 아니하는 집착을 일으키는 원인입니다. 곧 몰라서 바라는 것입니다.

윤회의 과정을 살펴보면, 범부들은 어떤 것을 보고 그것에 욕망하여 갈애를 일으켜 집착으로 그것을 얻으려는 업의 생성을 일으켰습니다. 이 같은 무명과 갈애가 연기와 윤회의 근본 원인이라는 것을 명시한 것입니다.

무명과 갈애를 벗어나는 길은 불교의 교리를 명료하게 깨달아 지혜를 계발하여 인과의 도리를 무시하는, 정리正理에 어긋나는 사견邪見과 망상을 버리지 못하고 집착하는 망집妄執을 깨고 갈애인 욕망을 끊어야 합니다. 무명과 갈애는 윤회의 핵심 축입니다.

태어남이 있으면 무명과 갈애에 지배되고 영향을 받으며, 태어남은 한 인생의 태어남과 매 순간순간의 태어남도 있습니다. 매 순간에 태어남이란 조금 전의 마음과 지금의 마음이 각기 다른 상황에서 각기 다른 사건을 만드는 것을 말합니다. 매 순간의 태어남이 모이고 쌓여서 한 일생의 윤회로 이어집니다. 이 같은 윤회는 순간순간 자신의 정신과 물질 안에서 끊임없이 일어나고, 일어난 즉시 제8아뢰야식에 업인을 남기고 즉시 사라집니다. 윤회와 연기는 이 순간의 우리의 삶 속에 항상 함께 있습니다.

우리가 살아온 삶을 돌아보면, 고뇌를 해결하려고 한 것이 아니라 오히려 고뇌 속에 있으려고 바람(소망)을 갈구한 것입니다. 무명 따라 갈애와 집착으로 번뇌롭게 살아온 삶이었습니다.

번뇌에 얽매이어 생사를 벗어나지 못하는 범부가 짓는 12연기의 제8지 애(갈애)로 인해 제9지 취(집착)로, 제10지 유(업의 생성)하여 제1지 무명과 제2지 행(업의 형성_의 과보로, 제3지 식(재생연결식), 제4지 명색(정신과 물질), 제5지 육입(육근), 제6지 촉(접촉), 제7지 수(느낌)의 12연기의 오온이 일어납니다. 곧 전생 업인의 과보의 몸을 받는 것입니다. 그리고 연기해서 다시 제8지 애(갈애), 제9지 취(집착), 제10지 유(업의 생성), 제1지 무명, 제2지 행(업의 형성)으로 연기합니다. 이 같은 일정한 방식이나 절차에 따라 끊임없이 되풀이하여 주기적으로 인과왕래因果往來가 끝이 없는 순환 과정, 곧 연기의 회전과 윤회의 회전이 연속됩니다. 한 생의 완전한 회전 뒤에 연속해서 새로운 회전이 일어나 반복하는 것이 윤회입니다.

과거에 무명과 갈애로 인하여 현재의 몸과 마음이 생겼고, 이것을 원인으로 현재에도 무명과 갈애를 원인으로 새로운 업을 생성하며 살고 있으므로 미래에도 무명과 갈애를 지닌 생명으로 태어납니다. 이 같은 윤회의 근본 원인은 어리석은 무명의 마음과 바라는 갈애의 마음이 상속되는 것입니다. 그러나 사제법의 절차에 따라 팔정도 수행법으로 12연기법을 깨달아 지혜를 계발하면 무명이 지혜로 전환되고, 지혜로 전환되면 12연기에 제7지 수(인상감각인 느낌)에서 제8지 애(갈애)로 발동하지 않습니다. 느낌에서 갈애가 발동하지 않으면, 이것이 윤회를 차단하는 원인이며 열반을 증득하는 인연이 됩니다. 곧 열반을 장애하는 범법자가 무명과 갈애입니다.

7) 윤회의 근본 요소

윤회의 근본적인 조건인 요소는 12연기의 제1지 무명, 제2지 행(行, 업의 형성), 제8지 애(愛, 갈애), 제9지 취(取, 집착), 제10지 유(有, 업의 생성)의 다섯 가지입니다. 이 다섯 가지는 모든 동질성을 가진 과거의 원인으로 연속하여 제3지 식(재생연결식), 제4지 명색(정신과 물질), 제5지 육입(육근), 제6지 촉(접촉), 제7지 수(느낌)로 현재의 결과를 만들어 연속합니다. 현재의 결과인 식·명색·육입·촉·수의 연속은 미래의 원인, 제8지 애, 제9지 취, 제10지 유, 제1지 무명, 제2지 행의 연속으로 계속됩니다.

이처럼 윤회는 연기가 회전하는 것이므로 원인이 결과가 되고 결과가 다시 원인이 되어서 미래로 지속됩니다. 과거에는 무명이 첫 번째 원인이었지만 현재에는 갈애가 첫 번째 원인이므로 무명이 뒤에 있습니다. 물론 갈애 속에는 과거로부터 전해온 무명이 함께 존재합니다. 그래서 과거와 현재에는 시간적 위치를 나타내는 범주인 시제時制가 다를 뿐 제1지 무명, 제2지 행(업의 형성), 제8지 애(갈애), 제9지 취(집착), 제10지 유(업의 생성) 등의 다섯 가지 요소는 같습니다.

12연기의 현재인 제3지 식, 제4지 명색, 제5지 육입, 제6지 촉, 제7지 수는 미래의 원인, 제8지 애, 제9지 취, 제10지 유의 결과로 연속인 제11지 생, 제12지 노사가 일어납니다. 윤회를 한다는 것은, 요소들이 시간의 차이를 두고 반복된다는 것을 알 수가 있습니다. 이것이 연기이며 윤회의 실상인 것입니다.

8) 윤회전생의 네 개의 바퀴살

윤회의 축軸은 바퀴통과 연결돼 있고, 바퀴통은 네 개의 바퀴살로 바퀴 테두리와 연결돼 회전하고 있습니다. 네 개의 바퀴살은 윤회하는 세계인 사악도·욕계·색계·무색계에 태어남을 의미합니다.

(1) 사악도

사악도四惡道란 생전에 불선행업을 지은 악한 사람이 죽어서 가는 네 가지 고통스러운 길, 또는 취할 취取 자를 써서 사악취四惡取라고도 합니다. 사람이 자신이 지은 행위, 곧 업에 의해서 이끌려 가는 생존의 상태, 또는 스스로 만들어 가는 생존의 상태를 말합니다. 곧 지옥·축생·아귀·아수라 등에 태어나는 업보를 말합니다.

(2) 욕계

욕계欲界란 지옥·축생·아귀·아수라·인간·육욕천을 합친 것의 이름인데, 이 세계의 유정有情에는 식욕·음욕·수면욕의 삼욕이 있기 때문에 이것을 욕계라고 합니다. 욕계의 인간이 생전에 자리이타와 발고여락의 선공덕행업善功德行業으로 욕계 인간으로 태어나거나, 생전에 닦은 선업의 경중에 따라 상응하는 여섯 곳의 욕계 천상天上에 태어나게 됩니다.

자리이타自利利他란 자리自利와 이타利他의 합성어로, 자리는 스스로를 이롭게 한다는 뜻으로 노력하고 정진하여 수학의 공功을 쌓는 것이니 그로부터 생기는 지혜와 복락 등의 과덕果德의 이익을 자신이 수취受取하는 것이고, 이타는 다른 이의 이익을 목적하여 행동하는 것으로 다른 이에게 공덕과 이익을 베풀어 주며 모든 유정의 구제를 위해 실천하는 공덕을 말합니다. 즉 나에게도 이익이 되고 타인에게도 이익이 되는 행업을 실천하는 것을 말합니다.

발고여락拔苦與樂이란 발고拔苦와 여락與樂의 합성어로, 발고는 유정들의 괴로움을 없애주는 비덕悲德을 말하고, 여락은 유정들의 즐거움을 얻도록 해주는 자덕慈德을 말합니다.

생전에 자리이타행과 발고여락행을 실천한 선공덕행업으로 사후에 욕계 인간으로 태어나게 됩니다.

욕계의 천상(육욕천)에 태어나는 것은 생전에 자리이타와 발고여락의 선공덕행업을 실천하고 불교의 교리를 수학해서 비로소 무루지無漏智를 얻어 불교의 진리를 현전에서 현관(現觀, 직접 분명함인 명료하게 관함)하는 견도위見道位를 증득해서 온갖 지적인 미혹을 벗어나고, 다음에 혼탁한 망념의 정情과 잘못된 사량인 의意로부터 일어나는 온갖 번뇌의 속박을 벗어나려는 구체적인 사리事理에 대처하여 수련과 수습을 하는 수도위修道位를 증득한 공덕행으로 사후에 욕계 천상(六欲天)에 태어나게 됩니다.

(3) 색계

색계色界란 정묘한 물질로 이루어진 세계로, 생전에 자리이타와 발고여락의 선공덕행업을 실천하고, 불교의 교리를 수학하여 견도위를 증득하고 온갖 번뇌를 멸진한 수도위를 증득한 후에, 지혜와 고요함으로 능히 자세하고 빈틈이 없는 면밀하게 사유하므로 정려靜

慮라 하는 사정려四靜慮를 수학한 선공덕행업으로 사후에 색계에 태어나는 세계입니다. 사정려는 유심유사정·무심유사정·무심무사정·사념법사정을 말합니다.

유심유사정有尋有伺定이란 유심有尋과 유사有伺의 합성어로, 심尋은 찾을 심 자로 마음의 작용인 심소心所의 이름으로 탐색한다는 뜻입니다. 유심有尋은 말의 의미 등 사물의 대상을 관찰하여 판단을 이끌어내어 찾아 헤아리는 거칠고 잡됨인 심구추도尋求推度의 뜻이고, 사伺는 살필 사 자로 살펴 헤아림의 뜻으로 마음의 작용인 심소의 이름으로 사물을 세심하게 사찰伺察하고 사유하는 정신작용으로 심尋과 상대어입니다. 정定은, 번뇌를 여읜 것을 적寂이라 하고, 고환苦患이 끊어진 것을 정靜이라 하는데, 이것을 합성하여 적정寂靜이라 합니다. 이 적정의 정신상태를 총칭하여 정定이라 합니다. 즉 마음을 하나의 대상에 집중하는 심일경성心一境性을 뜻합니다. 그리하여 유심유사정은 거칠고 잡된 심구추도와 세심하게 사찰하고 판단하여 결정함입니다.

무심유사정無尋喩伺定에 들어가면 유심有尋을 멸하고 오로지 유사有伺만 남게 되고, 무심무사정無尋無伺定에 들어가면 심尋의 심소心所와 사伺의 심소가 없어지고 마음에 사념邪念이 없이 균일한 내등정內等淨을 더하게 되고, 사념법사정捨念法事定에 들어가면 일체의 사려思慮를 모두 버리고 오로지 불법을 수행하는 것입니다.

(4) 무색계

무색계無色界란 물질을 초월한 세계로 물질적 비중이 큰 것(色想)을

싫어하고 더럽혀진 이 세상이 싫어져서 떠나려는 염리厭離로 생전
에 자리이타와 발고여락의 선공덕행업을 실천하고, 견도위와 수도
위를 증득한 공덕행을 닦은 뒤에 지혜와 고요함으로 능히 자세하
고 빈틈이 없는 면밀하게 사유하는 사정려四靜慮인 유심유사정·무
심유사정·무심무사정·사념법사정을 수행한 뒤에 사무색정四無色
定을 수행함으로써 사후에 태어나는 세계입니다. 다음 네 가지 정
을 말합니다. 공무변처정·식무변처정·무소유처정·비상비비상처
정을 말합니다.

공무변처정空無邊處定은 정定을 장애하는 일체의 생각을 없애고
‘공간은 무한대이다’라고 사유思惟하는 정.

식무변처정識無邊處定은 공간은 무한대라는 공무변처정을 초탈
하여 ‘식識은 무한대이다’라고 사유하는 정.

무소유처정無所有處定은 식은 무한대라는 식무변처정을 초탈하
여 ‘무엇이나 없다’라고 사유하는 정.

비상비비상처정非想非非想處定은 무엇이나 없다라는 무소유처정
을 초월해서 얻은, 아주 적은 상想만 있을 뿐 거의 무상無想에 가까
운 정등이 사무색정입니다.

이상의 4무색정을 수행한 공덕행업으로 사후에 태어나는 세계가
무색계입니다.

모든 생명의 태어남이란 이 사악도·욕계·색계·무색계 등의 4
계 중 하나로 태어나고 일어나는 윤회입니다. 이 외에 다른 태어남
은 불교의 교리를 깨달아 지혜를 계발하여 갈애(바람)가 없는 공덕
행으로 번뇌에 묶인 것에서 풀려 미혹의 고苦에서 벗어나는 해탈하

고, 타오르는 번뇌의 불을 멸진해서 깨달음의 지혜인 보리를 완성한 경지인 열반을 증득하는 것입니다. 이것이 윤회를 절단하는 유일한 방법입니다. 이것은 일어나는 연기가 아니라 연기를 끊는, 절단하여 파괴함인 절파截破입니다.

이상의 사악도·욕계·색계·무색계 네 곳에 생처生處를 통해 높은 존재로 태어나거나 낮은 존재로 추락하더라도 이 여정은 결국 생명이 사는 세계는 4악도의 4계, 욕계의 인간계와 6천계 등의 7계·색계의 17천계, 무색계의 4천계 등의 32계로 분류하므로, 결국 생사의 틀 안에 갇혀 있는 윤회의 영역 안에서만 살다가 늙어서 죽는 노사老死입니다.

9) 윤회의 주범은 유신견

유신견有身見에서 유有는 유정有情으로서의 존재(생존)의 뜻이고, 신身은 육근의 신근身根을 말하는 것으로 물질적인 신체를 말하며, 견見은 눈으로 보는 것과 생각하여 헤아리고 사물에 대한 견해를 정하는 것으로 견해·사상·주의·주장·정견·사견 등으로 쓰이지만 대개의 경우 잘못된 견해를 가리킵니다. 유신견에서의 견見은 잘못된 견해인 사견邪見을 가리킵니다. 그리하여 유신견이란 오온을 나라고 하는 잘못된 사견입니다. 사견은 윤회의 원인이고, 정견正見은 지혜이고, 지혜는 열반의 원인입니다. 윤회는 내가 있다고 하는 유신견으로부터 비롯됩니다. 유신견은 몸과 마음에 집착하므로 이 집착이 12연기의 제1지 무명을 원인으로 제2지 행(업)을 형성합니다.

연기는 12연기의 제1지 무명과 제8지 애(갈애)입니다. 이 무명과 갈애는 12연기법을 깨달아 지혜를 계발해야 소멸되는데, 이 지혜가 무아를 깨닫는 것입니다. 곧 유신견 때문에 무명과 갈애가 존재하는 것입니다. 연기와 윤회의 근본 원인은 무명과 갈애이지만 무명과 갈애의 근본 원인은 유신견입니다. 그래서 불교의 핵심적인 교리가 삼라만상은 인연에 의해서 존재하는 것이지 상주하는 실체가 있는 것이 아니라는 제법무아諸法無我의 진리입니다.

유신견을 고집하는 사람은 온갖 사견을 일으키고 무명과 갈애를 집착하므로 윤회를 벗어나지 못합니다. 그래서 유신견에서 벗어나는 무아를 깨닫는 것을 중요시합니다. 무아를 깨달으려면 오온五蘊을 수학해야 합니다. 오온을 아주 명확히 이해하고 분명하게 깨닫는 요해了解가 필요합니다.

오온을 잘못 이해하여 오온을 실재라고 믿어 나(我)라고 그릇되게 이해할 때 유신견이 일어납니다. 오온의 오는 다섯 오五 자로 다섯 가지를 뜻하고, 온은 모일 온 또는 쌓일 온蘊 자로 모여 축적함을 뜻합니다. 곧 오온이란 다섯 가지가 모여 쌓인 것을 말합니다. 다섯 가지의 쌓임은 물질인 지地·수水·화火·풍風의 색온色蘊과 외계의 자극을 받아 감각기관에 의하여 신경의 중추에 도달하여 일어나는 의식 현상인 인상감각의 수온受蘊과 감각기관에 의하여 외계의 사물에 성질·형태·관계 등을 의식하는 지각작용 및 그 작용에 의하여 얻어지는 나타난 형상이나 또는 과거의 인상이 다시 의식 중에 나타나는 표상의 상온想蘊과 사려·선택·결심 등을 하는 마음의 능동적 작용인 의지 또는 기타의 마음작용인 행온行蘊과 외경을 분별하여 앎인 식별識別·분별하여 깨달음인 요별了別·사물을 확실히 알고 그 의의意義를 옳게 이해하는 작용의 총칭인 인식認識하는 작용, 곧 마음의 작용을 가리켜 붙인 이름인 식온識蘊 등을 오온이라고 합니다.

색온은 몸(身)을 의미하고, 수온·상온·행온·식온 등은 마음(心)의 작용을 의미하므로, 물질계(身)와 정신계(心)의 양면에 걸치는 인연에 의해서 구성된 유위법有爲法입니다. 오온이 마음(情識)을 갖는, 살아있는 유정의 개체를 형성하는 면을 강조한 말로 보면 오온은 신심환경身心環境을 가리킵니다.

우리의 몸은 온갖 조건인 인연에 의해서 오온이 잠정적으로 화합해서 구성된 오온가화합五蘊假和合이므로 유정의 개체에 대해서 나라고 하여 집찰할 실체가 없는 것을 나타냅니다. 즉 자신의 어떤 형체나 상대의 체계인 아체我體, 자신의 근저根柢가 되는 실상實相의 진신眞身인 본체本體, 영원히 변화하지 않고 동일하게 지속되는 실제의 형체인 실체實體, 즉 아체·본체·실체가 없다는 것입니다.

우리는 누구나 오온의 색色으로 구성된 몸(身)인 유신有身이 존재합니다. 그러나 이것이 고정된 나의 몸이라고 잘못된 견해를 가지면 유신有身에다 사물에 대한 견해를 정하는 사상·주의·주장·견해·정견·사견이라는 견見이 붙어 오온의 화합인 신체에 집착하여 나라는 관념을 여의지 못한 아집我執인 유신견有身見이 되고, 오온의 수·상·행·식으로 구성된 마음인 유심有心은 있으나 이것이 나의 마음이라고 잘못된 견해를 하면 유심有心에다 견이 붙어 유심견

有心見이 됩니다. 이 같은 잘못된 견해가 번뇌에 얽매여 생사를 벗어나지 못한 범부의 망아忘我입니다. 마음은 실체가 없는 것인데 유심견은 실체가 있다는 망집입니다.

우리가 부르기 위한 몸과 마음은 있지만 실체는 없습니다. 조건의 의해 구성된 결합체이지 나의 몸·나의 마음은 아닙니다. 무시이래로 나라는 고착관념이 자리잡아서 나의 것이라고 하지만, 그 실체를 지혜로 관찰하면 조건에 의해서 일어나고 사라지는 오온의 작용이지, 이 마음을 소유하는 나는 없습니다. 그래서 마음은 있지만 나의 마음이 아닌 것이 무아無我입니다. 마음이 없다는 것이 아니라 항상하지 않으므로 나의 마음이 아니라는 말입니다.

오온을 실재하는 자아라고 할 때는 반드시 집착이 붙게 되고, 사견이 일어납니다. 사견은 인과의 도리를 무시하는 옳지 못한 견해인데, 온갖 망견妄見은 모두 정리正理에 어긋나는 것이므로 사견이라 하고, 집착은 사물이나 도리를 고집하여 그것을 버리지 못하는 무지이며, 무지로 인하여 고뇌를 겪는 것이니 무아를 자아라고 하는 것이 무명이고 무지입니다. 오온을 자아 또는 나의 소유라고 생각하는 아소견我所見은 사견이고 집착이며 유신입니다.

유신견有身見의 내용을 살펴보면 다음과 같습니다.

첫째는, 오온인 색·수·상·행·식을 자아라고 잘못 알아서 오온 각자 안에 자아가 있다고 믿어, 스스로 생멸 변화하고 다른 것을 장애하는 물질이 모여서 가화합으로 뭉친 색온色蘊을 내 몸이라 합니다.

둘째는, 우리의 육근이 그 대상인 육경과 접촉함에 거기에서 감수하는 인상감각의 작용·느낌인 수온受蘊을 내 느낌이라 합니다.

셋째는, 인간에게는 사물의 대경對境의 모습을 마음에 잡아서 상상하는 선악·시비·사정邪正 등의 온갖 정신작용을 모두 합쳐서 지각에 의하여 얻어지는 표상表象의 상온相蘊을 내 생각·내 바람·내 추측이라 합니다.

넷째는, 우리의 신·구·의의 조작과 또는 내심內心이 외경外境에 가는 심행心行 등의 연을 따라서 모여 일어나고 만들어지는 일체의 유위법은 항상 조작 변화하여 생멸하는 것이므로 장소를 옮겨감이나 시간이나 세월의 흐름 등에 따라 천류遷流하는 것을 행이라 하고, 행의 모임인 취집聚集하는 행온行蘊을 내가 했다, 내가 말했다, 내 생각이다 라고 말합니다.

다섯째는, 외경外境을 식별識別·요별了別·인식認識하는 작용, 곧 객관의 사물을 식별하는 마음의 본체 또는 마음의 총체인 식온識蘊을 내 마음이라 합니다.

이상과 같은 다섯 가지의 자아가 오온을 구성했다 하여 유신견이 다섯 가지가 있다고 집착합니다. 이같이 몸이 나의 몸이라고 생각하는 것이나, 이 마음이 나의 마음이라고 생각하는 관념을 여의지 못한 고정관념인 아집으로 오온의 화합인 신심身心에 집착하여 아我가 있고, 몸(身)을 나의 소유물인 아소我所라 집착하는 것이 유신견입니다. 유신견은 '나의 것'이라는 관념을 버리라는 가르침입니다. 오온을 나의 몸·나의 마음이라고 알면 사견邪見이고, 단지 인연의 가화합으로 구성된 몸과 마음이라고 알면 정견正見입니다.

오온의 가화합적 존재인 진심을 상일실체常一實體로 착각하는 망견으로 자신이 나라고 하는 아견我見으로, 만물을 나의 소유로 집착하는 아소견我所見이 12연기의 제7지 수受에서 제8지 애愛를 일으켜 고뇌의 윤회를 하는 주범입니다.

무아란 비아非我라 번역하기도 합니다. 아我는 영원히 존속하여 변하지 않고(常), 자주독립하여 존재하며(一), 중심적인 소유주로서(主), 지배적 능력으로 모든 것을 주관하고 지배하는 주체(宰)로 생각되는 본체적 실체를 의미하는데, 모든 물체에 이런 아我의 존재를 부정하고, 아가 아니라는 무아설의 법문이 제법무아諸法無我입니다. '나'라는, '내 것'이라는 소유가 붙으면 대상을 관념으로 보기 때문에, 정견正見이 아닌 사견邪見으로 보기 때문에 고뇌로부터 벗어나지 못하므로 유신견을 소유한 수학修學자는 도과道果를 증득할 수 없습니다. 우리가 수행을 한다는 것은 불교의 교리를 배워 깨달아 지혜를 계발해서 유신견으로부터 벗어나고 사견을 단절하기 위함입니다.

유신견은 사물을 바르게 보지 못하게 하고 이성을 잃게 합니다. 모든 고통·파산·범죄·전쟁 등은 유신견을 원인으로 일어난 것이며, 한 개인의 문제로 시작해서 국가 간의 재앙과 인류의 재앙으로 발전하고, 결국에는 통제가 불가능한 정신병자가 되는 것입니다.

유신견이 강한 사람은 자기 자신에 대한 의식이나 관념인 자아가 강한 사람이니, 자아는 나라고 하는 자아에 대한 집착인 아상我相이며, 자기의 품위를 높이려는 자존심입니다. 스스로 잘난 체 높이려는 마음 따라 행동하므로 고통과 좌절이 따릅니다. 위대하다, 훌륭하다, 권력자다, 부자다 하는 것들은 좌절을 겪을 때 깊은 고통과

돌이킬 수 없는 깊은 상처를 줍니다.

우리가 공덕을 지은 행업의 업인으로 욕계·색계·무색계에 거처하는 사람일지라도 유신견을 소유한 자는 금생을 다한 다음 생에는 지옥·축생·아귀·수라·인간·욕천의 육도에 떨어집니다. 곧 윤회계에 핵심적 에너지가 유신견입니다.

유신견을 집착하면 오역죄五逆罪를 짓는 것보다 더욱 해롭다고 석존께서 설법하셨습니다. 오역죄는 극악무도한 다섯 가지 중죄를 말합니다. 어머니를 살해하는 살모殺母, 아버지를 살해하는 살부殺父, 아라한을 살해하는 살아라한殺阿羅漢, 불타의 몸을 상처 나게 하는 출불신혈出佛身血, 승단의 분열을 조장하는 파화합승破和合僧입니다.

유신견이 오역죄보다 더욱 해롭다는 것은, 오역죄를 지은 자가 그 업보를 다하면 수행을 통해 아라한이 될 수 있으나 유신견에서 벗어나지 못하면 진리를 깨닫지 못하므로 지혜를 증득하지 못하기 때문입니다. 그러므로 유신견은 사견이고 어리석은 무지이며 가장 무거운 무명입니다.

유신견은 잘못된 견해입니다. 잘못된 견해란, 단지 몸과 마음은 오온일 뿐인데 나의 몸과 마음이라고 집착하는 것입니다. 불교의 교리를 수학해서 오온을 명확하게 깨달아야 잘못된 견해가 제거됩니다. 우리의 마음은 시시각각 변화 생멸하는 무상한 것이라고 관찰하는 심념처心念處 수행을 해서 마음의 무실체無實體를 깨달아야 유신견을 벗어납니다.

유신견을 제거하기 위해서는 오온을 명확하게 깨달아, 무아를 마

음으로 막힘없이 들어 해득(徹見)해야 유신견이 해소됩니다. 유신
견의 반대가 무아이므로, 일체의 존재는 무상하므로 나라는 존재
도 없다고 부정하는 무아를 깨달아야 유신이 해소됩니다.

최고의 깨달음을 증득한 아라한을 한 개인의 실체로 보는 것은
관념이며 유신견입니다. 아라한을 조건 지어진 정신과 물질인 오
온의 구성체로 보는 것이 지혜로 보는 것이며, 바른 견해인 정견正
見입니다. 정견으로 본다면, 물질과 정신은 원인과 결과로 일어나
고 사라지는 것입니다. 아라한은 부르기 위한 명칭에 불과합니다.
자아가 있다고 보는 것이 유신견이고, 원인과 결과만 있다고 보는
것이 무아입니다.

연기의 근본 원인이 무명과 갈애인데, 무명과 갈애를 움직이는
주범이 유신견입니다. 유신견은 팔정도 수행법으로 오온을 수학하
지 않으면 사라지지 않습니다.

번뇌에 얽매이어 생사를 벗어나지 못하는 범부들의 생각으로는,
사람이 죽으면 변화하는 것은 오직 몸(身)뿐이고, 의식(心)은 영구
불변한다고 사견을 합니다. 이것이 바로 확실하지 않은 덧없는 인
생으로 태어난다는 환생幻生의 관념입니다. 여기에서 불교인들의
잘못 판단을 바르게 하기 위해 덧붙여서 설명하면, 석존의 전생의
생활을 묘사한 설화인 본생담本生譚이 생겨난 의의는, 석존의 깨달
음은 만고불변의 진리로서 너무나도 위대하고 장엄한 것인데, 단
순히 출가 후 단기간의 수행만으로는 도저히 이루어질 수 없는 것
으로 이해시켜 진실한 가르침으로 인도하기 위해 잠정적으로 마
련한, 즉 교화教化 방법으로 마련한 방편법을 가택하여 본생설화로

구성한 것입니다. 곧 본생설화의 형식을 빌려 현재의 선악업보는 과거의 선악업인의 결과라고 설명하고 그 설화를 통해 인과의 진리를 분명히 해설하여 불교의 대도大道에 들어오도록 시도한 것입니다. 이 설화의 내용은 보살도를 표방한 것으로 다 같이 선행을 권하고 옳지 못한 악행을 하지 않도록 하는 권선지악勸善止惡을 실천하자는 형식으로 만든 것입니다. 처음에는 일종의 훈화로 간략하게 설해져 있었던 것인데 그것을 설명하기 위하여 새로운 비유가 부설되고, 또 그 비유가 사실적 설화로 구성되면서 불타의 공덕을 찬양하는 새로운 게송 등이 씌어져서 본생담이 구성된 것입니다. 여기서 주의해야 할 것은, 이러한 '본생담'으로 인하여 같은 생명이 끊임없이 윤회를 거듭하는 것으로 알아서는 안 됩니다. 한 사람이 죽으면 마음은 윤회를 하고 몸만 바꾼다고 알면 잘못된 견해이며, 그것은 유신견으로 본 것입니다. '본생담'은 각각의 삶이지만 원인과 결과라는 과보가 상속되는 것을 설명한 것입니다. 여기서 불타라는 자아는 없습니다.

사람이 죽을 때 한평생의 총업인總業因에 상응相應한 재생연결식의 결과로 업인을 남기고 몸(물질)도 마음(정신)도 사멸됩니다. 사멸로 인해서 일생이 전생前生으로 마감됩니다. 죽기 전에 마음과 재생연결식은 같은 마음이 아닌 전생업인의 상응으로 전환된 새로운 마음입니다. 그러므로 무아입니다. 재생연결식은 임종하는 찰나인 사유死有부터 다음 생을 받을 때까지 사유死有와 생유生有의 중간인 중유中有에서 죽기 전인 생전生前의 총업인에 상응한 다음 생명인 물질(身)과 정신(心)을 전한 뒤에, 그 생명의 몸과 마음이 되어 모태에 탁태託胎로 생유生有를 경과하고, 모태에서 출생해서 본유本有에서 생을 마감할 때까지 전생의 업인業因으로 조성된 재생연결식의 마음은 몸과 함께합니다. 이 과정을 윤회라고 합니다.

예컨대 전생에 갑돌이였다면 갑돌이 때의 업인에 상응한 재생연결식으로 전환된 금생에는 갑순이가 될 수 있다는 것입니다. 곧 전생에서 죽음의 마음이 몸을 떠날 때 사멸한 것이며, 생전의 마음인 총업인에 따라서 다음 생의 마음인 재생연결식으로 전환된 것입니다. 즉 전생의 업인에 상응한 재생연결식이 조성되고, 그 재생연결식에 상응하는 몸과 마음의 사람으로 금생에 출생한다는 것입니다. 그래서 같은 생이 아니고 살아생전의 업인에 상응한 새로운 몸과 마음으로 전환된 것입니다. 이같이 태어나는 삶이 우연히 되는 것이 아니라 반드시 원인과 결과인 연기의 법칙으로 태어난다는 사실과, 전생의 마음은 사멸되고 금생의 마음은 전생의 업인에 상응한 새로운 몸과 마음으로 태어난다는 사실을 명심해야 합니다. 이것은 오직 인과법에 따른 것입니다. 재생연결식은 금생의 마음을 조성한 뒤에 그 마음은 잠재의식이 됩니다. 이제 우리는 죽으면 몸만 바꾼다는 고착관념인 환생幻生의 사견邪見에서 벗어나야 합니다. 이 같은 고착관념은 인간은 죽지만 자아는 없어지지 않으며 항상 불변한다고 고집하는 그릇된 견해인 상견常見이며 유신견입니다.

인간의 생명이란, 마치 물이 흐르다가 조건에 따라 수증기가 되고, 수증기가 모여서 안개가 되고, 여름에는 비가 되고, 겨울에는 눈이 되고, 얼음이 되고, 도랑물이 되고, 냇물이 되고, 강물이 되고,

바닷물이 되는 것과 같습니다. 우유가 버터가 되고, 치즈가 되고, 아이스크림이 되고, 요구르트가 되듯이 우리의 생명은 전생의 업인에 따라 남녀·건강·불구·장수·단명·추미醜美·선악·빈부·귀천 등의 다른 형태로 나타납니다. 단지 원인과 결과라는 조건만 있을 뿐입니다. 원인과 결과인 인과법·연기법의 지식이 있어야 진리를 깨달아 일체법의 참다운 실상을 아는 여실지如實智의 지혜가 열리는 것입니다.

불교를 수학하는 불교인은 사제四諦의 절차에 따라 팔정도 수행법으로 12연기를 깨달아, 인생은 원인과 결과라는 조건에 의해서 윤회한다는 사실을 깨닫고 전체를 살펴 밝힘으로 깨달은 지혜인 통찰지혜通察智慧를 증득해야 윤회의 주범인 유신견을 단절하고 윤회에서 벗어날 수 있습니다.

10) 윤회의 차단법

윤회의 축인 무명과 갈애를 차단하는 방법입니다. 차단이란 막을 차遮 자로 가로 막아 못하게 함이고, 끊을 단斷 자로 절단하여 계속되지 않게 함입니다. 즉 막아서 끊음이니, 번뇌인 무명과 갈애를 막고 끊어서 윤회와 연기에서 벗어난다는 뜻입니다.

생의 비롯함이 있는 것은 반드시 그 마침인 사멸이 있으므로 생자필멸生者必滅이라 하였으나, 우리의 사망은 사망으로 그치지 않고 살아생전에 지은 선행업과 불선행업의 과보에 상응한 재생연결식으로 전환되어 다음 생으로 전환됩니다.

우리가 자신의 부정한 견해에 사로잡히는 사집邪執·잘못된 틀린 견해인 유견謬見·번뇌·악업 등으로 무명의 종이 되어 갈애를 일으켜 집착하면 불선행업의 과보로 인하여 죽어서 머무르는 지옥·축생·아귀·아수라·인간·육욕천 등의 육도를 윤회합니다. 12연기의 제7지 수受는 모두 마음을 따라서 일어나는 마음의 작용(心所)으로, 외계外界의 대상을 받아들여서 감수하는 인상감각을 말합니다. 신수身受의 즐거운 낙수樂受, 심수心受의 기쁨인 희수喜受, 신수의 괴로운 고수苦受, 심수의 근심인 우수憂受, 신수와 심수를 포함한 몸과 마음에 고통도 즐거움도 느끼지 않는 불고불락수不苦不樂受의 감각 작용인 사수捨受 등은 어떤 대경對境을 볼 때 느끼는 마음의 작용인데, 이 느낌에서 갈애를 느끼고 욕망을 일으켜 집착하면 그것을 얻으려는 업의 생성을 일으킵니다. 이것이 연기를 회전시키고 윤회하는 근본 원인으로, 모든 고苦의 원인입니다.

모든 고뇌의 원인을 차단하는 방법은 사제법의 절차에 따라 팔정도 수행법으로 12연기법을 깨달아 지혜를 계발하여 무명에서 벗어나면, 느낌에서 낙수와 희수를 따라 갈애를 일으키지 않고 일체의 느낌을 느끼지 않는 사수로 받아들여 집착하지 않으므로 연기가 차단되어 생사고해를 윤회하지 않습니다. 윤회의 축인 무명과 갈애는 우리가 살아가는 생존의 근본 원인입니다. 재물·명예·권력·사랑 등에 집착하면 그로 인해 몰락하며 그의 상응하여 집착한 만큼의 업인의 과보로 태어납니다. 그러나 제7지 수에서 갈애가 발동하지 않으면 연기가 차단되므로 윤회하지 않습니다.

12연기의 제12지 노사 후에는 전생의 업인으로 이미 재생연결식으로 정해진 운명인 숙명의 필연적 과정을 거쳐야 합니다. 이것이 무지와 갈애라는 감옥에 갇혀서 생사를 되풀이하는 윤회계입니다. 불선행업은 지옥·축생·아귀·아수라의 사악도四惡道에 태어나고, 욕계·색계·무색계는 바람(욕망)이 있는 공덕행업으로 바라는 세계에 태어나고, 바람이 없는 선행업의 공덕을 지으면 연기를 차단하고 윤회에서 벗어날 수 있습니다.

공덕이란 훌륭한 결과를 초래하는 공능(功能, 能力)이 선행을 행한 덕德으로서 구비되어 있음을 말하며, 선행을 한 업력으로 현재 또는 미래를 유익하게 하는 선행善行을 말하는데, 바람으로 공덕을 지으면 덕에 머물고, 바람이 없는 선공덕행업은 덕과 도道가 함께 하므로 윤회를 벗어나게 합니다.

도道란 깨달음(열반)으로 가는 길이고, 열반의 과果를 얻기 위해 불교의 교리를 깨달아 지혜를 계발하는 것입니다. 그래서 깨닫기 위하여 사물이 되어가는 형편이나 동태 등을 주의하여 온통 밝혀서 잘 살펴보는 통찰관법洞察觀法을 수행할 때 바라지도 말고 없애려고도 하지 말며, 있는 그대로 관찰하여 사수捨受하라는 것입니다. 이것이 윤회를 차단하는 법이며 행복을 얻는 방법입니다.

이제 미래에 어느 곳에 다시 태어날지 모르면서 좀 더 나은 곳에 태어나려고 노력할 것인가, 아니면 생사고해로부터 벗어날 수 있는 길을 가기 위해서 노력할 것인가의 선택은 온전히 자신의 몫입니다. 좀 더 나은 세상에 태어나기 위해서는 육바라밀을 수행해야 합니다. 약설하면 다음과 같습니다.

(1) 육바라밀

육바라밀六波羅蜜은 피안, 즉 열반에 이르기 위하여 보살마하살이 수행하는 대행大行을 말합니다. 바라밀은 도度라 번역하고, 생사해生死海를 건넜다는 뜻이며, 그래서 도피안이라고도 번역합니다. 마하살摩訶薩은 마하살타摩訶薩埵의 약칭으로 마하는 대大를 뜻하고, 살타는 심心ㆍ중생衆生ㆍ유정有情이라 번역하는데, 보살을 아름답게 일컫는 미칭입니다. 보살은 위로는 자기를 위하여 깨달음의 지혜인 보리菩提를 구하고(自利), 아래로는 중생을 교화하는(利他) 것을 말하여 상구보리上求菩提ㆍ하화중생下化衆生이라고 말합니다. 즉 보살은 자리이타自利利他의 대원大願과 모든 바라밀의 행을 닦는 대행大行이 있으므로 마하살이라 합니다. 마하살이 수행하는 대행에 여섯 가지가 있으므로 육바라밀이라 합니다. 육바라밀은 다음과 같습니다.

① 보시布施

보시바라밀은 베풀면서도 주었다는 생각마저 버림으로써 자기 자신의 탐심을 끊고 집착을 떠나며 또한 타인의 가난함을 도와주는 윤리적 실천을 말합니다. 보시에는 베푸는 자(施者)도 받는 자(受者)도 베푸는 내용이 되는 물건(施物)도 모든 것이 원래가 본질적으로 공空한 것이어서 거기에는 아무것도 집착함이 없는 삼륜청정三輪淸淨이어야 하고, 보시는 베푸는 물건에 기준을 둘 것이 아니라 베푸는 마음을 표준으로 해야 합니다.

② 지계持戒

지계바라밀은 재가·출가 일체의 계와 율을 견고히 지켜 악업을 멸하고, 몸과 마음의 청정을 얻는 것이며, 계는 생사해를 건너는 묘법妙法이므로 바라밀이라 말합니다.

③ 인욕忍辱

인욕바라밀은 타인으로부터 받는 모든 박해나 고통을 잘 참고 도리어 그것을 받아들임으로써 원한과 노여움을 없애고, 제법을 밝게 관찰하여 마음이 안주하는 인내의 완성입니다.

④ 정진精進

정진바라밀은 심신을 가다듬고 힘써 여러 바라밀을 꾸준히 실천하여 해태한 마음을 버리고 부지런히 용맹하게 정진하여 선행·선법을 발전시키는 끊임없는 활동입니다.

⑤ 정려靜慮

정려바라밀은 마음을 산란하지 않게 하는 적정寂靜의 정신상태를 정定이라 하는데, 팔정도의 하나인 정정正定으로 정근定根·정력定力을 들게 되는데, 고요히 생각하여 마음의 평정을 유지하는 정려로 정견을 가지고 진리를 깨달아 지혜로 확정하는 것입니다.

⑥ 지혜智慧

지혜바라밀은 불교 교리를 깨달아 지혜를 계발하여 지적인 어리석음을 벗어나 진리(십이연기)를 밝게 아는 예지, 진리를 여실하게 체득하는 실상實相을 명백하게 나타냄인 조료照了하는 지혜로, 생사의 이 언덕을 건너 열반의 피안에 이르는 배와 같고 뗏목과 같으므로, 지혜(반야)야말로 참다운 의미의 바라밀이라 합니다.

이들 육바라밀은 계戒·정定·혜慧 삼학의 소섭所攝이라고 하며, 공덕을 닦는 것이고, 여기에서 더 진보하여 고통의 윤회로부터 벗어나 열반의 저 언덕에 도달하려면 불교 교리를 깨달아 지혜를 계발하는 통찰관법洞察觀法으로 사제법의 절차에 따라 팔정도 수행법으로 12연기법을 명확하게 깨달아 제7지 수受에서 제8지 애愛가 발동하지 않도록 사수捨受하는 사심소유법捨心所有法으로 생활하는 도피안법到彼岸法을 수학하는 것입니다.

석존께서는 무명, 즉 무지하기 때문에 번뇌가 일어난다고 하셨습니다. 이 말은 진리를 깨달아 지혜의 식견識見을 열어서 무명인 무지가 지혜로 전환되어 무명이 소멸되고 번뇌가 멸진되어 탐·진·치 번뇌로부터 자유로워, 곧 해탈하여 열반을 증득하게 된다는 것입니다.

무명과 갈애의 축軸이 회전하면 사악취에서 인간계로, 인간계에서 천상계로, 천상계에서 사악취로 윤회하는 것입니다. 이 같은 전환의 윤회는 업인業因의 과보로 전환되는 것입니다. 윤회로부터 벗어나는 출구는, 석존께서 스스로 체험한 뒤에 밝힌 12연기법의 제7지 수(受, 느낌)에서 통찰관법으로 깨달아 제8지 애(愛, 갈애)가 발동되지 않는, 몸과 마음에 욕정慾情의 감각작용이 없는 사수捨受입니다. 곧 제7지 수(느낌)와 제8지 애(갈애) 사이에 사수가 출구입니다.

윤회의 축은 제1지 무명과 제8지 애(갈애)입니다. 제3지 식·제4지 명색·제5지 육입·제6지 촉·제7지 수(느낌)까지의 오온을 구성하는 식·명색·육입·촉·수는 고제苦諦의 주체입니다. 제8지 애(갈애), 제9지 취(집착), 제10지 유(업의 생성)는 고뇌의 원인이 되는 집제集諦입니다. 곧 제3지 식에서 시작하여 명색·육입·촉·수·애·제10지 유까지는 우리와 함께하고 있는 고제와 집제의 순환입니다.

무명과 갈애를 완전히 끊어 없애버릴 때가 이상경이라는 멸제滅諦와, 무명과 갈애를 끊기 위해서는 팔정도의 수행법으로 12연기법을 깨달아야 한다는 도제道諦는, 의식적으로 고뇌를 해결하려고 선택을 하고 실천하는 수학修學을 할 때만이 고뇌를 단절할 수 있습니다. 그리고 윤회에서 벗어나기를 진정으로 바란다면 진심으로 실천적 수학을 해야 합니다. 실천적 수학은 팔정도로 깨닫는 통찰 관법을 통해서만이 무명과 갈애를 멸진할 수가 있습니다.

우리가 이번 생애에서 불교를 만나 불교의 실천 원리인 석존의 교설의 대강령大綱領으로, 즉 수학修學의 절차인 고집멸도의 사제법에 따라, 불교 실천의 중요한 종목을 팔종으로 나누어 올바른 깨침으로 인도하기 위한 가장 합리적이고 올바른 수학의 방법인 팔정도법으로, 번뇌에 얽매이어 생사를 벗어나지 못하는 범부로서의 유정의 생존이 12의 조건에 의해서 성립되어 있는 12연기법을 깨달아 지혜를 계발해야 합니다. 이것이 인간으로 태어난 의무를 완수하는 것이며 저승 노자를 장만하는 것입니다.

11) 윤회의 바른 인식

우리가 윤회하면서 살고 있는 현실을 바르게 이해함으로써 사람의 성품인 인성人性을 바르게 활용하여 선과보善果報를 가져오는 선근으로 행업을 짓고 진실한 삶과 훌륭한 결과를 초래하는 자리이타自利利他의 공덕을 가꾸어 나가야 합니다.

우리는 감정과 이성과 지각으로 살아가면서, 새롭고 특별한 일을 좋아하는 마음인 호기심과 의심스럽게 생각하는 의문이 있는 사람들은 먼 옛날 태고부터 "삶의 목적이 무엇이고, 나는 어디에서 왔다가 어디로 가며, 나는 왜 고뇌하는가?"와 같은 의문을 품어 왔습니다. 반면 그런 의문을 갖는 것조차 무시하고, 탐내고 화내고 어리석은 삼독심을 따라 탐욕과 쾌락만을 좇는 사람도 있습니다.

그리스의 천문학자 프톨레마이오스(약 85~165)는 지구가 유도원誘道圓 중심에 있으며, 행성行星이 커다란 원 주위를 일정 속도로 움직이는 주전원周轉圓에 의해 지구가 우주의 중앙에 정지하고 일월성신日月星辰은 그 주위를 돈다는 '천동설'을 주장했으나, 폴란드의 천문학자 코페르니쿠스(1473~1543)는 1543년 '지동설'을 발표했습니다. 이 같은 증명에 따라 과학 시대에 살고 있는 현대인의 인식을 부정하고, 과학의 존재를 의심하는 회의가 있는 것입니다. 과학과 이성의 증명은 인간의 오관에 의한 증명의 통계학입니다. 과학의 기초는 인간의 시각·청각·후각·미각·촉각의 오관의 감각으로 확인된 것입니다. 그러므로 과학으로도 우주의 실상을 알려주기에는 불충분하고 불완전합니다. 전파·방사선·원자력·소리·맛·향·공기 등의 몇 가지만 예시해 보아도 우리의 오관으로는 감수되지 않으며, 극히 미세한 물질 입자 속에도 상상을 초월하는 거대한 힘이 들어 있다는 사실을 우리는 인식하고 있습니다.

불교의 십이연기법을 수학하지 않은 사람에게는 윤회라는 개념이 처음에는 받아들이기 어렵습니다. 도저히 믿을 수가 없을지도 모릅니다. 그것은 관찰 가능한 범위를 넘어서 있기 때문입니다. 윤회를 비유하면 나비의 삶과 유사합니다. 나비는 알에서 부화하여 유충이 되고, 유충은 고치를 만들어 누에가 되고, 누에가 고치 속에서 번데기가 되고, 번데기가 고치에 구멍을 뚫고 해탈하여 우아한 나비가 됩니다. 이것은 하나의 생명이 연속하여 다른 육체의 형태로 유전流轉하며 존재함이니, 마치 사람이 업보에 따라 생사 인과가 윤전輪轉하며 변천함과 같은 윤회의 한 단면입니다.

우리는 현재의 오늘과 미래인 내일은 쉽게 긍정하며 알아차리는데, 전생에 대해서는 믿지 않으려 합니다. 지금의 생은 지난 전생과 어제의 연속이며, 현재의 지금은 미래의 생인 내생을 준비하는 생입니다. 그래서 지금의 현생이 중요한 것입니다. 전생의 업보가 금생이고, 금생의 업인業因이 내생으로 상속되므로, 현생의 행업이 소중합니다.

지구에서는 '모든 것은 인과의 법칙으로 지배된다'는 인과응보가 자연의 법칙이므로 인간은 우연히 태어난 것이 아닙니다. 우리는 법칙을 완성하기 위해서 중단 없는 윤회로 전생의 업인에 상응하여 바꾸어 다시 태어나는 전생轉生을 하는 것입니다. 곧 인생은 전생의 법칙으로 연속하여 윤회합니다. 이 연생의 법칙은 복잡하고도 정확한 업인에 상응하는 법칙의 연속으로 진행합니다.

우리는 스스로의 초감각적 능력과 아뢰야식이 저 법을 집지執持하여 잃어버리지 않는 무몰식無沒識과 제법전개諸法展開의 의지할 바탕이 되는 근본 마음이라는 장식藏識에 저장된 마음, 심층 무의식 속에 숨어 있는 잠재의식의 특출한 인식을 활용하여 자신의 내부를 탐구해야 합니다. 그 방법은 석존의 깨달음에 근거한 사제법의 절차에 따라 팔정도의 수학으로 십이연기를 명확하게 깨닫는 것으로 자기의 존재, 자기의 태어남, 고뇌의 원인 등의 윤회와 업보의 인과법 등 근본적인 삶의 의문에 대하여 만족할 만한 철학과 과학적인 해답을 얻을 수 있습니다.

미국의 듀크 대학 라인 J. B(1895~ ?)는 『초심리학』이란 저서를 통해 심령 현상의 과학적 연구를 지향, 투시·텔레파시·염력 등은 우연한 현상이 아니라는 것을 발견했습니다. 이같이 과학으로 증명이 나왔기 때문에 정신 감응이나 투시 능력이 인간의 정신구조 속에 잠재의식으로 장식藏識되어 있다는 사실에 대한 일반 대중의 인식이 점차 늘어나고 있습니다.

실례를 살펴보면, 미국의 제16대 대통령 링컨(1809~1865), 미국의 『인간이란 무엇이냐?』의 작가 마크 트웨인(1835~1910), 프랑스의 작곡가 생상스(1835~1920) 등의 자서전이나 전기에는, 생애에서 어떤 때에 그 시간에 멀리서 일어난 사건이나 또는 며칠, 몇 달, 몇 년 뒤에 일어날 사건을 눈앞에 보이는 듯이 떠오르게 하는 모습이나 형체의 환영으로 보았다는 기록들이 있습니다. 스웨덴의 신지학자인 스베덴보리(1688~1772)는 1743년 런던에서 처음으로 신령 체험을 한 후에 천계와 지계를 설명했습니다. 그는 어느 날 저녁 예테보리 거리에서 3백 마일(1마일=1,609m×300마일=482.7km) 떨어진 스톡홀름에 큰 화재가 일어났다고 외쳤습니다. 이틀 뒤의 실제 화재 소식은 그가 말한 상세한 점까지 일치했습니다. 이 같은 불가사의한 잠재력과 투시 능력의 문제를 가볍게 무시할 수만은 없는 때가 왔습니다. 따라서 인간의 감정에 지각은 확대할 수 있으므로, 이미 알고 있는 기지旣知의 사실에 의하여 미지의 사실을 논단하는 추론으로 확대가 가능하다고 믿는 것은 합리적이며, 역사적으로 많은 체험의 기록이 분명하게 초감각의 지각 현상을 입증하고 있고, 과학으로 반복 실험에 의해 인간에게는 통상적 감각 영역을 넘는 지각 경험이 가능하다고 증명된 관찰을 통하여 얻은 실제 사실들이 쏟아지고 있습니다.

윤회론에 따르면 우리의 어떤 노력도 결코 헛되지 않습니다. 자기 자신의 미래를 창조하는 것이고, 미래의 기초를 닦고 있는 것이며, 미래는 지금의 노력 여하에 따라 결정됩니다. 각자의 노력에 따라 무한한 가능성이 열려 있습니다. 인간의 재주와 식견인 재식才識은 노력한 만큼 생애마다 향상되어 갑니다.

사람들이 직업을 선택함에 있어, 어떤 직업 영역에 대한 관심을 갖는 것은 전생이나 전전생 또는 그보다 먼 과거 생의 직업의 경험이 현재의 직업의 능력과 밀접한 관계가 있는 사실에서 비롯된다고 합니다. 어떤 직업에서 화려한 성공을 하거나 흥미를 보이는 것은 전생이나 과거 생에서 그 직업과 밀접한 관계가 있는 경험에서 비롯된다고 합니다.

우리가 자유롭게 쓸 수 있는 재식才識은 지난 전생에서 아뢰야식에 저장된 잠재의식이라는 저장 창고에 저장된 경험의 실체입니다. 현재 어떤 재식을 얻기 위하여 투자하는 시간과 에너지, 신중한 생각과 관심의 의지는 모두 자신의 잠재의식에 저장되었다가 미래에 쓸 수 있는 자료입니다. 따라서 늙음이라는 인생 후반기에 아주 단념하는 체념이나 무기력 내지 자기는 이제 아무 쓸모가 없어졌다는 생각은 지금부터 바꾸어야 합니다.

윤회론에 따르면 참된 인생관은 가로(橫)의 수평이 아니라 세로(縱)의 수직입니다. 젊은 사람이나 재능이 있는 사람들과의 비교는 불필요한 것입니다. 모든 사람들은 자기 자신을 윗자리로 향상시키려는 능가凌駕를 위하여, 오로지 자신의 재식을 열어주기 위하여 노력하고 있는 것이기 때문입니다. 이것이 변함없는 진리임을 깨달아서 현생에서 자기와 다른 사람들과의 비교는 없어야 합니다. 경쟁이란, 저속한 처세법으로서의 타산적 향락주의적인 태도의 유물론자들의 환상에 불과합니다. 노력이란 무몰식(장식)인 아뢰야식의 입장에서 본다면 보다 낮은 자기 자신의 향상을 위하여 정신과 육체에 힘을 들여 노력하는 것입니다.

지금의 노인이 된 나는 젊어서는 가정의 책임 때문에 먹고 살아가기 위한 생업에 종사하느라 하고 싶어도 하지 못했던 일을, 이제부터 새로운 재식才識의 창문을 열어 연구하여 계발하는 데 남은 시간을 활용해야 합니다. 단 명심할 것은 시간을 소비하기 위한 무의미한 허사虛事나 하는 일 없이 세월을 헛되게 보내는 허송세월은 하지 말아야 하며, 자기가 쌓은 재식이 남에게는 아니 가고 결국 저에게만 돌아오는 자기만을 위한 자리自利의 재식이 아니라 나와 남이 공평하게 이익 되고 행복을 꾀하는 자리이타自利利他의 재식을 계발하는 데 남은 시간을 바쳐야 합니다. 그렇게 함으로써 다음 생인 미래 생에서 누릴 내적 재식의 기초가 되는 지혜가 계발된다는 것을 굳은 신념으로 확신해야 합니다. 이것이 진리를 깨달아 식견과 지혜를 열어 고뇌에서 벗어나 해탈하고 열반을 증득하는 것입니다. 인간은 그 삶의 마지막 순간까지 어떤 일을 좋은 방향으로 적극적으로 끌어가려는 건설적인 노력으로 오래 살 만한 가치가 있는 생활을 해야 합니다. 그렇지 않는다면 오래 살아서 남들에게 부담을 주는 짐(하물)이 되니, 타인을 방해할 권리는 없는 것입니다. 사람은 몸은 늙었으나 마음이 젊으면 그 인생은 젊은 것입니다. 젊음을 유지하고 싶다면 하루의 시간표를 작성하여 언제나 규칙적인 생활로 매사에 충실하도록 하여야 합니다.

우리는 재주와 식견은 노력을 통해 스스로 증득한 것이며 윤회의 원리에 따라 지금의 삶에서 다음의 삶으로 지속되는 것이라는 진리를 알아야 합니다. 우리가 남을 부러워하는 것들은 그 사람이 과거에 노력한 결과라는 사실을 인식하여야 합니다. 남이 소유하고 있는 것을 얻으려면 그것을 갖출 만큼 필요한 노력을 하면 그것을 얻게 되므로 부러워함인 선망羨望은 불필요한 감정에 불과합니다.

직업 선택의 기본적 개념은 다음과 같습니다.

첫째는, 본인이 타고난 지능인 이성에 의하여 생각할 수 있는 최선의 상태인 이상과 내적인 인생 목표를 정하여 그것을 성취하도록 노력하라는 것입니다. 자기의 이상을 분명하게 세우고 구체적으로 영적 이상·정신적 태도·육체적 이상을 선택해서 즉시 응용해 실천하라는 것입니다.

둘째는, 직업을 선택함에 있어 자리이타입니다. 자기를 위하여 수양을 주도하는 것은 자리이고, 다른 이의 이익을 목적하여 행동하는 것이 이타입니다. 이 자리이타를 완전하고 원만하게 실천한 사람을 부처라 합니다. 이타는 이웃에 대한 봉사이며 사람의 모든 정신적 활동의 근원이 되는 실체인 영혼에 대한 최선의 봉사입니다. 인생의 이상은 우주의 창조적 에너지를 이타의 이상으로 삼아 본인의 육체·마음·영혼을 봉사하는 도구로 삼는 것입니다. 자리이타의 행을 실천하려면 무엇이 가장 도움이 될까를 생각하고 본인의 재식을 자리이타를 위해 쓰면 경제적 안정·명성·성공 등은 자연히 따라오며, 명예나 부는 결과로 주어지는 것입니다.

셋째는, 본인의 가까이에 있는 것을 활용하여 본인의 신변에서부터 시작하라는 것입니다. 우리의 삶과 노력은 한 번으로 끝나는 것이 아니라 다음으로 연속되므로 금생에 시작된 것이 다음 생에서 결실을 맺는 일이 적지 않습니다. 인생이 금생에 시작해서 금생에 끝난다고 착각하는 사람은 현생에서 위대한 예술가가 되기는 불가능합니다. 금생에 노력한 만큼 내생에 수월하게 성취되는 것입니다.

지금 할 수 있는 것을 하라는, 앞질러 내다보는 판단력의 지혜인 선견지명先見之明을 응용한다면 무기력은 해소되고 에너지는 올바른 방향에 쓰일 것입니다. 자기완성은 매일매일 능력에 따라 조금씩 쌓아 올려야 하는 느린 과정이라는 것을 분명히 인식하고 실천해야 합니다. 환경은 그 사람의 내적인 눈뜸의 단계에 맞는 것입니다. 현재의 환경이 그 사람이 사리를 분변分辨하여 명백하게 함인 변명辨明 실천에 방해가 되는 것처럼 여겨진다 해도, 그것은 그가 걸려 넘어질 걸림돌이 아니라 그가 디디고 오르내리게 될 디딤돌인 것입니다. 외적인 환경을 변화시키는 유일한 길은 그런 환경의 장애 요소들을 통하여 자기 자신을 꾸준히 다듬어 나가는 것입니다. 우리는 어떤 처지에 있어도 그것은 진보 발전을 위해 필요한 것입니다. 공동생활 속에서 자신의 말과 행동을 통해 타고난 품성이나 재능을 온전한 인품으로 만들기 위하여 심신을 단련함인 인격 도야陶冶를 되새기면서 이상을 실천해 나가야 합니다.

비록 작은 벽돌이지만 한 장 한 장 쌓아올림으로써 집이 완성되듯이, 말과 행위로 진실하게 자신을 표현하면서 재식과 지혜의 완전한 성취를 향하여 정진하는 것입니다. 끊임없이 몸을 바르게 하고 마음을 가다듬어 모든 일을 삼가 조심하는 정진의 실천을 통해 선심善心을 갖는다면 환경이 도리에 순종하여 아무 탈 없이 예정대로 순조롭게 다음 단계와 기회가 주어집니다. 그러므로 서두르거나 욕심 부리지 말고 순리대로 착실히 정성으로 쌓아가야 합니다.

12) 윤회의 실사實事를 증명한 영능인靈能人

사람의 사려·선택·결심 등을 하는 마음의 능동적 작용을 의지라 하고, 의지에 의한 몸(身)과 마음(心)의 생활의 행위를 업이라 하며, 선악의 업을 행하면 반드시 업에 상응한 과보로서 고락의 갚음을 받는 것을 업과業果라 하는데, 업과에 의해서 그에 상응한 과보로 다음 생에 욕계·색계·무색계의 삼계三界와 지옥도·축생도·아귀도·수라도·인간도·천도의 육도六道에 태어나서 죽기를 거듭하는 생사를 윤회라 합니다. 즉 업보의 연속이 윤회입니다.

최근에는 정신과학이 발달함에 따라 영혼이 존재하고 업보와 윤회가 사실로 있는 실사實事이며 인과가 분명하다는 확실한 증거가 실증되고 있습니다. 실례를 들면, 미국 위스콘신 주 주도州都 매디슨에 있는 위스콘 종합대학에서 심리학을 전공하고 박사학위를 받은 '지나 서미나라' 박사가 전통 심리학의 관점에서 미국의 위대한 영능인靈能人 '에드가 케이시의 리딩'으로 규명된 업보와 윤회의 동반 주제를, 정신의 무의식적 부분의 현상을 연구하는 심리학인 심층심리학深層心理學 측면에서 분석하였습니다. 이렇게 분석적 인식과 업보와 윤회 개념의 분석으로, 업보와 건강의 함수관계·부모 자식의 업보·결혼과 여성의 운명·직업 능력의 업보 등 케이시의 업적을 근거로 하여 1950년에 발행된 『윤회』는 업보와 윤회에 관한 확증된 책입니다. 실례를 육하원칙에 준하여 명확하게 기록한 설득력 있는 저서를 외국어대 아랍어과를 졸업하고 출판기획과 번역을 하고 있는 '강태헌' 번역가가 옮겨 2020년 1월 '도서출판 파피에'에서 발행하였습니다. 이 책은 우리에게 윤회의 명확한 분석을 통해 자신의 인생을 더 풍요롭고 충만하게 하는 데 많은 도움이 될 수 있는 거울이 될 것입니다. 여기서는 그 대략적인 요지를 소개합니다.

 1877년 미국 켄터키 주 홉킨스빌 근교에서 한 농부의 아들로 태어난 '에드가 케이시'는 시골학교를 9년간 다닌 것이 전부입니다. 그는 1898년 21세 때 후두염으로 약 1년간 목소리가 나오지 않았습니다. 그때 그 마을의 '레인'이라는 남자가 나름대로 최면 암시요법을 연구하고 있었는데, 케이시의 목병을 자신의 최면 요법으로 치료를 시도해 보자는 제안에 케이시는 쾌히 응했습니다.

 레인은 케이시를 침대에 바르게 눕게 하고 최면을 걸어 암시를 주었고, 케이시는 최면 상태에서 투시로 자신의 병을 검진하고, 병의 원인을 말하기를 "심리 상태가 육체에 영향을 미친 결과로 신경이 일그러져서 성대 내부 근육 일부가 마비되어 그런 것이니 무의식 상태에 들게 해서 암시를 주어 환부에 혈액 순환이 잘되게 하면 나을 것이다"라며, 자기 병의 원인과 치료법을 말했습니다. 레인은 그 설명에 따라 즉시 케이시를 최면 상태에 들게 해서 암시로 "지금의 후두염 증상은 환부에 혈액이 충분히 흐르게 하면 증상이 호전되어 완치될 것입니다"라고 암시를 했습니다. 그러자 케이시의 목이 차츰 분홍색으로 바뀌고, 다시 장밋빛으로 바뀌고, 드디어 자주 빛으로 변하더니 20분쯤 지나자 기침을 하고는, 최면 상태에서 말하기를 "이제 마비는 풀렸으며 혈액 순환이 제대로 되었으니, 이제 몸의 활력이 되살아났다는 암시를 걸어 주십시오"라고 말했습니다. 케이시의 주문대로 레인이 암시를 주었고 최면에서 깨어난 케이시는 1년 만에 후두염이 완치되어 정상으로 말을 하게 됐습니다.

　레인은 케이시가 최면 상태에서 암시에 따라 투시로 자신의 몸 상태를 진단하고 치료하여 완치하였으니 다른 사람도 진단할 수 있겠다고 믿어, 다시 케이시를 최면에 들게 해서 레인 자신이 오랫동안 앓고 있는 위장병을 설명하고 치료법을 알려 달라고 암시하여 진단시켜 보았습니다. 케이시가 최면 상태에서 레인의 암시를 받은 치료법은 약과 식사와 운동의 치료법이었습니다. 레인은 케이시가 진단한 처방에 따라 치료를 했더니 3주 후에는 증상이 뚜렷이 호전되었으며, 얼마 후에는 장기간 앓아오며 병원에서 진단받고 치료받았으나 효험이 없었던 위장병이 씻은 듯이 편안하게 완치되었습니다.

　레인은 케이시의 투시력에 감동하고 인정하여, 얼마 후에 케이시에게 '병원에서 치료가 불가능하다고 진단받은 불치병자들을 상대로 최면 암시요법·투시요법透視療法으로 치료해 보자'고 제안하였고, 둘은 그렇게 하기로 하였습니다. 의뢰인의 접수를 받아 케이시가 최면 상대에 들면 레인이 의뢰 내용을 암시하고, 암시를 받은 케이시가 최면 상태에서 주시하여 말하는 내용을 그대로 속기해서 속기한 처방대로 치료하니 의뢰한 환자들 모두에게 효험이 있었습니다. 그리하여 병원에서 치료가 가망 없다는 환자들을 투시요법으로, 의학적인 진단과 처방으로 고쳐주는 치료행을 1901년부터 시작하게 됐습니다. 여기서 우리가 놓치지 말고 감지할 것은, 케이시의 후두염과 레인의 위장병은, 최면 투시요법으로 병원에서 치료가 불가능한 환자들에게 고통을 없애주고(拔苦) 편안함을 얻도록 해주는(與樂) 발고여락拔苦與樂으로 구제하라는 봉사의 임무를 주기 위한 방편의 병고였다는 것입니다.

최면 투시요법으로 의뢰인의 병고의 내용을 암시받아, 진단과 처방을 내리는 작업 명을 '리딩(Reading, 진단·판단)'이라고 부르기로 하고, 의뢰인의 신체(몸)에 건강 상태를 감정하는 리딩을 '피지컬 리딩(physical Reading, 신체의 진단)'이라 명하였습니다.

리딩 준비는, 신을 벗고 넥타이와 와이셔츠 깃을 풀고, 머리를 남쪽으로 향해 반듯하게 누워 베개로 머리를 편안하게 한 후, 눈을 감고 2~3분 동안 몸을 이완시키면 완료되었습니다. 리딩은 낮이든 밤이든 아무 때나 할 수 있으며, 의뢰인이 곁에 있든 멀리 떨어진 곳에 있어 의뢰인을 볼 수 없든 한결같았습니다. 의뢰인의 의뢰 내용을 케이시에게 암시하는 사람은 레인이나 부인이나 아들이 맡았으며, 암시의 형식은 "지금 당신 앞에는 어디에 거주하는(의뢰인의 거주지 주소) 어느 년, 어느 월, 어느 일 생(생년월일), 누구(성명)의 몸을 살펴보고 검진하여 병고의 원인과 치료법을 말씀해 주십시오"라고 암시하고 2~3분쯤 지나면 케이시는 진단과 처방을 말했습니다.

리딩의 내용은 처음에는 레인이 속기를 했으나, 나중에 전국에 소문이 나고 많은 의뢰인이 밀려들자 전문으로 속기하는 비서를 채용하여 리딩을 통해 진찰과 처방법을 말한 내용을 속기하고, 타자로 정서하여 몇 장을 복사해서 환자의 보호자와 주치의사와 기록철에 보관하는 일을 전담시켰습니다.

일반인 중에도 태어날 때부터 투시 능력을 갖고 있는 사람이 많았지만 에드가 케이시는 투시 능력을 천성天性으로 타고 났으며, 투시의 실사實事를 학문으로 기록하며 한평생 실무로 발휘한 유일한 명사입니다.

케이시는 '버어지니아 주 비치의 기적의 사나이'라고 불리기도 했는데 그의 기적이란, 그는 평상시에 의학에 대해서는 전혀 아는 것이 없고 의학서적을 읽은 적도 없음에도 리딩에서는 해부학·생리학 등의 의학 전문용어를 자유롭게 구사하고 투시에 의하여 정확한 의학적 진단이 내려지고 치료법이 처방되는 데 있으며, 진단한 처방법에 따라 치료하면 병이 완치되고 고통이 해소되며, 유명한 큰 병원에서 가망 없다는 불치병 진단을 받은 자들이 치유되는 놀라운 성과를 올렸으며 정확성과 효과를 입증하였습니다. 의뢰를 접수받은 환자로부터 수천 마일이나 떨어진 곳에서도 진단과 처방이 나오는 그의 투시는 완전한 최면 상태에서 이루어졌기 때문에 가능했습니다. 중요한 것은 인간에게 투시 능력이 있음을 명확하게 확증하는 데 케이시가 결정적인 공헌을 했다는 사실입니다.

케이시의 집으로 세계 각처에서 배달되는 편지 내용은 모두가 한결같이 도움을 요청하는 비통한 외침이었습니다. 케이시는 그들 모두에게 접수되는 순서에 따라 리딩을 해주었습니다. 케이시가 조금도 몸을 아끼지 않았던 것은 돈을 벌기 위함이 아니었습니다. 그는 오직 괴로움으로 고통받는 사람들에게 조금이라도 치유의 도움을 주어 괴로움을 없애주고 즐거움을 얻도록 해주는 발고여락拔苦與樂과 가엾게 여겨 괴로움을 없애주는 자비지심慈悲之心으로 헌신적이고 고결한 봉사를 하였으며, 일관되게 인도주의자로서의 면

모를 보였습니다. 그의 삶은 인도적이고 과학적인 가치의 생활이 었습니다. 보수는 경비와 가족을 부양하기 위해, 의뢰인에게 부담 없는 약간의 보수만을 받았습니다.

케이시가 1901년부터 리딩을 시작하여 22년이 되던 1923년 어느 날, 오하이오 주 데이턴의 사업자 '아서 라머스'가 케이시의 소문을 듣고 케이시가 사는 앨라배마 주 셀마까지 찾아와 케이시의 리딩 현장을 세밀하게 관찰한 후 케이시의 투시 능력이 진실함을 확인하고는, 케이시에게 병든 환자만 리딩할 것이 아니라 좀 더 차원 높은 보편적인 문제도 밝혀보자고 제의했습니다. 라머스의 제안이 처음으로 케이시의 상상력을 일깨우는 계기가 됐습니다. 케이시는 라머스가 제의하는 의문의 해답을 주지 못할 이유가 없다고 생각하고 이것이 '신이 새로운 봉사의 길을 열어주는 것이다'라고 생각하고, 라머스의 제의를 받아들였습니다. 또한 '인간과 우주의 다른 부분과의 관계를 분석하고 체계를 세우는 것일지도 모른다'라고 생각하고 그것이 투시 능력을 이용한 새로운 연구의 출발점이 될 것이라고 생각했습니다.

라머스는 자신의 거주지로 케이시를 초청하여 1923년 10월 어느 날 오하이오 주 데이턴의 한 호텔 방에서, 리딩으로 라머스의 몸속을 살펴보는 피지컬 리딩(신체의 진단)이 아니라, 최면 상태인 케이시에게 라머스가 암시로 '호로스코프(Horoscope, 천궁도天宮圖. 전생에 관한 것)'를 살펴보라는 암시가 주어졌습니다. 이는 리딩 도중 처음 나온 윤회에 관한 말이었습니다. 케이시는 최면에 들자마자 짤막하게 "라머스는 전생에 승려였다"라고 말했습니다. 이 한마디는 케이시의 투시력이 윤회의 실상을 사실로 인정하고 증명하는 말이었습니다. 라머스는 호기심이 더욱 확대되어 만약 윤회가 사실임이 증명된다면 그것은 철학·심리학·종교에 관한 현대 사상에 혁명을 가져올 것이라고 외쳤습니다.

케이시가 윤회의 문제에 더 많은 리딩을 해준다면 윤회의 법칙이 어떻게 작용되는가를 밝혀낼 수 있을 것이라는 라머스의 열정적인 질문에 대하여 케이시의 리딩은, 라머스의 과거세의 경험과 그가 연구하고자 하는 추상적인 문제에 대하여 더욱 상세하게 리딩에서 설명했습니다.

이 같은 전생을 분석한 리딩을 '라이프 리딩(Life Reading, 전생의 진단)'이라 명하고, 라이프 리딩을 할 때는 머리를 북쪽으로 향하라고 지시가 나왔습니다. 그리고 이때부터 '육체의 건강을 진단하는 피지컬 리딩'과 '윤회전생을 진단하는 라이프 리딩'을 모두 기록하여 보존했습니다.

라머스는 케이시의 리딩에 의하여 윤회사상을 더욱 분명하게 밝혀 나갔습니다. 그는 윤회란 '진화進化'라고 설명했습니다. 연속적 생애를 통하여 인간의 영혼은 진화하는 것이고, 어떤 때는 남성으로 어떤 때는 여성으로, 어떤 때는 빈부귀천, 또는 여러 민족으로 몸을 바꿔 태어나며, 하등에서 고등으로 진전하여 점차로 조금씩 나아가 점진적으로 성인으로 전환하는 진화의 과정이라는 것입니다.

역사적으로 지혜가 계발된 지식인 가운데도 윤회의 사상을 받아들여 윤리에 대하여 연구하고 저술한 사람들이 많이 있습니다.

예컨대 그리스의 철학자 피타고라스(B.C 582~497)는 영혼의 불멸과 윤리를 강조하였고, 그리스의 철학자 플라톤(B.C 427~347), 그리스의 철학자 플로티노스(205~270), 이탈리아의 철학자 브루노(1548~1600), 독일의 시인이자 과학자 괴테(1749~1832), 독일의 생철학자生哲學者 쇼펜하우어(1788~1860), 미국의 사상가 에머슨(1803~1882), 미국의 시인 휘트먼(1819~1892) 등은 윤회를 인정한 사상들입니다. 기독교의 예수도 성서에서 윤회를 말하고 있습니다. 그가 제자들에게 세례 요한이 엘리야의 전생임을 말하고 있습니다. 마태복음 17장 12~13절에서 예수는 윤회라는 말은 하지 않았지만 "엘리야는 이미 왔다"고 말하고 있으며, 마태복음 7장 21절에 "나더러 주여, 주여 하는 자마다 천국에 다 들어갈 것이 아니요, 다만 하늘에 계신 내 아버지의 뜻대로 행하는 자라야 들어가리라"고 하고 있는데, 이는 금생의 자신의 행위에 따라서 천국과 지옥에 태어난다는 말이니 곧 윤회한다는 말입니다.

케이시 자신에 대한 라이프 리딩에 따르면 전전생前前生에서 이집트에 태어나 위대한 신비력을 지닌 고승이었고, 그 후생에는 페르시아에 태어난 내과 의사였으며, 그 무렵 사막 전쟁에서 부상을 당해 사막에 홀로 버려져 먹지도 못하면서 3일 밤낮을 육체의 고통 속에서 사경을 헤매면서 고통을 면하기 위해 몸에서 의식을 풀어 놓으려고 필사적인 노력을 한 업인業因으로 현생인 지금에 투시력의 능력을 갖췄다는 것입니다.

현생의 케이시의 생애는 그의 영성에게는 사람의 능력·역량 등을 평가하거나 시험해 알아보는 시금석입니다. 이는 그가 자신을 버리고 인류에 봉사할 기회가 주어졌다는 것입니다.

궁금한 것은, 케이시의 리딩에서 나오는 정보들이 어디에서부터 나오는가 하는 점입니다. 이에 대한 해답은 최면 상태에서 케이시의 마음이 끌어낼 수 있는 지식의 원천과 지식이 흘러나오는 근원지의 두 가지가 있다는 것입니다.

첫째는, 리딩을 의뢰한 개인의 '잠재의식과 무의식'이라는 것입니다. 잠재의식과 무의식은 의뢰인이 거쳐 온 모든 경험(살아온 역사)인데, 이 세계에 태어난 이후의 경험뿐만 아니라 과거 전생에 경험한 일체의 기억을 모두 간직하고 있다는 것입니다. 이것이 불교의 교리인 제8아뢰야식 내에 제법諸法을 집지執持하여 잃어버리지 않는다는, 즉 물物·심心 제법의 종자種子를 모두 이 식識 가운데 간직하여 잃어버리지 않는 식이라는 무몰식과, 제법諸法 전개의 의지할 바탕이 되는 근본 마음으로 이 식이 제법을 전개생기展開生起하는 종자(種子, 능력·원인)를 섭지攝持하여 저장하여 간직한다는 능장能藏과 이 식이 제법을 생기하는 종자를 제법으로 훈습하여 저장하여 간직한다는 소장所藏과 이 식이 사량의 뜻을 가지고 스스로를 애착한다는 집장執藏, 즉 이 식이 능장·소장·집장의 3의三義를 저장하여 간직하므로 장식藏識이라고 하는데, 이것을 잠재의식·무의식이라고 합니다.

케이시가 최면 상태에 들면 의뢰인의 잠재의식과 무의식이 케이시의 영묘한 심기心氣인 영기靈氣와 연결된다는 것입니다.

둘째는, '아카샤 기록(Akashic Records)'과 연결된다는 것입니다.

아카샤란 산스크리트(Sanskrit, 범어, 인도에서 쓰이는 표준어) 말인데, 이것은 '전자기(電磁氣: 전류에 의해서 생기는 자기 에너지, 즉 에너지의 한 형태로 자석과 자석의 사이에 작용하는 힘의 근원이 되는 것과 같은 것)'이고, 영묘 불가의한 마음의 본성인 영성靈性의 짜임새인 우주의 근본적 자료(資料: 형식을 갖춤으로써 비로소 실체로서 실현되는 소재. 예컨대 건물의 구조는 형체이고, 재목은 자료 또는 재료임)를 말합니다. 이 아카샤 위에 우주가 시작된 이래의 모든 소리·빛·운동·상념의 기록이 인상印象되어 그것은 영원히 지워지지 않고 그대로 보존된다는 이 기록이 있기 때문에, 투시자가 의뢰인의 과거를 볼 수 있다는 것입니다. 아무리 먼 과거의 일이라도 그것을 정확하게 읽어낼 수 있는 기록이 영원히 보존되어 있다는 것입니다. 마치 녹음기와 촬영된 필름에 담긴 영상처럼 이 우주에서 일어나는 모든 일은 낱낱이 기록된다는 것입니다. 그리고 그 기록을 읽을 수 있는 능력은 인간 각자에게 원래 갖추어져 있다는 것입니다. 단 우리의 의식에 파장을, 아카샤에 기록된 인상의 파장과 맞추어야 한다는 것입니다. 파장을 맞추어야 한다는 것은, 라디오의 주파수를 맞추어야 방송을 수신할 수 있듯이, 진동 전파 1초 동안에 파동에 있어서 같은 시각에 같은 상태를 나타내는 서로 이웃한 두 점 사이에 진동수가 같게 하는 것입니다. 즉 전파나 음파 따위가 1초 동안에 방향을 바꾸는 횟수를 주파수라 하는데, 이 주파수를 같게 하는 것입니다. 케이시는 최면에 들면 주파수(파장)를 자유자재로 맞춘다고 합니다. 리딩에서는 아카샤 기록을 '자연의 보편적 기록 또는 생명의 기록'이라고 불러도 된다는 말이 나왔다고 합니다. 이것이 원자 에너지인

데. 신경통의 기억인상처럼 현대 과학이 아카샤의 실체를 증명할
수 있게 될 것이며 결코 공상이나 환상이 아님을 증명할 것입니다.

케이시가 하는 라이프 리딩의 그 놀라운 진실성은 그것의 출처가
어디이든 사실로 인정되고, 모든 것은 인과의 법칙으로 지배된다
는 인과응보因果應報·업인과보業因果報·생사윤회生死輪回·윤회전
생輪回轉生의 확실함을 증명하는 것입니다.

케이시의 리딩은 우리들의 마음속에 품은 의심인 회의懷疑를 깨
뜨리는(풀어내는) 근본적인 해설解說이 됩니다. 우리를 1차원의 지
각으로부터 다차원의 지각으로 향상시키는 매개체입니다. 이것은
마치 인간의 삶이 우물 안의 개구리가 우물을 벗어나 넓은 강물에
서 헤엄치듯, 지금까지 생각지도 못했던 광대한 의미가 나의 삶에
담겨 있음을 가르쳐주고 있는 것입니다.

케이시는 1927년 자신의 리딩 지시에 따라 버어지니아 주 비치
로 이사했습니다. 버어지니아 비치의 기록철에는 케이시에게 리딩
을 받은 3만 명 이상의 의뢰인에 대한 세밀하고 자세한 기록이 보
존되어 있습니다. 그 속에는 세계 여러 나라에서 괴로움의 고통을
호소하는 사람들이 보내온 문의·호소·감사 등의 편지와 각종 증
상의 기록과 의사들의 증언서와 케이시가 리딩한 내용들이 기록되
어 있습니다. 그것이 케이시의 투시 능력의 진실성을 보여주는 결
정적 증거들이며, 또한 윤회를 입증하는 증거입니다.

케이시 리딩의 중요성은 첫째는 서구세계에 비로소 다시 태어나
는 윤회전생·생사윤회에 대한 분명하고 독특한 심리학으로 믿을

수 있는 논리의 설명이 주어졌다는 점과 둘째는 유사 이래 그런 정보가 일반 대중에게 이용할 수 있는 형태로 기록되어 남겨졌다는 점입니다.

케이시는 1923년 10월 오하이오 주 데이턴의 한 호텔방에서 사업가 '아서 라머스'가 의뢰한 리딩을 시작으로 1945년 운명할 때까지 22년 동안의 육체의 검진과 처방인 '피지컬 리딩'과 전생을 분석한 '라이프 리딩' 등 모두 약 2천 5백 건의 리딩한 내용에 주석을 달아 기록으로 보존해 놓았습니다. 그리고 의뢰인의 편지와 서류 등이 리딩의 정확성을 뒷받침하고 있습니다. 케이시의 리딩은 논리적 일관성을 유지하고 있어 언제 어디서 한 리딩이든 모두 그 기본 원리와 분석들이 상세하고 한결같습니다. 1942년에는 케이시의 전기가 출판되었고, 1943년에는『버어지니아 비치의 기적의 사나이』라는 책이 출판되었으며, 잡지『코오네트』는 케이시의 난치병 치유 능력을 미국 전역에 알렸습니다. 케이시의 치유 능력이 미국 전역과 세계 여러 나라에 알려지자 하루에 여덟 사람씩 리딩을 했는데, 4천 명이 넘게 예약하여 약 1년 반 이상 예약이 접수되어 있는 상태였습니다. 최면 상태에서 하는 일이니 편하리라 생각되나 사실은 엄청난 에너지가 소비되는 일이었으며, 1901년부터 40여 년의 봉사 활동을 끝내고, 1945년 1월 3일 67세를 일기로 운명했습니다.

13) 윤회의 실사實事

케이시는 40여 년간 고통받고 번민하는 병고자들의 의뢰를 받아 리딩을 실천했습니다. 의뢰인들은 한결같이 '어찌하여 나에게 이런 고뇌苦惱가 주어졌는가' 하고 그 원인을 알고 싶어 했던 것입니다. 그리고 리딩에 의하면 그들의 고통은 한결같이 과거 생에서 비롯된 인과법의 고리 가운데의 업보임이 증명되었습니다. 그것을 앎으로써 그들의 삶에는 발전 전환의 혁명이 일어났습니다. 그것은 지난 과거의 업인에 의한 업보임을 깨닫게 되었을 때 보다 진전된 높은 영성의 수준으로 균형을 잡을 수 있게 해주기 때문입니다.

여기서 우리가 명심할 것은, 케이시에게 리딩을 의뢰한 이들은 이름난 큰 종합병원에서 현대의학으로는 고칠 수 없다는 불치병으로 판정된 환자들로, 이들은 케이시의 리딩에 의해 전생의 업인에 의한 업보라는 원인의 진단과 처방법에 따라 완치가 되어 정상인으로 정상적인 생활을 하게 되었으며, 그들은 전생에서 금생으로 윤회전생한다는 윤회의 실상을 인정하게 된다는 것입니다.

우리의 삶이 인과의 법칙으로 지배된다는 인과응보의 원리, 선인善因에는 선과善果 악인惡因에는 악과惡果가 반드시 있다고 하는, 인因에 상응하는 과보果報를 이해하려면 케이시의 최면 상태에서 투시로 전생의 견해인 '라이프 리딩'을 보면 됩니다. 전생의 죄업과 괴로운 고통의 업보는 엄격하게 인과관계에 있다는 것이니, 케이시의 리딩은 사람들이 지금 겪는 괴로움의 고통은 과거의 행위가 원인이 되어 나타나는 결과임을 밝힘으로써 업이라는 추상개념을 보다 선명하고 진실하게 입증시켰습니다.

인과응보의 원리는 마치 소리가 산이나 골짜기에 부딪혀 되울려 오는 메아리처럼, 또는 오스트레일리아 원주민들이 쓰는 무기인 부메랑은 던지는 즉시 던진 사람에게로 되돌아오듯, 남을 해치는 행위는 그 행위가 그대로 메아리치듯 우주의 에너지에 의하여 행위자의 업인의 상응한 업보로 반드시 되돌아온다는 것입니다. 한 예를 들어보면 다음과 같습니다.

태어날 때부터 맹인인 대학 교수는 케이시에게 신체의 건강 진단인 '피지컬 리딩'을 의뢰했습니다. 리딩의 결과는 '현생의 그가 맹인으로 태어난 인과는 전생업인前生業因이다'라는 것이었습니다. 그의 전생의 페르시아 시대에, 그는 적군을 처벌하는 방법으로 불에 달군 인두로 적의 눈을 지져버리는 풍습이 있는 야만적인 부족의 한 사람으로서 그 일을 담당한 업보라고 했습니다.

눈의 치료는 리딩이 처방한 대로 마사지·전기요법·식이요법·과거의 죄업을 뉘우쳐 잘못에 대하여 깊이 회개하여 성품을 정화하는 참회법으로 치료를 한 결과 의학으로는 전혀 치료법이 없었지만 3개월이 지나면서 시력이 완전하게 회복됐다고 합니다.

또 다른 한 사람도 금생에 맹인으로 태어난 원인은 '전생에서 불에 달군 인두로 적군의 눈을 지져 장님이 되게 한 업보'라고 했습니다. 그렇다면 당연히 다음과 같은 의문이 나올 것입니다. 그 시대 국가의 처벌법의 관습에 따라 주어진 임무를 담당한 행위에 대해 어찌하여 도덕적 책임을 져야 하는가? 하는 의문입니다. 국가의 공적인 공무집행 의무를 실천했을 뿐인데 왜 징벌을 받아야 하나? 이 것은 당연한 의문입니다. 의문의 해답은 다음과 같습니다. '업을 결정하는 것은 어떤 행동을 하려는 의식이 주체라는 것입니다. 그 시대 국가의 사회적인 관습이라 해도 우주의 순리에서 벗어난 잘못된 것이라면 그 사회를 구성하고 있는 관직의 구성원들은 모두 어느 정도 그 죄를 나누어 갖게 된다는 것입니다. 그런데 그 일을 담당한 자가 내심으로 그런 행위를 긍정하느냐 부정하느냐에 따라서 업인이 다르다는 것입니다. 직무상이지만 심리적으로 그 일을 긍정하고 시인했다면 그런 관습의 잔인성과 상통하는 잔인성을 그 자신이 지니고 있으므로 그는 업인의 원인을 지어놓은 것입니다.'

인과응보는 '우주의 존재 법칙을 좇아서 순응하도록 잘못을 바로잡는 데 있다'는 것입니다. 이것이 교육이고 교정임을 깨닫는다면 업보가 가져다주는 징벌은 우주를 정화하는 근본 목적으로 잘못을 바로잡는 데 있습니다.

불치병·맹인·귀머거리·벙어리·앉은뱅이·간질 등은 인간의 괴로움 가운데 가장 고통스러운 고뇌입니다. 육신의 불구나 정신의 불구는 근본 원인이 그릇된 불선행업에 대한 업보라는 것입니다. 오늘날에는 고뇌가 불선업 또는 죄악 때문이라고 생각하는 사람은 거의 없으며, 혹자는 불선업의 업보라고 말하면 시대에 떨어진 미신이라고 무시합니다. 그것은 제멋대로 생각하는 편협한 견해인 아견에 집착하는 아집이며, 자신이 스스로 잘난 체하는 아만我慢인데, 사물이나 도리를 무시하는 망령된 생각, 알지 못하는 무지로 사물의 바른 모습을 분간하지 못하고 함부로 그릇되게 생각하는 망상입니다. 케이시 리딩을 살펴보면 '야만과 오만이 갖가지 보기 흉한 불구의 모양으로 다음 생의 육체에 분명한 결과를 나타냅니다.'

결혼은 법률로는 남녀가 정식으로 부부관계를 맺는 계약이고, 사회로는 하나의 제도이며, 정신 의학으로는 성性과 감정感情이 충돌하는 무대로, 교회에서는 성사(聖事, 가톨릭교에서 혼인을 일컫는 혼배婚配를 말함)로 보며, 심리학에서는 행복을 얻기 위해 두 사람이 행동과 적응의 마음을 결합시키는 수단으로 보며, 풍자소설에서는 어리석은 자가 빠지는 함정이라 했습니다.

케이시 리딩은, 결혼은 우연의 결과로 생기는 것은 하나도 없음을 입증했습니다. 결혼은 백지 위에서 출발하는 것이 아니라 과거 생에서 관계를 맺었던 인연으로 재결합하는 것이며, 결혼으로 구성되는 가정은 인간의 영성이 궁극적으로 획득하려는 조화의 상태로 행복의 공동체라는 것입니다.

리딩이 주는 조언은, 결혼은 반드시 하라고 합니다. '무엇이 본인의 영성 성장의 도움이 되는가'를 기준으로 동기와 목적이 활동의 방향을 결정해야 한다는 것입니다. 결혼은 자기희생을 우선해야 하며, 설령 다른 방면에 재능이 있다 해도 가정을 만들어 아이를 낳고 키우기를 권장합니다.

여성의 재능이 인류에 봉사하는 방향으로 쓰이는 것이라면, 가정과 직업을 동시에 취하는 양립을 권장합니다. 리딩에서는 결혼 생활이든 독신 생활이든 궁극의 목적은 영성 정화와 향상에 있다고 합니다. 영성 진화에 도움이 되는 상태라면 어떤 것이든 평등하게 기회가 주어져 있다는 것입니다.

윤회론의 특징은 자유 의지를 확실하게 인정한다는 점입니다. 결혼은 자기가 결정하는 것이지만, 결혼 대상은 전생 인연의 업인으로서 서로 업으로 진 부채를 갚기 위해 다시 만나는 것이므로 반드시 결혼을 해야 함을 깨달아야 한다는 것입니다. 결혼을 하고 안 하고는 개인의 자유며, 선택의 권리와 책임은 개인에게 있으므로 자신이 무엇을 이상으로 삼고 있느냐에 달려 있다는 것입니다. 결혼은 육체·정신·영성으로 궁합이 맞아야 한다는 것입니다. 이 세 가지 가운데 어느 하나라도 소홀히 한다면 그 결혼은 일그러짐으로 원하지 않은 결과를 초래한다는 것입니다.

한 여성이 23세 때 성공한 실업가와 결혼한 후 18년이 지난 41세 때 케이시에게 리딩을 의뢰했습니다. 그녀는 18년간 참기 어려운 감정의 격동을 인내로 참고 견디어 왔으니, 남편이 성性불구자였습니다. 이 여성에게 성은 육체성의 쾌감을 자극하는 관능적이고 애정이 넘치는 경우이니 더 없는 비극이었습니다. 결혼 초에는 절망한 나머지 다른 남성과 관계도 있었으나, 그것은 다만 육체의 감정적 욕구 때문에서였을 뿐 남편을 배반할 뜻에서가 아니었습니다.

케이시의 라이프 리딩에 의하면, 이 부부는 전전생 때 유럽의 가톨릭교도가 이슬람교도에게 점령당한 성지 예루살렘의 회복을 위하여 11세기 말(1096년)부터 약 200여 년간 행한 원정 십자군 시대의 프랑스에서도 부부였는데, 남편이 십자군에 참여하여 아내를 남겨두고 원정을 떠나게 되자 아내가 다른 남성과 관계할 수 없게 정조대를 채웠습니다. 정조대는 이때 발명된 기구로 여자의 정조를 지키기 위하여 유럽에서는 12세기 후반까지 쓰였고, 뉴욕에서는 1931년까지, 프랑스에서는 1934년까지 쓰였습니다. 정조대는 금속으로 자물쇠를 단 일종의 벨트인데, 음부에 채우고 자물쇠를 잠가버리면 열쇠를 가진 사람이 아니면 성교가 불가능한 것입니다.

금생의 이 여성은 정조대를 강제로 찬 여성이고 지금의 남편은 전생에서 이 여성에게 정조대를 채운 업보로 성불구자가 됐다는 것입니다. 반면 부인은 그동안 성적 욕구를 인내한 공덕으로 인성人性인 영성이 성장되어 성불구자인 남편을 성실하게 사랑하며 이혼도 하지 않고 마음의 상처를 주지 않았다는 것입니다.

우주의 법칙인 인과응보의 따르면, 과거 생에서 불륜 행위를 했다면 현생에서 전생의 불륜에 상응하는 보복의 업보를 받게 됩니다. 이런 경우 리딩에서 이혼하지 말라고 권하는 것은 어려운 결혼 생활을 통하여 전생 업보의 부채를 보상하고 인성인 영성의 정화가 이루어진다는 것입니다. 지금의 고뇌와 난관은 자기가 씨 뿌린 것을 거두어들이는 것이니, 업인의 부채의 빚을 갚고 있는 것이라고 이해하고 인내하며 상대에게 받고 싶은 만큼 베풀라는 것입니다. 업보는 한 생애에서 부채를 다 갚지 못한다면 반드시 다음 생애에서 갚아야 하는 것입니다. 영성의 정화를 위해 완성되기 직전에 겪는 곤란의 진통을 겪고 있다고 자각하고 희생정신으로 결혼 생활의 어려움과 시련을 받아들여 인내해야 한다는 것입니다.

케이시는 전전생에서는 이집트의 고승이었으나 금생에는 그리스도교의 신도이므로 리딩에서 성서의 표현을 자주 썼는데, 라이프 리딩에서 가장 빈번하게 언급한 업보의 표현은 "뿌린 대로 거두리라"라는 말로, 케이시는 성서의 이 문구를 인용하여 사람은 자기가 씨 뿌린 것을 거두어들일 수밖에 없다고 말했습니다.

인간에게 닥치는 슬픔 가운데 가장 형편이 애처롭고 가엾은 것은, 장애를 가진 자녀를 낳은 슬픔일 것입니다. 대부분 타고난 불구는 전생의 죄업을 암시합니다. 예컨대 어릴 때부터 간질을 앓고 있는 유대계의 한 소녀는 발작이 일어났을 때 부모는 다루기가 어려워 안타깝고 환자는 가련하게 고통의 시달림을 받으니, 이 가족에게는 고뇌와 어두운 그늘이 드리우게 마련입니다. 이 소녀가 12세 때 케이시에게 의뢰한 리딩에서는 '이것은 아이와 부모 쌍방의 업보이다. 이 모녀는 전생에서 미국 혁명 시대에 지금처럼 모녀간이었다. 그때 부모는 식민지 개척자들 보다는 영국과 운명을 같이하는 것이 경제적으로 유익하다고 판단하여 영국군에게 도움이 될 정보를 수집하여 제공하고 있었다. 당시 딸은 미인이고 대담하며 영리했는데, 부모가 딸을 부추겨 그런 장점을 정보를 얻을 만한 사람을 유혹하는 데 악용한 업보로 지금의 사태가 되었다'라고 리딩에서 판별했습니다.

전생의 행업이 현생에 나타난 업보라고 지적하고 있습니다. 이 부모와 딸이 전생의 업인으로 금생에서 겪고 있는 고뇌는, 누가 보더라도 사람은 자신의 행업의 업보를 받는다는 것을 깨닫게 할 것입니다. 업보와 윤회는, 사람은 자신의 행업의 채무는 반드시 과보로 보상한다는 것입니다. 그것이 현생에 고뇌와 불구자로 보상함으로써 불선행업의 빚을 갚고 있다는 것입니다. 빚을 갚는다는 것은, 지금의 고뇌를 통해 과거의 죄업을 뉘우쳐 잘못에 대하여 깊이 회개하여 나쁜 짓으로 지은 허물이나 번뇌의 더러움에서 벗어나 성품을 정화하는 참회로 깨끗한 영성을 갖게 됨을 말하는 것입니다.

　부모와 자녀의 관계는, 예로부터 자식을 낳고 기른 부모가 아이를 재산으로, 소유물로 여기는 경향이 있습니다. 그러나 윤회에서 본다면 자녀에 대한 어버이의 지배권이란 없습니다. 모든 생명은 윤회에서 본다면 평등한 구성원입니다. 어버이는 자녀를 소유하고 있는 것도 창조한 것도 아니며, 다만 인간으로서의 의무로 자녀가 이 지상에 삶으로 나올 수 있게 한 하나의 경로에 불과합니다. 인간은 전생 본유本有에서 업인業因에 상응한 재생연결식에 준準한 업보로 중유中有에서 부모를 만나 생유生有인 어머니의 모태에서 인간의 몸과 마음인 신심身心을 형성하여 인간으로 출생하는 것입니다.

　케이시 리딩에서는 부모란 '생명이 흘러 영혼이 육체로 깃들어지기 위한 통로의 물길'이라고 했습니다. 여기서 사람들이 명심불망銘心不忘할 것은 금생에서 반드시 자녀를 낳아서 양육하여야 본인이 다음 생에 인간으로 태어날 수 있는 여건을 조성하는 업인이라는 것입니다.

케이시의 리딩에서는 재능이나 흥미의 바탕은 전생에서의 환경으로 형성된 것이라 합니다. 현생에서 즐겨하고 좋아하는 기호나 감흥을 느껴 마음이 당기는 멋의 취미가 전생에서 비롯된다는 것을 보여준 예가 많습니다. 예술이나 직업의 발동에 대한 흥미도 마찬가지로 전생의 경험이 그 원인이 있다고 리딩은 말합니다. 한 사람의 흥미가 전생으로부터 이월되어 왔음이 유명한 인물들의 생에서 뚜렷이 보인다는 것입니다.

인간의 특성이나 재능의 성장은 일종의 끊이지 않고 잇달아 계속되는, 사물의 근본이 되는 법칙인 '연속連續의 원리'라는 것입니다.

우리는 많은 전생에서 직업으로 숙련된 지혜와 재능이 아뢰야식에 제법을 집지하여 잃어버리지 않는다는 뜻으로 무몰식無沒識 또는 제법전개諸法展開의 의지할 바탕이 되는 근본 마음이라고 하는 뜻에서 장식藏識이라 하는데, 이 마음의 비밀 창고에 잠재의식으로 저장되어 있습니다. 이렇게 잠자고 있는 능력을 일깨우면 진짜 직업 능력의 발견으로 이어집니다. 새로운 능력이 쉽게 나타나는 것은 바로 그런 능력과 연결된 것입니다.

윤회설을 인정하면 한 사람의 특성이나 능력, 심성心性이 현재에 이르기까지 거쳐 온 경로를 더듬어 볼 수 있습니다. 비유를 든다면, 윤회설을 인정함으로써 마치 10분의 9가 수면 아래에 숨어 있는 빙산의 전모가 드러나는 것과 같은 것입니다. 정신의학자들은 개인이 자연적으로 취하는 심리의 태도가 그의 잠재의식에서 나오는 것으로 본다는 점에서 윤회론자의 견해와 같다고 합니다. 윤회설은 이 잠재의식의 영역을 전생에서의 경험의 영향까지를 포함하는 범위로 확대한 것뿐입니다.

리딩을 의뢰한 사람을 대상으로 최면술의 투시로 끌어낸 기억, 즉 의뢰인의 정신 생활과 상황 속에 이미 알고 있던 사실과 역사적 기록이 부합하므로 리딩을 통해서 얻은 사실의 데이터는 윤회설을 확인하는 진정한 추정 증거가 됩니다.

리딩으로 끌어낸 의뢰인의 전생의 역사가 인간들의 정신능력으로 공인되는 것이니, 그것이 지닌 잠재력을 누구나 인정하지 않을 수 없습니다. 보통 사람들은 확인하지 못하나, 개연성 있는 전생의 인과관계를 바탕으로 세워진 병리病理와 치료법의 임상 기록이 귀중한 증거가 됩니다.

윤회가 인성의 완전을 향해 진화하는 과정에서 작용하는 법칙이라면, 그것이 인간 생활의 진리이자 삶의 고뇌를 푸는 열쇠임이 규명된다면, 지금까지 인간이 만들어낸 신학이나 심리학이 하나의 일그러진 거울과 같다는 것을 알게 될 것입니다. 윤회론은 참된 지식을 추구하는 사람들이 다루어 볼 만한 가치가 있습니다. 왜냐하면 이것을 입증하는 것은 무명을 밝혀 해탈과 열반을 증득하는 일이고, 생기를 잃은 심신에서 생기를 되살려내는 일이며, 미혹한 삶에서 지혜로운 삶으로 변혁을 일구는 일이기 때문입니다. 윤회의 지식을 갖는다면 보다 밝은 세계관, 새롭고 깊은 인생관, 인생의 온갖 비극적 고뇌를 대처하는 새로운 선심의 삶이 싹터 나오기 때문입니다.

인생은 목적을 성취하기 위한 과정이며, 연속으로 법칙에 따라

진행됩니다. 이 법칙을 성취하는 것은 자리이타自利利他의 실천입니다. 인간의 의지는 운명을 창조하는 형성력形成力을 가지고 있으며, 모든 문제에 대한 해답은 자기 자신 안에 있습니다. 정신분석 이론에 따르면 신神이란 인간의 마음이 만들어내는 유아적 환상입니다.

케이시의 리딩은 이런 견해와는 다릅니다. 리딩에서 말하는 신이란 '우주의 창조력 또는 창조적 에너지'라는 말입니다. 즉 '우주의 창조력 에너지'를 뜻하는 말입니다. 우주 자연의 힘이 범부들에 의하여 더욱 방해되어 가고 있는 시대에 우리는 살고 있습니다. 우리는 원자핵에서 상상도 못하는 에너지를 발견했습니다. 과학의 시야가 확대된 세계에서는 '우주의 창조적 에너지'라는 용어가 모독과 남용으로 더럽혀진 신이라는 말보다는 이해하기 쉽고 또 보다 함축성 있게 들릴 것입니다.

모든 현상계는 우주의 창조적 에너지의 표현들입니다. 우리는 그 속에서 살고 움직이며 존재를 지탱하고 있습니다. 그리고 그 에너지를 모두가 나누어 지니고 있는 것입니다. 그러므로 우리는 우주의 에너지와 일체이며, 그 체성體性으로 말하면 하나임을 깨달아야 합니다. 생명은 우주의 에너지의 물질적인 나타남입니다. 우리들 각자는 영성이며, 우리가 존재하는 것은 진성眞性의 에너지입니다. 우주와 인간의 에너지는 한 방울의 물과 바다의 관계와 같습니다. 우리의 영성은 우주의 에너지 한 부분이며 우주 에너지와 함께 영원합니다.

인간의 욕망은 영성의 운명을 결정하는 요인의 인자因子입니다. 그리고 업보가 직업의 변화를 결정하는 중요한 요인입니다. 예컨대 전생에서 무용가로 대성하고 성공했다 해도 업보로 현생에서 불구자라면 필연적으로 다른 직업으로 바꾸지 않을 수 없게 됨으로써 새로운 재능에 눈뜨게 됩니다. 그러므로 업보가 직업의 변화를 결정하는 요인입니다. 영성이 완전하게 진화되기까지는, 완전하고 원만한 인격을 갖추기 위해서는 갖가지 다른 직업을 가져 보아야만 한다는 것입니다. 그것은 직업과 영성 사이에는 밀접한 관계가 있다는 것입니다. 곧 직업이 영성을 진화시키는 요인이라는 것입니다. 이 뜻을 러시아의 시인이자 소설가인 톨스토이(1817~1875)는 "생활환경(직업)이란 건축(영성)을 하기 위해 세우는, 높은 곳에서 딛고 일할 수 있도록 나무나 널을 걸쳐 놓은 시설인 비계飛階와 같은 것이다"라고 했습니다. 한 사람의 생활환경(직업)은 그 안에서 건축(영성)을 완성하기 위한 외부 골격의 구실을 할 뿐입니다. 건물 밖의 틀(비계)은 그 자체로 안에 건물(영성)을 완성하기 위하여 임시로 당분간 설치한 것으로, 건물(영성)이 완성되면 철거되고 마는 것입니다. 즉 직업이란 인간이 영성을 완전하게 진화시키기 위한 것이라고 이해하면 됩니다.

우리가 케이시의 리딩을 관찰해 보면, 그 정보를 통해 윤회라는 급격하게 발전하는 혁명의 이론을 뒷받침하는 정황 증거를 얻을 수 있습니다. 설령 그것을 절대적인 결론으로 받아들일 수 없다면, 그것이 가리키는 사고의 영역으로 주의를 돌려 과학이 빠뜨리고 지나가는 실수를 막기 위해서는 가치 있는 일이라 여겨집니다. 위대한 발견 가운데는 별것 아닌 '설마 그런 데에……'라는 곳을 뒤집고 살핌으로 얻어진 것이 많았습니다. 예컨대 미국의 이론 물리학자 아인슈타인(1879~1955)은 '어떻게 상대성이론相對性理論의 원리를 발견했는가?'라는 질문에 '모든 사람들이 정당하다고 인정하는 도리道理인 공리公理를 의심해 보았을 때 발견되었다'고 했습니다. 또한 우리가 가지고 있는 것은 심리학과 의학과 철학적 성격의 정보이며, 이것을 분류하고 분석한다면 자연 및 인간의 운명에 대한 것들을 완전히 바꾸어놓게 될 것입니다.

미국의 위대한 영능자靈能者이자 최면 투시의 대가 '에드가 케이시'의 업적과 많은 최면술 연구가들에 의한 연령 퇴행 실험을 통해, 자신의 전생을 기억하고 있고 더구나 그 세밀한 점들까지 실증할 수가 있는 아이들이 속출하고 있습니다. 버어지니아 대학의 정신의학자인 '이안 스티븐슨' 박사는 전생 기억에 관한 연구 결과를 간추려서 『윤회 환생의 실례 20』이라는 책을 냈습니다. 윤회 환생은 자연의 법칙으로 우리에게 큰 가치가 있고 중요하며 밀접한 관계가 있습니다. 스티븐슨은 의학요법 수단으로 최면을 채택하고 투시로 전생의 여러 기억을 밝히면서 업보와 윤회의 영역을 넓혀갔습니다. 그리고 600가지 이상의 사례를 연구한 작품을 남겼습니다.

업인業因에 상응한 과보는 현생에서도 받고 현생에서 빚을 다 갚지 못하면 내생에서도 받는다고 합니다. 윤회전생 사상과 결부되어, 사람으로 태어나 받기도 하고 육도六道에 윤회하며 받기도 한다는 것입니다. 업인의 과보가 하나의 생애 또는 그 이상의 간격을 두고 나타난다는 것입니다. 업보의 정지는 업을 보상하기에 알맞은 때와 장소를 기다려야 한다는 것입니다. 업인을 보상할 적당한 조건이 주어졌을 때 과보로 나타난다는 것입니다. 이것은 케이시 리딩에서 나오는 실사實事들을 간추린 것입니다. 또는 업인이 과보를 보상하기 위해서는 그럴 만한 능력이 필요하므로 알맞은 기회가 주어져야 한다는 것입니다. 업인의 채무가 무거우면 성장인 영성 정화보다는 파멸로 이끄는 결과가 되므로 인업을 보상할 능력이 조성됐을 때 업보로 나타난다는 것입니다. 그래야 업인을 업보로 능히 보상한다는 것입니다. 예컨대 우리가 돈을 빌려 쓸 때 갚을 수 있는 능력이 갖추어질 때에 갚게 되듯이, 도덕적인 불선업인의 부채를 갚는 데 있어서도 이치와 과정을 거친다는 것입니다.

정신병 환자 중에는 그 원인이 죽은 사람의 영혼(넋)이 빙의가 된 경우도 많습니다. 기독교 성서에는 예수가 미친 사람에게서 악귀를 내쫓는 이야기가 있고, 가톨릭(천주교)에서는 귀신을 쫓는 퇴마 의식을 하고 있으며, 불교에서는 빙의로 병든 사람을 위하여 접혼接魂에게 음식을 보시하고 법문을 일러주는 구병시식救兵施食을 합니다. 이것은 사람이 죽은 뒤에도 영혼으로 존속한다는 것이니, 영혼의 빙의 현상을 부정하는 것은 전혀 논리에 맞지 않는다고 할 수 있습니다.

지은이 성오性悟(박충원)

1975년 불교와 인연이 되어 홀로 공부하다 1984년 출가하였다.
1987년 한국불교태고종 덕암德菴 대종사를 계사로 득도得度 사미계
를 수지受持하고, 2001년 용화사 금강계단에서 해동율맥 제10대
율사 혜은 법홍 율사를 계사로 비구계를 수지하였다.
지금은 부산 승학산 아래 다인사에 머물면서 부처님의 가르침을 책
으로 펴내고자 집필에 진력하고 있다.

행복의 빗장을 여는 붓다의 가르침 1

초판 1쇄 인쇄 2023년 3월 21일 | **초판 1쇄 발행** 2023년 3월 28일
지은이 성오 | 펴낸이 김시열
펴낸곳 도서출판 운주사

(02832) 서울시 성북구 동소문로 67-1 성심빌딩 3층
전화 (02) 926-8361 | 팩스 0505-115-8361
ISBN 978-89-5746-731-2 03220 값 17,000원
http://cafe.daum.net/unjubooks 〈다음카페: 도서출판 운주사〉